# 汽车维修质量检验

## 第 4 版

主　编　陈长春　陈　晴
副主编　张真忠
参　编　贾启阳　周家祺
　　　　张文亮
主　审　王　征

机械工业出版社

本书是“十四五”职业教育国家规划教材，全书分为6个项目，主要介绍了汽车维修质量管理的法律与法规、汽车维修质量管理制度和检验标准、汽车维护工艺质量的检验、汽车维修质量检验方法与评定标准、汽车检测与诊断技术、汽车维修质量问题的评定与处理。每个项目都配有学习任务单和职业素养拓展训练。本书将相关视频制成二维码放在书中，方便读者学习。

本书可作为高等职业院校汽车检测与维修技术专业、汽车服务工程技术专业及相关汽车专业学生的教材，也可作为汽车检测与维修行业各级质量管理人员、检验人员和维修技师的培训用书。

本书配有电子课件，凡使用本书作为教材的教师均可登录机械工业出版社教育服务网（www.cmpedu.com）注册后免费下载。咨询电话：010-88379375。

**图书在版编目（CIP）数据**

汽车维修质量检验/陈长春，陈晴主编. —4版. —北京：机械工业出版社，2023.5（2025.6重印）

ISBN 978-7-111-72851-1

Ⅰ.①汽… Ⅱ.①陈… ②陈… Ⅲ.①汽车-车辆修理-质量检验-高等职业教育-教材 Ⅳ.①U472.32

中国国家版本馆CIP数据核字（2023）第050816号

机械工业出版社（北京市百万庄大街22号 邮政编码100037）
策划编辑：张双国　　　　责任编辑：张双国
责任校对：韩佳欣　许婉萍　　责任印制：刘　媛
北京富资园科技发展有限公司印刷
2025年6月第4版第6次印刷
184mm×260mm · 11.75印张 · 285千字
标准书号：ISBN 978-7-111-72851-1
定价：39.80元

电话服务　　　　　　　　　网络服务
客服电话：010-88361066　　机 工 官 网：www.cmpbook.com
　　　　　010-88379833　　机 工 官 博：weibo.com/cmp1952
　　　　　010-68326294　　金 书 网：www.golden-book.com
**封底无防伪标均为盗版**　　机工教育服务网：www.cmpedu.com

# 前言

随着我国汽车工业科技水平的不断提高，汽车车型和保有量剧增，国家对车辆安全性能、环保要求的力度越来越大，车主的安全环保、维修维护意识不断提升，汽车维修量随之快速增长，汽车维修服务的质量成为每位车主最关心的问题。对于从事汽车维修工作的企业和员工，应该保证维修质量，让车主满意，减少因维修质量不合格而导致的车辆使用安全、环保安全问题，解决因汽车维修质量问题产生的各类纠纷，真正保护车主和维修企业双方的合法权益。特别是各维修企业从事检验工作的人员和将要从事汽车维修和检验工作的汽车专业的学生，有必要掌握国家和地区关于汽车维修质量检验的法律、法规及汽车维修质量检验的标准和检验技能，服务社会，发展自我，为我国汽车维修行业的科学规范与健康发展做出贡献。

本书是“十四五”职业教育国家规划教材，全书分为 6 个项目，较为全面地介绍了汽车维修质量检验工作应掌握的相关法律与法规、管理制度与标准，汽车维护工艺质量的检验、汽车维修质量的检验方法与评定标准，汽车检测与诊断技术，汽车维修质量问题的评定与处理等知识。

本书由天津交通职业学院陈长春、陈晴任主编，承德石油职业技术大学张真忠任副主编，天津市汽车维修检测行业协会会长王征任主审。陈长春编写了项目四的任务一、任务三和职业素养拓展训练，项目五的任务四和职业素养拓展训练，项目六；陈晴编写了项目三，项目五的任务一、任务二、任务三和任务五；张真忠编写了项目一、项目二；天津交通职业学院贾启阳编写了项目四的任务二；天津滨海汽车工程职业学院周家祺、天津万陆腾达汽车维修服务有限公司张文亮参与编写了部分内容。

本书在编写过程中参考了大量的书籍和文献，在此对其作者表示感谢。

由于编者水平有限，书中难免存在错误之处，请广大读者批评指正。

编　者

# 二维码清单

| 名　称 | 图　形 | 名　称 | 图　形 |
|---|---|---|---|
| FSA740 发动机综合分析仪操作演示 | | kT710 微机解码器操作演示 | |
| 发动机智能测试仪操作演示 | | 四轮定位 | |
| 汽车前照灯光测试仪操作方法演示 | | 汽车前照灯光测试仪检测操作演示 | |
| 汽车四轮定位的检测 | | 汽车尾气分析仪检测演示 | |
| 游标卡尺的使用 | | 滚筒式制动测试仪检测演示 | |
| 烟度计检测操作演示 | | 车轮动平衡仪操作演示 | |
| 车轮动平衡检查 | | 车速表试验台测试操作演示 | |

# 目录

# 绪 论

## 一、汽车维修质量的含义

汽车维修质量指汽车维修服务满足用户（车辆使用者）对车辆维修一定需要的特性，包括维修技术水平，维修及时性、经济性、方便性的要求和服务制度等。汽车维修质量不仅关系到企业的信誉，而且直接影响交通安全、环保达标和汽车运输生产能否顺利进行。因此，加强汽车维修质量管理，不断提高汽车维修服务质量，既是维修企业经营管理的重要任务和维修业市场激烈竞争的需要，也是各级交通主管部门的一项重要职责。

反映汽车维修服务质量的指标主要有以下 3 个。

### 1. 车辆返修率

车辆返修率指维修竣工出厂车辆中，在一定时间间隔内因维修质量问题而回厂返修车辆在修竣车辆中所占的比例，即

$$车辆返修率=(返修辆次/修竣辆次)\times 100\%$$

式中，修竣辆次指报告期经修理完工出厂的车辆数，包括在报告期前送修而在本报告期修竣出厂的车辆数，不包括返修已竣工的车辆数；返修辆次指修竣出厂后的车辆在大修车走合期后一定里程或从实际出厂之日起一定时间内，由于维修质量问题而造成损坏回厂返修的车辆次。

### 2. 大修间隔里程

大修间隔里程指平均每辆送厂大修车辆相邻两次大修间隔内行驶的行车里程，即

$$平均大修间隔里程=大修车总行程/送修大修车辆次$$

式中，大修车总行程指报告期送修的大修车辆，从上次大修后出厂运行起到本次大修止所行驶里程的总和；送修大修车辆次指报告期已送到修理厂或其他修理企业修理的车辆次，以及大修后行驶一定里程，但经技术部门鉴定认为其机件磨损程度已超过大修容许限度而批准报废的车辆次。

### 3. 车主满意率

车主满意率指车主对汽车维修服务的技术、时间、费用的要求以及方便性和服务态度等方面的满意程度。一般可用抽样调查的方法来确定车主的满意率，即车主感到比较满意的次数在总修竣车辆次数中所占的比例。

## 二、汽车维修质量检验的含义及目的

汽车维修质量检验指采用一定的检测手段和检查方法测定汽车维修后（含整车、总成、

零件、工序等）的质量特性，然后将测定的结果与规定的汽车维修质量标准进行比较，从而对汽车维修质量做出合格或不合格的判断。汽车维修质量检验是监督、检查汽车维修质量的重要手段，是汽车维修业在整个汽车维修过程中必不可少的环节。汽车维修质量不仅是企业赖以生存的源泉，而且是行业管理的一项重要目标。所以在实行汽车维修行业管理的过程中，应始终以提高维修质量为中心。

汽车维修质量检验的目的是判断汽车维修后是否符合汽车维修质量的标准和规范，向汽车维修业户提供有关汽车维修质量方面的数据，代表托修单位（或下道工序）、汽车维修业户验收汽车维修质量，进行汽车维修质量监督。

## 三、汽车维修质量检验的方法

汽车维修质量检验的方法分为两大类：一类是传统的经验测试方法；另一类是借助各种仪具、仪器、设备对技术性能参数进行测试的方法。经验测试方法凭维修人员的感官检查、判断，带有较大的盲目性；仪器仪表测试可通过定性或定量地测试和分析，准确地评价和掌握车辆真实的技术状况。随着现代科学技术的进步，特别是汽车不解体检测技术的发展，维修人员有可能在室内或特定的道路条件下，安全、迅速、准确地测试汽车的各种性能。

## 四、汽车维修质量检验的工作步骤

汽车维修质量检验一般包括以下工作步骤：

1）明确汽车维修质量要求。根据汽车维修技术标准和考核汽车技术状态的指标，明确检验的项目和各项目的质量标准。

2）测试。用一定的方法和手段测试维修车辆或总成的有关技术性能参数，得到质量特性值的数据。

3）比较。将测试得到的反映质量特性值的数据与质量标准要求做比较，确定是否符合汽车维修质量的要求。

4）判定。按比较的结果判定维修车辆或总成的质量是否合格。

5）处理。对维修质量合格的车辆发放出厂合格证，对不合格的维修车辆查找原因，记录所测得的数值和判定的结果，以便促使各维修工序改进质量。

# 项目一

# 汽车维修质量管理的法律与法规

**学习目标**

汽车维修质量管理的相关法律、法规是规范汽车维修市场经济秩序，建立统一、开放、竞争、有序的汽车消费市场体系的有力保障。通过了解国家有关法律、法规的基本内容和精神，提升爱国情怀、担当社会责任，懂得如何依法进行汽车维修经营，可提高维修质量和服务质量，切实为社会提供方便及时、优质可靠、价格合理的汽车维修服务，维护企业与客户的合法权益。

本项目重点应掌握相关法律法规的作用和基本内容，理解建立、健全相关政策法规在汽车维修业中的重要性；了解汽车维修质量管理中质量检验监督的工作内容，掌握维修过程检验和整车、总成及零件修复的竣工检验；完成项目要求的学习任务单和职业素养拓展训练。

## 任务一 认知汽车维修质量管理的相关法律

我国汽车维修企业是在我国境内从事汽车维修经营服务活动的，必须严格遵守我国的相关法律、法规及规章。因此，汽车维修质量管理部门应该把汽车维修方面的法律、法规及规章作为策划汽车维修质量管理体系的一类重要依据。

汽车维修质量是汽车维修行业管理的核心内容、最终目的和各项工作的落脚点。汽车维修质量管理是一项广泛的、经常性的、技术性很强的工作，需要综合运用法律的、经济的和必要的行政手段，加强对汽车维修质量的监督、检查。

### 一、相关的法律

目前，我国与汽车维修有关的法律有《中华人民共和国安全生产法》和《中华人民共和国道路交通安全法》；还有一些涉及汽车维修服务的相关法律，如《中华人民共和国产品质量法》《中华人民共和国消费者权益保护法》《中华人民共和国民法典（合同编）》《中华人民共和国标准化法》《中华人民共和国计量法》。以上诸法在下文中分别简称为《安全生产法》《道路交通安全法》《产品质量法》《消费者权益保护法》《民法典（合同编）》《标准化法》《计量法》等。

### 二、相关法律的作用和基本内容

#### 1.《安全生产法》

本法是为了加强安全生产的监督管理，防止和减少生产安全事故，保障人民群众生命和财产安全，促进经济社会持续健康发展而制定的。

安全生产工作应当以人为本，坚持人民至上、生命至上，把保护人民生命安全摆在首位，树牢安全发展理念，坚持安全第一、预防为主、综合治理的方针，从源头上防范、化解重大安全风险。

生产经营单位必须遵守本法和其他有关安全生产的法律、法规，加强安全生产管理，建立、健全全员安全生产责任制和安全生产规章制度，加大对安全生产资金、物资、技术、人员的投入保障力度，改善安全生产条件，加强安全生产标准化、信息化建设，构建安全风险分级管控和隐患排查治理双重预防机制，健全风险防范化解机制，提高安全生产水平，确保安全生产。

生产经营单位应当具备本法和有关法律、行政法规和国家标准或者行业标准规定的安全生产条件；不具备安全生产条件的，不得从事生产经营活动。

生产经营单位的主要负责人对本单位安全生产工作负有下列职责：①建立、健全并落实本单位全员安全生产责任制，加强安全生产标准化建设；②组织制定并实施本单位安全生产规章制度和操作规程；③组织制定并实施本单位安全生产教育和培训计划；④保证本单位安全生产投入的有效实施；⑤组织建立并落实安全风险分级管控和隐患排查治理双重预防工作机制，督促、检查本单位的安全生产工作，及时消除生产安全事故隐患；⑥组织制定并实施本单位的生产安全事故应急救援预案；⑦及时、如实报告生产安全事故。

**2.《道路交通安全法》**

本法是为了维护道路交通秩序，预防和减少交通事故，保护人身安全，保护公民、法人和其他组织的财产安全及其他合法权益，提高通行效率制定的。本法内容主要包括车辆和驾驶人，机动车、非机动车，机动车驾驶人，道路通行条件，道路通行规定，交通事故处理，执法监督，法律责任等；适用于车辆驾驶人、行人、乘车人以及与道路交通活动有关的单位和个人。

**3.《产品质量法》**

该法是为了加强对产品的监督管理，提高产品质量水平，明确产品质量责任，保护消费者的合法权益，维护社会经济秩序而制定的。其基本内容有以下几方面：

（1）产品质量的监督　产品质量应当检验合格，不得以不合格产品冒充合格产品。禁止生产、销售不符合保障人体健康和人身、财产安全的标准和要求的工业产品。国家对产品质量实行以抽查为主要方式的监督检查制度，对可能危及人体健康和人身、财产安全的产品，影响国计民生的重要工业产品以及消费者、有关组织反映有质量问题的产品进行抽查。根据监督抽查的需要，可以对产品进行检验。对依法进行的产品质量监督检查，生产者、销售者不得拒绝。依照本法规定进行监督抽查的产品质量不合格的，由实施监督抽查的市场监督管理部门责令其生产者、销售者限期改正。逾期不改正的，由省级以上人民政府市场监督管理部门责令停业，限期整顿；整顿期满后，经复查产品质量仍不合格的，吊销营业执照。

（2）生产者和销售者的产品质量责任和义务　生产者、销售者应当建立、健全内部产品质量管理制度，严格实施岗位质量规范、质量责任以及相应的考核办法。生产者应当对其生产的产品质量负责。销售者应当建立并执行进货检查验收制度，验明产品合格证明和其他标志。销售者应当采取措施，保持销售产品的质量。产品或者其包装上的标志必须真实并符合下列要求：有产品质量检验合格证明；有中文标明的产品名称、生产厂厂名和厂址。生产者生产产品，不得掺杂、掺假，不得以假充真、以次充好，不得以不合格产品冒充合格产品。销售者不得伪造产地，不得伪造或者冒用他人的厂名、厂址。销售者不得伪造或者冒用认证标志等质量标志。销售者销售产品，不得掺杂、掺假，不得以假充真、以次充好，不得以不合格产品冒充合格产品。

（3）损害赔偿　售出的产品有下列情形之一的，销售者应当负责修理、更换、退货；给购买产品的消费者造成损失的，销售者应当赔偿损失：①不具备产品应当具备的使用性能而事先未做说明的；②不符合在产品或者其包装上注明采用的产品标准的；③不符合以产品说明、实物样品等方式表明质量状况的。生产者之间，销售者之间，生产者与销售者之间订立的买卖合同、承揽合同有不同约定的，合同当事人按照合同约定执行。

#### 4.《消费者权益保护法》

本法是为了保护消费者的合法权益，维护社会经济秩序，促进社会主义市场经济健康发展而制定的。经营者为消费者提供其生产、销售的商品或者提供服务，应当遵守本法；经营者与消费者进行交易，应当遵循自愿、平等、公平、诚实、信用的原则。国家保护消费者的合法权益不受侵害。

（1）消费者的权利　消费者在购买、使用商品和接受服务时享有人身、财产安全不受损害的权利。消费者享有知悉其购买、使用的商品或者接受的服务的真实情况的权利。消费者享有自主选择商品或者服务的权利。消费者享有公平交易的权利。消费者因购买、使用商品或者接受服务受到人身、财产损害的，享有依法获得赔偿的权利。

（2）经营者的义务　经营者应当听取消费者对其提供的商品或者服务的意见，接受消费者的监督。经营者应当保证其提供的商品或者服务符合保障人身、财产安全的要求。经营者应当向消费者提供有关商品或者服务的质量、性能、用途、有效期限等信息，应当真实全面，不得做虚假或引人误解的宣传。经营者应当标明其真实名称和标记。经营者提供商品或者服务，应当按照国家有关规定或者商业惯例向消费者出具购货凭证或者服务单据；消费者索要购货凭证或者服务单据的，经营者必须出具。经营者应当保证在正常使用商品或者接受服务的情况下，其提供的商品或者服务应当具有的质量、性能、用途和有效期限。

#### 5.《民法典（合同编）》

为了保护合同当事人的合法权益，在《民法典（合同编）》中规定合同是民事主体之间设立、变更、终止民事法律关系的协议。合同的原则：合同当事人的法律地位平等，一方不得将自己的意志强加给另一方。当事人依法享有自愿订立合同的权利，任何单位和个人不得非法干预。当事人应当遵循公平原则确定各方的权利和义务。当事人行使权利、履行义务应当遵循诚实、信用原则。当事人订立、履行合同，应当遵守法律、行政法规，尊重社会公德，不得扰乱社会经济秩序，损害社会公共利益。依法成立的合同，对当事人具有法律约束力。当事人应当按照约定履行自己的义务，不得擅自变更或者解除合同。

合同的内容由当事人约定，一般包括以下条款：当事人的名称或者姓名和住所，标的，数量，质量，价款或者报酬，履行期限、地点和方式，违约责任，解决争议的方法。承诺可以撤回。当事人在订立合同过程中有下列情形之一，给对方造成损失的，应当承担损害赔偿责任：假借订立合同，恶意进行磋商；故意隐瞒与订立合同有关的重要事实或者提供虚假情况；有其他违背诚实、信用原则的行为。

依法成立的合同自成立时生效。当事人对合同的效力可以约定附条件。当事人对合同的效力可以约定附期限。有下列情形之一的合同无效：一方以欺诈、胁迫的手段订立合同，损害国家利益；恶意串通，损害国家、集体或者第三人利益；以合法形式掩盖非法目的；损害社会公共利益；违反法律、行政法规的强制性规定。下列合同当事人一方有权请求人民法院或者仲裁机构变更或者撤销：因重大误解订立的；在订立合同时显失公平的。

当事人应当按照约定全面履行自己的义务。合同生效后，当事人就质量、价款或者报酬、履行地点等内容没有约定或者约定不明确的，可以协议补充；不能达成补充协议的，按照合同有关条款或者交易习惯确定。

当事人协商一致后可以变更合同。法律、行政法规规定变更合同应当办理批准、登记等手续的，依照其规定。当事人对合同变更的内容约定不明确的，推定为未变更。有下列情形之一的，合同的权利义务终止：债务已经按照约定履行；合同解除；债务相互抵销；债务人依法将标的物提存；债权人免除债务；债权、债务同归于一人；法律规定或者当事人约定终止的其他情形。

当事人协商一致后可以解除合同。有下列情形之一的，当事人可以解除合同：因不可抗力致使不能实现合同目的；在履行期限届满之前，当事人一方明确表示或者以自己的行为表明不履行主要债务；当事人一方迟延履行主要债务，经催告后在合理期限内仍未履行；当事人一方迟延履行债务或者有其他违约行为致使不能实现合同目的；法律规定的其他情形。

当事人一方不履行合同义务或者履行合同义务不符合约定的，应当承担继续履行、采取补救措施或者赔偿损失等违约责任。当事人一方明确表示或者以自己的行为表明不履行合同义务的，对方可以在履行期限届满之前要求其承担违约责任。当事人一方未支付价款或者报酬的，对方可以要求其支付价款或者报酬。因不可抗力不能履行合同的，根据不可抗力的影响，部分或者全部免除责任，但法律另有规定的除外。当事人迟延履行后发生不可抗力的，不能免除责任。

**6.《标准化法》**

本法是为了加强标准化工作，提升产品和服务质量，促进科学技术进步，保障人身健康和生命财产安全，维护国家安全、生态环境安全，提高经济社会发展水平而制定的。

对保障人身健康和生命财产安全、国家安全、生态环境安全以及满足经济社会管理基本需要的技术要求，应当制定强制性国家标准。强制性国家标准由国务院批准发布或者授权批准发布。对满足基础通用、与强制性国家标准配套、对各有关行业起引领作用等需要的技术要求，可以制定推荐性国家标准。为满足地方自然条件、风俗习惯等特殊技术要求，可以制定地方标准。推荐性国家标准、行业标准、地方标准、团体标准、企业标准的技术要求不得低于强制性国家标准的相关技术要求。国家鼓励社会团体、企业制定高于推荐性标准相关技术要求的团体标准、企业标准。

生产、销售、进口产品或者提供服务不符合强制性标准，或者企业生产的产品、提供的服务不符合其公开标准的技术要求的，依法承担民事责任。生产、销售、进口产品或者提供服务不符合强制性标准的，依照《中华人民共和国产品质量法》《中华人民共和国进出口商品检验法》《中华人民共和国消费者权益保护法》等法律、行政法规的规定查处，记入信用记录，并依照有关法律、行政法规的规定予以公示；构成犯罪的，依法追究刑事责任。

**7.《计量法》**

本法是为了加强计量监督管理，保障国家计量单位制的统一和量值的准确可靠，适应社会主义现代化建设的需要，维护国家、人民的利益而制定的。在我国境内制造计量基准器具、计量标准器具，进行计量检定，制造、修理、销售、使用计量器具，必须遵守本法。我国实行国际单位制。国际单位制计量单位和国家选定的其他计量单位，为国家法定计量单位。

计量检定必须按照国家计量检定系统表进行。计量检定工作应当按照经济合理的原则，就地、就近进行。制造、修理计量器具的企业、事业单位，必须具备与所制造、修理的计量器具相适应的设施、人员和检定仪器设备。制造、修理计量器具的企业、事业单位必须对制造、修理的计量器具进行检定，保证产品计量性能合格并对合格产品出具产品合格证。使用计量器具不得破坏其准确度，损害国家和消费者的利益。个体工商户可以制造、修理简易的计量器具。处理因计量器具准确度所引起的纠纷，以国家计量基准器具或者社会公用计量标准器具检定的数据为准。制造、销售未经检验合格的计量器具新产品的，责令停止制造、销售该种新产品，没收违法所得，可以并处罚款。

# 任务二　认知汽车维修质量管理的相关法规

## 一、相关的规章和法规

我国汽车维修方面的规章和法规很多，汽车维修方面法规有两类：一类是国务院发布的国家行政法规，主要是交通运输部和公安部发布的一些汽车维修规章，如《机动车维修管理规定》《汽车维修合同实施细则》《道路运输车辆技术管理规定》《汽车维修质量纠纷调解办法》《中华人民共和国道路运输条例》等；另一类是由各省（市、自治区）人大常委会发布的地方行政法规，如《北京市道路运输管理条例》等。

## 二、相关规章的作用和基本内容

**1.《机动车维修管理规定》**

为规范机动车维修经营活动，维护机动车维修市场秩序，保护机动车维修各方当事人的合法权益，保障机动车运行安全，保护环境，节约能源，促进机动车维修业的健康发展，根据《中华人民共和国道路运输条例》及有关法律、行政法规的规定制定本规定。

机动车维修经营指以维持或者恢复机动车技术状况和正常功能，延长机动车使用寿命为作业任务所进行的维护、修理以及维修救援等相关经营活动。机动车维修经营者应当依法经营，诚实信用，公平竞争，优质服务，落实安全生产主体责任和维修质量主体责任。任何单位和个人不得封锁或者垄断机动车维修市场。托修方有权自主选择维修经营者进行维修。除汽车生产厂家履行缺陷汽车产品召回、汽车质量“三包”责任外，任何单位和个人不得强制或者变相强制指定维修经营者。鼓励机动车维修企业实行集约化、专业化、连锁经营，促进机动车维修业的合理分工和协调发展。鼓励推广应用机动车维修环保、节能、不解体检测和故障诊断技术，推进行业信息化建设和救援、维修服务网络化建设，提高机动车维修行业整体素质，满足社会需要。鼓励机动车维修企业优先选用具备机动车检测维修国家职业资格的人员，并加强技术培训，提升从业人员素质。

机动车维修经营依据维修车型种类、服务能力和经营项目实行分类备案。机动车维修经营业务根据维修对象分为汽车维修经营业务、危险货物运输车辆维修经营业务、摩托车维修经营业务和其他机动车维修经营业务四类。汽车维修经营业务、其他机动车维修经营业务根据经营项目和服务能力分为一类维修经营业务、二类维修经营业务和三类维修经营业务。摩托车维修经营业务根据经营项目和服务能力分为一类维修经营业务和二类维修经营业务。获得一类、二类汽车维修经营业务或者其他机动车维修经营业务许可的，可以从事相应车型的整车修理、总成修理、整车维护、小修、维修救援、专项修理和维修竣工检验工作；获得三类汽车维修经营业务（含汽车综合小修）、三类其他机动车维修经营业务许可的，可以分别从事汽车综合小修或者发动机维修、车身维修、电气系统维修、自动变速器维修、轮胎动平衡及修补、四轮定位检测调整、汽车润滑与养护、喷油泵和喷油器维修、曲轴修磨、气缸镗磨、散热器维修、空调维修、汽车美容装潢、汽车玻璃安装及修复等汽车专项维修工作。具体有关经营项目按照《汽车维修业开业条件》（GB/T 16739）相关条款的规定执行。

从事汽车维修经营业务或者其他机动车维修经营业务的，应当符合下列条件：

（1）有与其经营业务相适应的维修车辆停车场和生产厂房　租用的场地应当有书面的租赁合同，且租赁期限不得少于1年。停车场和生产厂房面积按照《汽车维修业开业条件》（GB/T 16739）相关条款的规定执行。

（2）有与其经营业务相适应的设备、设施　所配备的计量设备应当符合国家有关技术标准要求，并经法定检定机构检定合格。从事汽车维修经营业务的设备、设施的具体要求按照《汽车维修业开业条件》（GB/T 16739）相关条款的规定执行；从事其他机动车维修经营业务的设备、设施的具体要求，参照《汽车维修业开业条件》（GB/T 16739）执行，但所配备设施、设备应与其维修车型相适应。

（3）有必要的技术人员

1）从事一类和二类维修业务的，应当各配备至少1名技术负责人员、质量检验人员、业务接待人员以及从事机修、电器、钣金、涂漆的维修技术人员。技术负责人员应当熟悉汽车或者其他机动车维修业务，并掌握汽车或者其他机动车维修及相关政策法规和技术规范；质量检验人员应当熟悉各类汽车或者其他机动车维修检测作业规范，掌握汽车或者其他机动车维修故障诊断和质量检验的相关技术，熟悉汽车或者其他机动车维修服务收费标准及相关政策法规和技术规范，并持有与承修车型种类相适应的机动车驾驶证；从事机修、电器、钣金、涂漆的维修技术人员应当熟悉所从事工种的维修技术和操作规范，并了解汽车或者其他机动车维修及相关政策法规。各类技术人员的配备要求按照《汽车维修业开业条件》（GB/T 16739）相关条款的规定执行。

2）从事三类维修业务的，按照其经营项目分别配备相应的机修、电器、钣金、涂漆的维修技术人员；从事汽车综合小修、发动机维修、车身维修、电气系统维修、自动变速器维修的，还应配备技术负责人员和质量检验人员。各类技术人员的配备要求按照《汽车维修业开业条件》（GB/T 16739）相关条款的规定执行。

（4）有健全的维修管理制度　健全的维修管理制度包括质量管理制度、安全生产管理制度、车辆维修档案管理制度、人员培训制度、设备管理制度及配件管理制度。具体要求按照《汽车维修业开业条件》（GB/T 16739）相关条款的规定执行。

（5）有必要的环境保护措施　具体要求按照《汽车维修业开业条件》（GB/T 16739）相关条款的规定执行。

机动车维修经营者应当按照国家、行业或者地方的维修标准规范和机动车生产、进口企业公开的维修技术信息进行维修。尚无标准或规范的，可参照机动车生产企业提供的维修手册、使用说明书和有关技术资料进行维修。机动车维修经营者不得通过临时更换机动车污染控制装置、破坏机动车车载排放诊断系统等维修作业，使机动车通过排放检验。

机动车维修经营者不得使用假冒伪劣配件维修机动车。机动车维修配件实行追溯制度。机动车维修经营者应当记录配件采购、使用信息，查验产品合格证等相关证明，并按规定留存配件来源凭证。托修方、维修经营者可以使用同质配件维修机动车。同质配件指产品质量等同或者高于装车零部件标准要求，且具有良好装车性能的配件。对于换下的配件、总成，机动车维修经营者应当交托修方自行处理。机动车维修经营者应当将原厂配件、同质配件和修复配件分别标识，明码标价，供用户选择。

机动车维修经营者对机动车进行二级维护、总成修理、整车修理的，应当实行维修前诊断检验、维修过程检验和竣工质量检验制度。承担机动车维修竣工质量检验的机动车维修企业或机动车综合性能检测机构应当使用符合有关标准且在检定有效期内的设备，按照有关标准进行检测，如实提供检测结果证明，并对检测结果承担法律责任。

机动车维修竣工质量检验合格的，维修质量检验人员应当签发机动车维修竣工出厂合格证；未签发机动车维修竣工出厂合格证的机动车，不得交付使用，车主可以拒绝交费或接车。机动车维修经营者应当建立机动车维修档案，并实行档案电子化管理。维修档案应当包括维修合同（托修单）、维修项目、维修人员及维修结算清单等。对机动车进行二级维护、总成修理、整车修理的，其维修档案还应包括质量检验单、质量检验人员、竣工出厂合格证（副本）等。

机动车维修经营者应按照规定如实填报、及时上传承修机动车的维修电子数据记录至国家有关汽车电子健康档案系统。机动车生产厂家或者第三方开发、提供机动车维修服务管理系统的，应向汽车维修电子健康档案系统开放相应数据接口。

机动车托修方有权查阅机动车维修档案。

**2.《道路运输车辆技术管理规定》**

为加强道路运输车辆技术管理，保持车辆技术状况良好，保障运输安全，发挥车辆效能，促进节能减排，根据《中华人民共和国安全生产法》《中华人民共和国节约能源法》《中华人民共和国道路运输条例》等法律、行政法规，制定本规定。

道路运输车辆技术管理适用本规定。道路运输车辆包括道路旅客运输车辆、道路普通货物运输车辆、道路危险货物运输车辆。道路运输车辆技术管理指对道路运输车辆在保证符合规定的技术条件和按要求进行维护、修理、综合性能检测方面所做的技术性管理。

道路运输车辆技术管理应当坚持分类管理、预防为主、安全高效、节能环保的原则。道路运输经营者是道路运输车辆技术管理的责任主体，负责对道路运输车辆实行择优选配、正确使用、周期维护、视情修理、定期检测和适时更新，保证投入道路运输经营的车辆符合技术要求。道路运输经营者应当遵守有关法律法规、标准和规范，认真履行车辆技术管理的主体责任，建立、健全管理制度，加强车辆技术管理。道路运输经营者应当建立车辆维护制度。车辆维护分为日常维护、一级维护和二级维护。日常维护由驾驶人实施，一级维护和二级维护由道路运输经营者组织实施并做好记录。

## 学习任务单

### 一、填空题

1. 机动车维修竣工质量检验合格的，维修质量检验人员应当签发________。

2.《安全生产法》是为了加强安全生产工作，防止和减少________，保障人民群众生命和财产安全，促进________而制定的。

3. 生产经营单位的主要负责人和安全生产管理人员必须具备与本单位所从事的生产活动相应的________。

4. 道路运输车辆技术管理应当坚持________、________、安全高效、节能环保的原则。

5. 推荐性国家标准、________、地方标准、团体标准、________的技术要求不得________强制性国家标准的相关技术要求。

### 二、选择题

零件制造商甲依约向整机制造商乙供应零件，乙制出整机后由零售商丙出售。然而，甲在零件制造中未遵从乙关于零件品质的要求，使零件形成严重瑕疵，丙售出整机后，买主纷纷退货。经查：甲、乙的零件供应合同中，订有甲无需对零件瑕疵负责的条款。

1. 丙在遭受退货损失后，(　　)。

A. 可以向乙主张产品瑕疵，要求甲赔偿

B. 由乙向甲主张产品瑕疵，要求甲对此负责

C. 可以直接向甲主张产品瑕疵，要求甲赔偿

D. 因为合同都已履行完毕，故不可以向甲或乙索赔

2. 假设：乙对丙的损失予以赔偿后，请求甲对上述赔偿负责。下列论述正确的是(　　)。

A. 甲可以以免责条款为由，拒绝负责赔偿丙的损失

B. 甲不可以以免责条款为由，拒绝赔偿丙的损失

C. 免责条款是甲乙双方的真实的意思表示，不存在胁迫和乘人之危，应当有效

D. 免责条款因其条款损害社会公共利益，此种条款是无效的

3. 假设：随产品附送的“三包条款”载明，产品售出后发现品质问题，2周之内包退包换，3年之内免费保修。经技术监督机关检测，该机确有品质瑕疵，而且通过维修不能使瑕疵消除。于是消费者(　　)。

A. 只能直接向丙退货

B. 只能向乙退货

C. 可以向丙退货，也可以向乙退货

D. 可以向丙退货，也可以向乙退货，还可以向甲退货

4. 假设：消费者丁向甲要求退货，甲表示同意，把货收下，说：“你买货时，货款是交给丙的，我要向丙去讨，讨来后就交给你”。于是甲去找丙（　　）。

A. 甲有权向丙要求退货，因为甲是整机的零件供应商

B. 甲无权向丙要求退货，因为甲与丙并不存在买卖合同关系

C. 甲有权向丙要求退货，这时甲是作为消费者丁的代理人

D. 甲无权向丙要求退货，消费者丁并未对甲授权让甲代理其退货

5. 假设：在上题中甲向丙退货失败，丁却不断向甲催讨货款。甲如实说明情况后，劝丁取回所退机器，直接与丙去交涉。丁则认为甲违反了甲丁之间的约定，拒不取回机器，非要甲给付退款不可。并说，机器的瑕疵是由甲生产的零件不合格造成的，甲无法推卸责任，则（　　）。

A. 甲必须负责处理

B. 根据甲丁之间的协议，甲应当负责找丙退货。现交涉失败，即应垫退货款

C. 甲替丁找丙退货，性质是无因管理。甲退货失败，对丁并不构成违约

D. 机器的瑕疵是由甲生产的零件不合格造成的，甲有无法推卸的责任，但这并不是丁可以向甲请求退货的原因

6. 假设：消费者崔某购得机器，却不能将其起动。正好有一个体修理户李某至此，崔某便请李某检修。李某在拆卸检查时，并无违章作业，但该机器爆炸，李某受伤被截去左腿，花去医疗费四万余元。下列说法正确的是（　　）。

A. 李某承揽机电修理工作，应该有专业技能，所受伤害，应属风险，只能自己负担

B. 李某受伤，完全是机器瑕疵导致，应当找乙或者丙追究

C. 李某的伤害是在为崔某工作的过程中发生的，崔某是雇主，应当对受雇人的工伤事故负责

D. 崔某对李某承担了医疗费后，有权向乙或者丙追偿

7. 假设：李某投了人身意外伤害险。事故发生后，李某从保险公司处获得了保险金。于是（　　）。

A. 保险公司有权要求李某将对于责任人追偿的权利转让给自己

B. 即使保险公司付给的保险金不足以弥补李某所受的损失，保险公司也只能按照保险合同约定的数额给付，而不以李某实际受损的数额为准

C. 保险公司赔付了保险金后，丙不知情，也赔偿了李某，丙有权要求李某返还赔偿金

D. 丙对李某进行了赔偿后，有权向乙、甲请求承担赔偿责任

8. 根据《民法典（合同编）》的规定，下列各项中，属于不得撤销要约的情形有（　　）。

A. 要约已经到达受要约人

B. 要约人确定了承诺期限

C. 要约人明示要约不可撤销

D. 受要约人对要约做出承诺

## 职业素养拓展训练

### 学法、懂法、用法，提升爱国情怀、担当社会责任的职业素养拓展训练

#### 一、训练要求

提升爱国情怀、担当社会责任，以小组为单位，发挥团队精神，分工合作，收集中国汽车发展史资料，以国产品牌为例，讲述中国汽车发展的故事。

#### 二、训练组织

选定主题后走访企业、网上收集资料，以自拍视频、PPT 制作等形式完成任务。

#### 三、训练效果

以组为单位选出代表，交流、展示作品，使每个人了解我国汽车发展的故事，传承中国的汽车文化。

# 项目二 汽车维修质量管理制度和检验标准

**学习目标**

在汽车维修业中，汽车维修质量检验标准是通用性和指导性标准，原则性很强，汽车维修检验人员需要养成工作态度严谨、遵守规章制度、严格执行规范和标准的工作素养。通过本项目的学习与训练，学习者应该掌握质量检验标准的适用范围和主要内容、汽车维修质量检验程序，重点掌握质量检验技术标准和汽车维修企业对车辆维修、质量检验相关技术档案的管理与使用规定，规范维修企业的管理，确保汽车维修企业和个体维修户及用户的合法权益，保证维修车辆的技术状况完好，达到安全环保的目的。

## 任务一 认知汽车维修质量管理制度

### 一、汽车维修质量检验制度

在汽车维修质量管理工作中，汽车维修质量检验是具体保证和监督汽车维修质量的关键工作。汽车维修质量检验部门应在厂长/经理的直接领导下，代表厂长/经理行使质量检验职能，最终对用户负责。根据《机动车维修管理规定》中有关条款规定，机动车维修经营者对机动车进行二级维护、总成修理、整车修理应当实行维修前诊断检验、维修过程检验和竣工质量检验制度。

质量检验就是借助某种手段（如传统经验、检测诊断的仪器设备或随车自诊断系统等）对所维修的汽车、总成或零部件等进行质量特性的测试和诊断，从而得到汽车维修质量实际参数值。将实际检测结果与质量验收标准对比，判定是否合格。

对于合格品和不合格品分别提出处理意见，做好原始记录并及时反馈信息。

#### 1. 汽车维修质量检验的分类及内容

汽车维修质量检验通常按汽车维修工艺程序分类，即汽车进厂检验、维修过程检验和汽车出厂竣工检验3类。在维修过程中，可按质量检验的职责分类（分为工位自检、工序互检和专职检验3类）和按质量检验的对象分类（分为汽车维修质量检验、自制件与改装件质量检验、原材料及配件入库质量检验、机具设备与计量器具质量检验等）。

汽车维修质量检验的工艺程序：首先，进行进厂检验（包括送修车、返修车鉴定检验等），经生产派工调度并进入维修过程后，由主修人将汽车拆解为各总成再拆解成零件，由专职检验人进行零件分类检验（分为可用、可修、可换3类）；其次，按汽车装配工艺规程、工艺规范和技术标准，由主修人修复可修零件、更换可换零件，由零件总装为总成再总装为整车并进行竣工调试；最后，移交出厂检验，由专职检验员做竣工出厂验收。

（1）汽车维修进厂检验制度

1）车辆送修时，应具有保修内容及相关技术档案资料。

2）业务接待人员和检验人员负责对送修车辆进行预检，按规范填写“车辆维修检验单”。

3）车辆预检时，根据驾驶人的反映及该技术档案和维修档案，通过检测或测试、检查确定基本作业内容，并告知托修方。

4）得到托修方确认后，与托修方签订维修合同，办理交接手续。随车使用的工具和备用品等不属于汽车附件范围的物品，应由托修方自行保管。

5）调度人员将维修作业单下派车间，车辆进入作业车间。

（2）汽车维修过程检验制度

1）过程检验实行自检、互检和专职检验相结合的“三检”制度。

2）检验内容为汽车或总成解体、清洗过程中的检验，主要零部件的检验，各总成组装、调试检验。

3）各检验人员根据分工，严格依据检验标准、检验方法认真进行检验，做好检验记录。

4）经检验不合格的作业项目，需重新作业，不得进入下一道工序。

5）对于影响安全行车的零部件，一定要严格控制使用标准。对不符要求的零部件应予以维修或更换，及时通知前台，并协助前台向车主做好解释工作。

6）对于新购总成件，必须依据标准检验，杜绝假冒伪劣配件装入总成或车辆。

（3）汽车维修竣工检验制度

1）汽车维修竣工检验由专职检验人员负责实施。

2）汽车维修竣工检验内容为整车检查、检测、路试、检测路试后的再检测及车辆验收。

3）修竣车辆竣工检验严格依据《机动车安全技术检验项目和方法》（GB 38900）的要求进行。首先进行整车外观和底盘检查，检查合格后进行路试。对于路试中发生的不正常现象，要认真复查。路试合格后，重新进行底盘检查，确定各项技术性能合格后，由总检开具出厂合格证。

4）对于进行二级维护及以上维修作业的车辆，除上述检验内容外，还必须经计量认证的汽车综合性能检测站检测合格。

5）严禁为检验不合格的车辆开具竣工出厂合格证。

6）竣工检验合格的车辆实行规定的质量保证期制度。

**2. 汽车维修质量检验的基本要求**

1）质量检验工作应该贯穿汽车维修的全过程，每次检验都必须以相关的汽车维修技术标准为依据。

2）质量检验要制度化和规范化，要有汽车维修的检验规范及验收标准，要明确各自的检验岗位职责，既要使检验员有权有责，又要对检验员进行考核。

3）在质量检验时要求填写检验记录，并要求检验记录标准化和数据化。例如名词术语的规范化，计量单位和符号、代号的法定化。还要将检验记录整理归档，要求检验记录完整、正确和清晰，不得随意涂改，更不能弄虚作假。

4）检验手段要推行仪器设备化。为此，汽车维修企业要配备必要的检测诊断设备和仪器仪表等。

质量检验的目的不仅是检验出不合格品，更重要的是收集和积累质量信息，由此加强质量管理，控制产品质量。为了掌握质量动态，必须建立、健全质量管理过程中的原始记录和质量签证，加强收集整理和统计分析，严格控制返修率，强化技术责任事故分析和相应处罚等。

## 二、维修竣工出厂合格证管理制度

汽车维修企业在车辆维修竣工出厂时，必须按竣工出厂技术条件进行检测，并向托修方提供由出厂检验员签发的汽车维修竣工出厂合格证。汽车维修企业使用的汽车维修竣工出厂合格证由汽车维修行业管理部门统一印制和发放。汽车维修实行维修竣工出厂合格证管理制度。

### 1. 维修竣工车辆和总成出厂规定

车辆和总成维修竣工后，要按照出厂规定进行检验、验收和交接。

1）车辆和总成在维修竣工出厂前，承修厂必须按照汽车维修竣工出厂的检验规范和验收标准，做好路试前、路试中和路试后的质量检验工作，使维修竣工出厂的车辆完全符合汽车维修技术标准中的维修竣工出厂技术要求，确保维修质量。

2）车辆和总成维修竣工出厂时，不论送修时装备、附件的状况如何，均按照原厂的规定配备齐全，发动机应安装限速装置，彻底做好车辆维修竣工的收尾工作，做到交车时不再补修或补装。

3）接车人员应根据汽车维修合同的规定，就车辆或总成的技术状况和装备情况等进行验收。如果发现不符合竣工要求的情况，应由承修单位查明并处理。送修单位可以查阅有关检验记录及换件记录，甚至可以要求重试。对不符合出厂验收标准的部分可以拒收。

4）“汽车维修竣工出厂合格证”既是车辆维修合格的标志，也是承修方对托修方质量保证的标志。按照规定，凡经过整车大修、总成大修、二级维护后竣工出厂的车辆，在维修竣工验收合格后，必须由承修方签发“汽车维修竣工出厂合格证”，并向托修方提供相应的维修技术资料，包括：汽车维修过程中的主要技术数据、主要零件更换记录、汽车维修竣工出厂后的走合期规定、汽车维修竣工出厂的质量保证项目及质量保证期限以及返修处理规定和质量调查等。

5）送修单位或个人在大修车辆或大修总成维修竣工出厂后，必须严格执行走合期使用规定。在质量保证期内，因维修质量造成的故障或损坏，承修单位应优先安排、免费修理。若发生质量纠纷，可以先协商；若协商无效，则交由汽车维修行业管理部门进行技术分析或仲裁。

### 2. 汽车维修竣工出厂验收标准

凡经过汽车大修作业的汽车或总成，应根据 GB/T 3798《汽车大修竣工出厂技术条件》、

GB/T 3799.1《汽车发动机大修竣工出厂技术条件》和 GB 7258《机动车运行安全技术条件》等规定进行汽车维修竣工出厂验收。凡未经过汽车大修作业的汽车或总成，应该按照 GB 7258《机动车运行安全技术条件》、GB/T 18344《汽车维护、检测、诊断技术规范》的规定进行汽车维修竣工出厂验收。

## 任务二　认知汽车维修质量检验标准和程序

汽车维修的技术标准是衡量维修质量的尺度，是企业进行生产、质量管理等工作的依据，具有法律效力，必须严格遵守。认真贯彻技术标准，对保证维修质量、降低成本、提高经济效益和保证安全运行都有重要作用。

我国汽车维修的技术标准分为4级：国家标准、行业标准、地方标准和企业标准。

### 一、汽车质量检验的国家标准

《中华人民共和国标准化法》中规定，保障人体健康，人身、财产安全的标准和法律、行政法规规定强制执行的标准是强制性标准，其他标准是推荐性标准。强制性标准即为无条件强制执行的标准，推荐性标准可自愿采用。当推荐性标准被法规引用并将遵循该项标准作为执行法规的必要条件时，这项推荐性标准就因此而具有强制性，成为强制性标准。

中国汽车工业的标准化工作是在1953年后才开展起来的。中国汽车工业标准包括与国际基本通用的汽车标准以及为宏观控制汽车产品生产质量的标准。汽车标准划分为强制性标准和推荐性标准两种。强制性标准的主要内容是汽车的安全性标准，汽车排放物的控制标准，汽车的噪声限制标准以及汽车的燃油消耗量的标准。强制性标准要依据《中华人民共和国标准化法》强制执行。

汽车的国家标准指在全国范围内都要遵照执行的标准，主要包括汽车整车、汽车发动机的名词术语、互换性连接尺寸、试验方法、涉及环境的污染及噪声、人身和财产安全和涉及资源保护的强制性标准，以及电器、仪表、橡胶等相关配套产品的性能要求，试验方法和技术参数等标准。行业标准主要包括汽车整车、发动机及各大总成的性能要求、技术条件等表明产品本身质量水平的标准。企业标准是各企业为了控制产品的具体质量所规定的产品设计、工艺、原材料及企业管理等内容的标准。

汽车标准按标准化类别分为名词术语、形式、尺寸、参数、互换性连接尺寸、试验方法、性能要求和技术条件等几类。

为了保证汽车产品质量，严格贯彻和执行这些标准，汽车行业制定了一系列汽车产品质量检验评定方法的标准。这是根据中国汽车工业发展的现实情况制定的质量控制标准（也称蓝皮书）。

### 二、国家相关汽车维修标准

汽车维修国家标准有：

GB/T 16739《汽车维修业开业条件》

GB/T 18344《汽车维护、检测、诊断技术规范》

GB 18285《汽油车污染物排放限值及测量方法（双怠速法及简易工况法）》

GB/T 15746《汽车修理质量检查评定方法》
GB 17691《重型柴油车污染物排放限值及测量方法（中国第六阶段）》
GB 3847《柴油车污染物排放限值及测量方法（自由加速法及加载减速法）》
GB 7258《机动车运行安全技术条件》
GB/T 1148《内燃机　铝活塞　技术条件》
GB 1495《汽车加速行驶车外噪声限值及测量方法》
GB 16170《汽车定置噪声限值》
GB 50067《汽车库、修车库、停车场设计防火规范》
GB/T 3798《汽车大修竣工出厂技术条件》
GB/T 3799《汽车发动机大修竣工出厂技术条件》
GB/T 12543《汽车加速性能试验方法》
GB 9656《机动车玻璃安全技术规范》
GB 4785《汽车及挂车外部照明和光信号装置的安装规定》

## 三、汽车维修质量检验程序

交通运输部颁布的《机动车维修管理规定》中明确规定，汽车维修业户必须有明确的质量负责人和质量检验员。汽车修理的质量检验管理应自上而下形成一套完整又行之有效的管理体系。汽车维修质量检验的程序具体分类如下。

### 1. 按维修程序分类

汽车维修质量检验按维修程序分为进厂检验、零件分类检验、过程检验和出厂检验（或称最终检验）。

（1）进厂检验　进厂检验指对送修车辆的装备和技术状况的检查鉴定，以便确定维修方案。其主要内容有对进厂送修车辆进行外观检视，填写进厂检验单；注明车辆装备数量及状况；听取驾驶人的口头反映；查阅该车技术档案和上次维修技术资料；通过检测或测试、检查，判断车辆的技术状况；确定维修方案，办理交接手续，签订维修合同。

（2）零件分类检验　零件分类检验指汽车零件清洗后，按照零件损伤程度及技术检验规范所制定的分类标准，将零件确定为可用、需修和报废 3 种类型，以便移工配料、安排计划。

判定被检零件类别的主要依据是汽车维修规范中所规定的“大修允许”和“使用极限”。凡零件磨损后尺寸和形位公差在允许范围内的为可用件。零件的磨损及误差超过允许值，但可修复使用的为需修件。零件损伤严重、无法修复或修复成本太高的为报废件。

零件的检验分类是维修过程中极为重要的工序。检验分类的工作质量直接影响维修质量和成本。因此，一般都采取集中检验的方法，即在整车和各总成分解清洗后，由几名专职检验人员对集中在一起的零件进行检验分类。

（3）过程检验　过程检验也称工序检验，指维修过程中对某一工序的工人自检、互检和专职检验员在生产现场的重点检验。其主要内容是汽车或总成解体、清洗过程中的检验；主要零部件的过程检验；各总成组装、调试的检验。

过程检验一般采用自检、互检和专职检验相结合的方法。因此，必须建立检验岗位责任制，明确检验标准、检验方法和检验分工，做好检验记录，严格把握质量关。不合格的零部件和总成都要返工，不得流入下道工序，也不得作备用品。

（4）出厂检验 出厂检验指送修的汽车经过解体、清洗、修理、装配试验和总装以后，对整车进行静态和动态的检查验收。通过检查验收，发现缺陷时应及时消除，使车辆达到整齐美观、机件齐全可靠、操纵灵活、轻便舒适、经济性好、动力性强、技术性能达到指标，使用户满意。其主要内容包括：

1）整车检查。对汽车在检测路试前，在静止状态下进行外观检查和发动机在空载情况下的检验。汽车外表应整齐美观，符合要求。汽车装备和附属设施应按规定配齐，整车、各总成和附件应符合装备技术条件。各种管件和接头安装正确，电气电路完整，包括卡固良好。各种灯光信号标志齐全有效，后视镜安装良好。润滑嘴装配齐全有效，各润滑部位及总成内均应按季节、品种及规定容量加足润滑油（脂）。散热器、发动机、驾驶室等各连接支撑坐垫应按规定装配齐全、完整，锁止可靠。发动机在不同转速下运转正常。

2）检测和路试。通过汽车各种工况，如起步、加速、等速行驶、滑行、强制减速、紧急制动、低速档至高速档、高速档至低速档的行驶，检查汽车的操纵性能、制动性能、滑行性能、加速性能；通过听察各种声响，判断发动机及底盘的工作情况；按照有关规定，检查汽车的经济性能，噪声和废气排放情况。车辆整车大修和总成大修、二级维护，须按规定到专门的汽车检测线进行检测。

3）检测路试后的再检验。一般除根据路试中发现的不正常现象进行检查外，还应按发动机的验收要求对发动机作一次进一步的检查和调整。此外，还要检查各总成间的连接有无松动、变形和移位；有无漏水、漏油、漏气、漏电和某些总成和机件温度过高现象，各螺栓、螺母是否松动；轮胎气压是否符合标准等。

4）车辆验收。检测路试发现的缺陷通过施工调整消除后，即可进行验收，填好出厂检验记录，签发出厂合格证，办理交接手续。

**2. 按检验职责分类**

汽车维修质量检验按检验职责分为自检、互检和专职检验，又称“三检制度”，是我国目前普遍实行的一种检验制度。

（1）自检 自检是维修工人对自己承担的作业项目进行自我检验，即“自我把关”。

（2）互检 互检是维修工人相互之间对所承担的作业项目进行互相检验。互检的形式有班组质检员对本组工人的抽检、下道工序对上道工序的检验、工序中的互相检验等。

（3）专职检验 专职检验是专职检验员对维修质量进行检验，包括对维修过程中关键工序的检验，对材料、配件的入库检验，对竣工车辆的出厂检验等。

专职检验点的设置和人员配备一般参照以下 3 个因素：一是质量容易波动、对质量影响较大的关键工序；二是检验手段或检验技术比较复杂，靠自检、互检无法保证质量的工序；三是生产过程的末道工序、竣工出厂或以后难以再检验的项目。

落实好“三检制”，首先要明确专检、互检、自检的范围。一般情况是进厂检验（包括外购件、外协件的检验），主要半成品的流转（如缸体、曲轴等），竣工出厂检验等应以专职检验为主。生产过程中的一般工序检验以自检、互检为主，同时辅以专职检验员的巡回检查。其次，要明确检验方法，要为操作者提供必要的检测手段，要健全原始记录登记制度。

### 3. 按检验对象分类

汽车维修质量检验按检验对象分为维修质量检验，自制件、改装件质量检验，燃润料、原材料及配件（含外购、外协加工件）质量检验，机具设备、计量器具质量检验等。

进行汽车维修质量检验应做好检验记录。汽车维修进厂检验记录单、过程检验记录单和竣工检验记录单（简称三单）是汽车维修质量检验的基础原始记录，必须认真填写，及时整理，妥善保管。其内容和格式可由企业根据需要自行印制，但应坚持全面、清晰、简便、易行的原则。

# 任务三　认知汽车维修质量检验技术档案管理

## 一、技术档案管理规定

汽车维修企业在对车辆技术档案的管理过程中，要遵守以下规定：

1）技术档案包括进行经营活动所用的一切重要图片、图样、光盘、图书、报表、技术资料、有关设备和技术的文字说明等技术文件，整理后归档。

2）相关企业设置的技术档案包括：维修汽车技术质量档案，技术标准、规程、工艺文件、统计报表等生产技术档案、设备档案。

3）相关企业要有技术档案室，由技术主管部门负责建立、保管、运用或提供使用。保管工作由技术主管部门指定专人负责。

4）当技术档案资料进入本企业时，应在一周之内建立档案。建档时要分类编号，登记立卷归档，并进行必要的整理编制卡片，以利于查阅。

5）技术档案不外借。内部技术人员办理借阅手续后，可以借阅，但属于秘密的资料不得外借，不得随便复印。技术档案阅后要及时归还并办理归还手续。

6）技术部门定期对技术档案进行鉴定，确定保管年限，及时销毁失去使用价值的档案。

## 二、车辆维修、检验相关档案的管理方法和要求

对于车辆维修和质量检验的有关档案管理要遵守下面的具体要求：

1）档案存放要有序，查找方便，同时做好 6 防（即防盗、防火、防潮、防鼠、防尘、防晒），保持档案存放处清洁卫生。

2）禁止损毁、涂改、伪造、出卖档案，档案资料如果有损坏，应及时修补。

3）对机动车进行二级维护、总成修理、整车维修的，资料管理人员须及时建立维修档案，根据档案的内容、性质和时间特征，对档案进行分类整理、存放、归档，并按内容和性质确定其保存期限，电子档案要及时备份。

4）维修车辆实行一车一档制。维修档案主要包括维修合同、维修项目、具体维修人员及质量检验人员、检验单、竣工出厂合格证（存根）及结算清单等，应齐全有效。

5）负责人要对档案资料的完整性、有效性负责，在现场不得存有或使用失效的文件、

资料。

6）每年对档案进行一次核对清理，将保存的档案整理后统一归档。

7）借阅档案必须办理规定手续，借阅者对档案的完整、清洁负责，未经许可不得擅自转借、复印。

## 学习任务单

**一、填空题**

1. 我国汽车维修的技术标准分为4级：________、________、________和________。
2. 汽车维修质量检验按职责分为________、________和________检验。
3. 档案存放要有序，查找方便，同时做好6防（即________、________、________、________、________、________），保持档案存放处清洁卫生。

**二、问答题**

1. 汽车维修进厂检验制度是如何规定的？
2. 汽车维修竣工检验的内容有哪些？
3. 汽车维修竣工出厂合格证管理制度是如何规定的？
4. 车辆维修相关技术档案管理一般是如何规定的？
5. 汽车维修技术档案管理应遵守哪些要求？
6. 按维修程序分，汽车维修质量检验分为哪几类？
7. 三单一证的内容是什么？

**三、论述题**

结合汽车维修企业的实际情况，论述如何落实“三检制度”。

## 职业素养拓展训练

### “提高职业道德素养，遵守规章制度，执行国家标准”职业素养拓展训练

#### 训练一

**一、训练要求**

从自身做起，“提高职业道德素养，遵守规章制度，执行国家标准”，更好地服务于社会。

**二、训练组织**

围绕要求写出自己的学习体会并进行课堂交流。

**三、训练效果**

通过学习交流，达到从自身做起，遵守法律法规，提高职业道德素养，为服务社会奠定基础。

## 训练二

### 一、训练要求

展开以“车辆进行维修后是否还需要进行维修质量检验”为主题的辩论活动。

### 二、训练组织

将学生分成4组，抽签选择正方和反方，进行简化流程的课堂辩论活动（所有观点均需有理有据）。

### 三、训练效果

在辩论的过程中逐渐加深学生对汽车维修质量标准的理解，提升学生通过课本、网络、相关书籍查找汽车维修、检验、检测等的相关现行法律法规、国家标准、案例的自主学习能力。

# 项目三

# 汽车维护工艺质量的检验

**学习目标**

汽车维修质量检验人员应树立劳动光荣理念，培育工匠精神。通过本项目的学习，学习者应掌握汽车维护工艺的中心内容，汽车维护工艺的原则、分级，维护周期的制定，维护项目等知识，重点掌握维护作业项目，能对车辆进行维护作业和维护质量的检验，掌握常见车型的维护项目、操作要点和技术要求，掌握电动汽车维护作业项目、操作方法和技术要求。

## 任务一 认知汽车的维护原则与维护周期的确定

### 一、汽车的维护原则

汽车在行驶中受各种因素的影响，各零部件必然会逐渐产生不同程度的自然松动、磨损和机械损伤，如果不及时采取必要的技术措施，汽车的动力性、经济性必然变坏，可靠性也将随之降低，甚至发生意外损坏。汽车维护是为减少机件磨损，保证汽车具有良好工作性能，预防故障产生和延长车辆使用寿命而采取的维持性的技术措施。汽车维护需按照《机动车安全技术检验项目与方法》（GB 38900）的要求执行。

### 二、汽车维护周期的确定

1）日常维护由驾驶人在出车前、行车中和收车后进行。

2）一、二级维护周期的确定，根据 GB/T 18344 的规定，以汽车行驶里程为基本依据，参照汽车使用说明书及汽车使用条件由省级交通行政主管部门规定。

3）对于不便于用行驶里程统计、考核的车辆，可用行驶时间间隔确定车辆一、二级维护周期。

### 三、汽车走合期和季节性维护

#### 1. 走合期

走合期维护一般分为走合前期维护、走合中期维护和走合后期维护。

（1）走合前期维护　走合前期维护的目的是防止汽车出现事故和损伤，保证顺利地完成走合期，其主要内容有：

1）洗全车，检查各部位的连接及紧固情况。

2）检查散热器存水量，检查冷却系统各部位有无漏水现象。

3）检查发动机、空气滤清器、变速器及助力器装置用油的数量和质量，视需要添加或更换，检查各部位有无漏油现象。

4）检查变速器各档能否正确接合。

5）检查转向机构各部位有无松旷和发卡现象。

6）检查电气设备、灯光和仪表工作是否正常，检查蓄电池电解液密度与液面高度。

7）检查和调整轮胎气压，使之符合标准。

8）检查制动效能（制动距离、有无制动跑偏和拖滞现象）。如果不符合要求，应查明原因后及时排除故障。

（2）走合中期维护　走合中期的维护是汽车行驶 500km 左右时进行的，主要是对技术状况开始发生变化部位进行及时的维护，以恢复其良好的技术状况，保证下阶段走合顺利进行。其主要内容有：

1）清洁发动机润滑系统，更换润滑油和滤芯。

2）润滑全车各润滑点。最初行驶 30~40km 时，应检查变速器、分动器、前驱动、后驱动、轮毂和传动轴等处是否发热或有异响。如果发热或有异响，应查明原因，予以调整或修理。

3）检查制动效能和各连接处，制动管路的密封程度，必要时加以调整和紧固。

4）检查、调整离合器踏板的自由行程。

5）按规定力矩和顺序拧紧气缸盖及进、排气歧管螺栓、螺母和轮胎螺母。

（3）走合后期维护　走合结束时，应对汽车进行一次二级维护，检查、紧固全车各连接部分，进行必要的调整和润滑，使汽车达到良好的技术状况。其作业内容主要有：

1）清洗润滑油道和集滤器，更换滤清器的细滤芯，更换润滑油。

2）测量气缸压力，清除燃烧室积炭，视需要研磨气门。

3）按规定“先中间后四周”分 2~3 次紧固气缸盖螺栓。对于铝质缸盖，在发动机冷态时旋紧；对于铸铁缸盖，在发动机热态时，检查气缸盖螺栓、螺母的紧度，以防螺栓热膨胀造成气缸盖密封不良，损坏气缸盖衬垫。

4）清洗变速器、驱动桥、转向器，更换润滑油。

5）紧固前、后钢板弹簧 U 形螺母（满载时进行），检查钢板弹簧悬架联接的螺栓、螺母有无松动。

6）检查和调整制动器。

7）检查、调整离合器踏板自由行程。

8）检查、调整、紧固前桥转向机构。

9）按规定力矩检查、紧固底盘各部联接螺栓、螺母。

10）检查并紧固车身、车厢各部联接，调整车厢栓钩。

走合期后 1000~3000km 运行中，仍应中速行驶、不超载、不拖带挂车行驶。

### 2. 季节性维护

季节性维护可结合定期维护进行，其项目如下：

（1）夏季

1）用酸碱清洗发动机水套、清除冷却系统水垢（严防酸碱接触铝制散热器的散热片）。

2）清洗发动机润滑系统和底盘各总成，换用夏季润滑油。

3）清洗燃料系统喷油器以适应季节。

4）调整非免维护蓄电池电解液的密度。

5）调整火花塞间隙。

6）清洗变速器壳、后桥差速器壳、前轮毂、后轮毂，换用夏季润滑油。

（2）冬季

1）发动机及底盘各总成采用冬季润滑油。

2）清洗燃油箱、燃油滤清器、喷油器及供油系统全部管路，以防有水结冰，并调整喷油器。

3）相应地调整火花塞间隙及非免维护蓄电池电解液的密度。

4）采取防寒防冻措施，装用保温罩。

## 任务二 认知汽车维护工艺内容和适用范围

### 一、各级维护工艺的中心内容

汽车维护工艺的内容包括日常维护、一级维护和二级维护。

日常维护属于预防性维护作业，以清洁、补给和安全检视为中心内容，是各级维护的基础，由驾驶人在每天出车前、行车中和收车后进行。其主要内容有坚持出车前、行车中和收车后对车辆的安全机构及部件连接紧固情况的“三检”，保持“四清”，防止“四漏”和保持车貌整洁。

一级维护由维修企业负责进行。其维护作业范围除日常维护作业外，以清洁、紧固、润滑为中心内容，并检查制动、转向等安全部件的工作状况。

二级维护由维修企业负责进行，除完成一级维护作业外，以检查、调整为中心内容。它以检查、调整转向节、转向摇臂和悬架等经过一定时间使用容易磨损或变形的安全部件为主，并拆检轮胎，进行轮胎换位；检查、调整发动机工况和排气污染控制装置等；还包括走合期维护和季节性维护。

### 二、日常维护

日常维护按出车前、行车中和收车后3个阶段进行。

#### 1. 出车前

出车前，应检查车辆各种紧固情况是否良好，装备是否齐全，油料是否充足，具体项目为：

1）清洁汽车外表，检查保修项目是否修复良好，检查发动机缸体放水开关、散热器放水开关以及储气筒放水开关是否良好。

2）检查燃油容量是否充足；检查润滑油容量，机油标尺刻度线在2/4～4/4为合适，且润滑油应无变质、变稀和渗水等现象；用手指沾少许润滑油捻动，应无杂质或金属屑；检查蓄电池电解液面高度，应高出极板10～15mm；检查冷却液容量，冷却液面高度应在补偿水位线“低”和“高”之间，使用防冻液时液面高度应低于蒸气引出管5～7mm；检查轮胎气压是否符合标准，气压过高或过低时应及时调整或补气。

对于液压操纵离合器、制动器的汽车，还应检查制动液容量；对于装有动力转向装置的汽车，还应检查液压油容量，视需添加。

3）检查汽车主要外露部位的螺栓、螺母等是否齐全有效、坚固可靠，视需紧固；检查车头罩锁是否锁止可靠。

4）检查转向横、直拉杆，转向臂等连接件是否牢固可靠；检查转向节及万向节叉的连接紧固情况，视需要紧固调整。检查转向盘自由转动量（不得超过规定范围），视需调整。

5）检查离合器、制动装置的操纵系统，工作应灵活可靠，操纵轻便，制动效能符合规定。

6）检查加速踏板操纵机构的连接情况，应操纵轻便、灵活可靠。对于汽油发动机，还应检查节气门和阻风门的连接及工作情况；对于柴油发动机还应检查断油机构的连接及工作情况。

7）检查照明灯、指示信号、喇叭以及刮水器等装置是否正常工作、齐全有效；检查后视镜是否完好；检查门锁、门窗玻璃及其升降机构是否齐全有效、操纵灵活。

8）检查车辆装载及乘员乘坐是否符合规定，拖带挂车时，必须检查牵引装置和连接部件是否牢固可靠，挂车的安全防护装置必须齐全有效；检查备胎是否完好有效，固定牢固；随车工具是否齐全。

9）按照规定方法，起动发动机，检查发动机各部运转情况，察听发动机是否有异响；汽车各部位均不得有漏油、漏水、漏电和漏气等故障；当储气筒内气压高于441kPa时，气压警告灯应熄灭，各个仪表均应指示正常。

10）检查驾驶证、行驶证以及与驾驶车辆有关的必须携带的各种行车证件是否齐全。

### 2. 行车中

行车中的维护作业可分为途中行驶和途中停车两种情况。

在途中行驶时：

1）发动机起动后，冷却液温度正常，气压制动车辆待储气筒压力和润滑油压力正常时，车辆才能行驶。

2）行驶中应随时察听发动机、底盘有无异响；注意有无异味。

3）离合器、变速器、转向系统和制动系统应操纵轻便、有效，工作正常。

4）随时观察各指示仪表指示车辆的工作状况是否正常。如果有异常，应立即停车检查，排除后或采取相应的急救措施后才可恢复行驶。

5）随时观察各照明灯光、指示信号是否正常。如果有异常，应立即停车修复后才可继续行驶。

6）随时观察润滑油压力随发动机转速变化而变化的情况，超出限值时应立即停车检查。

7）注意喇叭、音响是否正常。

8）随时观察货物装载情况和乘员的动态。

在途中停车时：

1）检视轮胎外表、气压，及时清除胎面花纹中的杂物和轮胎间的夹石。

2）检视有无漏水、漏油痕迹，察听有无漏气声。

3）检查制动器有无拖滞发热现象。

4）检视转向机构等各连接部件是否牢固可靠。

5）检视拖挂装置是否安全可靠、安全防护装置是否齐全有效。

6）检视货物装载是否牢固，如果有松动，应及时加固。

**3. 收车后**

1）清洁汽车外部，打扫驾驶室和车厢内部。

2）检视有无漏水、漏油印痕，察听有无漏气声，及时补充燃油、润滑油、冷却液等（有的汽车还需补充制动液、液压油等）。

3）冬季未加防冻液的汽车，应及时放掉发动机冷却系统内的冷却液，以防冻结。放水开关有两个，一个在发动机气缸体的下部，手柄在进气管中部上方；另一个放水开关在散热器出水管下方。放水时，应打开散热器加水口盖，将散热器和气缸体内的冷却液放尽。放尽后，起动发动机并怠速运转2~3min，以防气缸体内残留的冷却液冻结，损伤气缸体。

4）冬季室外气温低于-30℃时，露天停放的车辆应将蓄电池拆下并放在室内，以免蓄电池电解液冻结。

5）检视各连接装置，外露部位的螺栓、螺母有无松动。

6）检查钢板弹簧总成有无断片、移位现象；减振器有无漏油现象，是否牢固。

7）检查轮胎气压，视需补气，做好清除杂物工作。

8）放尽湿储气筒内的存水、油污等，定期放尽主储气筒内的存水、油污。放尽后，应立即关好放水开关。

9）发现故障时及时排除或报修，保证后续出车。

10）对于装用金属叠片式机油滤清器的车辆，应将叠片式机油滤清器手柄沿顺时针方向转动3~5圈，并定期清洗滤清器沉淀杯；对于装用转子离心式机油滤清器的车辆，当发动机熄火后应能听到转子的持续旋转声（2~3min）。若听不到旋转声或持续时间过短，应及时进行检查，找出故障原因。

通过进行日常维护，使汽车达到：车容整洁；螺栓、螺母不松不缺；油、气、水和电等不渗不漏；轮胎气压正常；制动系统、转向系统灵活可靠、操纵轻便、润滑良好；发动机、底盘无异响和异味；灯光、喇叭、刮水器、信号和仪表等工作正常。

## 任务三 认知汽车维护作业项目与技术要求

### 一、一级维护项目与技术要求

一级维护由维修企业负责进行。其维护作业范围除日常维护作业外，以紧固、润滑为中心内容，并检查制动、转向等安全部件的工作状况。

## 二、二级维护项目与技术要求

二级维护时首先要对汽车进行检测。汽车进厂后，根据汽车技术档案的记录资料（包括车辆运行记录、维修记录、检测记录、总成修理记录等）和驾驶人反映的车辆使用技术状况（包括汽车动力性，异响，转向、制动性能及燃、润料消耗等）确定所需检查项目，依据检测结果及车辆实际技术状况进行故障诊断，从而确定附加作业项目。附加作业项目确定后，与基本作业项目一并进行二级维护作业。二级维护作业过程中要进行过程检验，过程检验项目的技术要求应满足 GB/T 18344《汽车维护、检测、诊断技术规范》的要求。二级维护作业完成后，应经维修企业进行竣工检验，竣工检验合格的车辆必须由具备相应检测资质的汽车综合性能检测站或经道路运政管理机构认可的汽车维修企业按照 GB/T 18344 的要求进行检测，检测合格后，由维修企业填写“汽车维护竣工出厂合格证”才可出厂。

二级维护前技术评定和附加作业项目确定的依据：

1）向驾驶人询问汽车使用技术状况（发动机动力性，各部异响，转向、制动性能，燃、润料消耗等）。

2）查阅车辆技术档案：车辆运行记录、维修记录、检测记录、总成修理记录以及维护周期内规律性小修情况。

3）根据对汽车的检查结果，结合上述情况进行综合评定。

4）附加作业项目按国家标准要求进行。

一汽丰田花冠汽车二级维护基本作业项目及技术要求见表 3-1。

**表 3-1　一汽丰田花冠汽车二级维护基本作业项目及技术要求**

| 部位 | 序号 | 维护项目 | 操作要点 | 技术要求 |
|---|---|---|---|---|
| 发动机 | 1 | 机油粗滤器 | 拆检清洗粗滤器，更换滤芯 | 密封圈应完好有效<br>更换滤芯 |
| | 2 | 机油细滤器 | 拆检细滤器 | 1）清除转子罩内壁脏物<br>2）清洗转子<br>3）喷孔畅通<br>4）密封圈无损坏变形<br>5）装复时装配标记对齐<br>6）发动机熄火后，在 2~3s 内能听到转子正常运转的响声 |
| | 3 | 油底壳 | 拆检、清洗油底壳，集滤器；检查曲轴轴承松紧度，校紧曲轴轴承和连杆轴承螺栓、螺母；加注润滑油 | 校紧曲轴主轴承和连杆轴承螺栓，紧固力符合规定<br>清洗油底壳和集滤器沉积物<br>1）紧固机油管路螺栓<br>2）油底壳衬垫完好有效<br>3）曲轴箱油面高度符合要求 |

（续）

| 部位 | 序号 | 维护项目 | 操作要点 | 技术要求 |
|---|---|---|---|---|
| 发动机 | 4 | 汽车油滤清器 | 检查，清洗 | 1）清洗滤清器，清除脏物<br>2）检查滤芯，必要时更换 |
| | 5 | 汽油泵及管路 | 检查汽油泵及管路 | 1）汽油泵工作正常<br>2）管路畅通，无凹陷、裂损，接头不漏油 |
| | 6 | 火花塞 | 检查，清洁 | 1）清除积炭，校正电极间隙为1.1mm<br>2）工作良好，无漏电现象 |
| | 7 | 分电器 | 清洁，检查，调整 | 1）清洁分电器壳、分电器盖、分火头<br>2）分电器触点<br>3）触点间隙：0.35~0.45mm<br>4）各线路接头牢固可靠，无漏电<br>5）各连接轴无松旷和轴向窜动 |
| | 8 | 气门间隙 | 检查，调整 | 气门间隙：进气时为0.15~0.25mm<br>排气时为0.25~0.35mm |
| | 9 | 进、排气歧管 | 检查，紧固 | 1）校紧进、排气歧管螺栓螺母<br>2）进、排气歧管无裂纹，衬垫完好，无漏气 |
| | 10 | 空气滤清器 | 清洁发动机空气滤清器和曲轴箱通风空气滤清器，取出滤芯进行清洗或吹净 | 1）各滤芯清洁无破损，上、下衬垫密封良好<br>2）外壳清洁，卡固牢靠 |
| | 11 | 曲轴箱通风单向阀及管路 | 检查，清洁 | 1）阀体及弹簧清洁，通风孔应畅通<br>2）管路联接无松动，不漏气（连接胶管不失效）<br>3）无堵塞，无卡滞 |
| | 12 | 水泵、风扇传动带 | 1）校紧各部螺栓、螺母<br>2）检查传动带，调整传动带松紧度 | 1）紧固水泵连接部位螺栓、螺母，密封垫完好有效<br>2）传动带完好有效，松紧度应符合下列要求：在中间位置施加98N力时，其挠度应为7.0~10.0mm（新）或11.0~13.0mm（旧） |
| | 13 | 气缸盖螺栓 | 按规定次序和力矩校紧 | 缸盖螺栓齐全完好，紧固力矩为49N·m |
| | 14 | 空气流量计 | 1）拆洗空气流量计进出口滤网<br>2）清洁空气流量计外壳<br>3）检查联动机构<br>4）紧固联接螺栓 | 1）滤网清洁，作用良好<br>2）外部清洁，无泥污<br>3）节气门开闭完全，联动机件运动灵活，不松旷，垫圈、锁销齐全有效 |
| | 15 | 发动机支架 | 检查发动机支架的连接及损坏情况 | 支架无断裂，发动机支承零件齐全完好，螺栓、螺母紧固 |
| | 16 | 散热器及百叶窗 | 检查，紧固，调整 | 1）散热器软管无变形、破损及漏水现象，紧固可靠<br>2）散热器不漏水<br>3）散热器螺栓紧固，锁止可靠，胶垫齐全完好<br>4）百叶窗各部连接牢固，开闭灵活 |
| | 17 | 燃油箱及油管 | 检查，紧固 | 1）燃油箱胶垫完好，紧固可靠，无磨损，不漏油<br>2）油管紧固可靠，无碰擦，接头不漏油 |
| | 18 | 排气管及消声器 | 检查，紧固 | 1）排气管联接螺栓紧固，衬垫完好，不漏气<br>2）排气管固定可靠，支架完好<br>3）消声器固定可靠，性能良好 |

（续）

| 部位 | 序号 | 维护项目 | 操作要点 | 技术要求 |
|---|---|---|---|---|
| 发动机 | 19 | 燃烧效果 | 检测，调整 | 各缸均工作，转速：500r/min<br>尾气中氧含量9%~15%（体积分数，暂定值）<br>转速1500r/min<br>尾气中氧含量为4.7%~6.3%（体积分数） |
| 离合器 | 20 | 离合器 | 1）拆下飞轮底壳<br>2）检查离合器片<br>3）检查分离轴承<br>4）检查分离杠杆，并调整其与分离轴承的间隙<br>5）调整离合器踏板自由行程<br>6）润滑变速器第一轴前轴承和分离轴承<br>7）装复飞轮底壳 | 1）离合器完好无损<br>2）分离轴承完好无损<br>3）分离杠杆端头不损坏，与分离轴承的间隙为1~5mm，各分离杠杆高低差在同一平面内<br>4）踏板自由行程为5~15mm<br>5）各操纵机件连接可靠，锁止紧固<br>6）回位弹簧齐全有效<br>7）变速器第一轴前轴承和分离轴承润滑符合要求<br>8）飞轮壳无破损，螺栓、垫圈齐全、紧固 |
| 前桥 | 21 | 转向节衬套与主销 | 1）未拆轮胎前，撬动车轮检查转向节衬套与主销的配合松旷程度<br>2）校紧主锁横销螺栓 | 1）转向节衬套不松旷（撬动车轮，在轮胎下侧面中心测量摆动量不超过5mm，其相当于转向节衬套与主销配合间隙不超过0.20mm<br>2）转向节与前轴配合端隙不超过0.50mm<br>3）横销螺栓锁止可靠，螺母紧固 |
| | 22 | 前轮制动器调整臂 | 检查前轮制动器调整臂的作用 | 1）锁止套运动灵活，防尘罩齐全完好<br>2）开口销齐全有效 |
| | 23 | 前轮毂及内部机件 | 1）拆卸前轮毂总成、制动蹄、支承销；清洗转向节、轴承、支承销；清洁制动底板等零件 | 各零件及转向节、制动盘清洁、无油污 |
| | | | 2）检查制动盘、制动凸轮轴；校紧装置螺栓 | 制动底板不变形、无裂纹，装置螺栓紧固（紧固力矩为103N·m） |
| | | | 3）检查转向节及螺母，检查保险片及油封，检查转向节臂，校紧装置螺栓 | 1）转向节无裂纹，螺纹完好，与螺母配合无径向松旷；调整螺母端面不起槽，加工后的厚度不小于7mm，稳定完好；锁紧螺母六角完好，无毛刺；保险片作用良好；油封完好，不漏油<br>2）转向节轴颈与轴承的配合间隙不超过0.10mm。转向节臂装置的螺栓、螺母紧固，紧固力矩为120~140N·m |
| | | | 4）内、外轴承 | 1）滚柱保持架无断裂，滚柱不脱落，无裂损和烧蚀<br>2）轴承内圈无裂纹，烧蚀 |
| | | | 5）检查制动蹄及支承锁 | 1）制动蹄无裂纹及明显变形，摩擦片不破裂，铆接可靠，铆钉头距片表面不小于0.80mm，片厚度不小于9mm<br>2）支承销与制动蹄承孔衬套配合间隙不超过0.40mm<br>3）支承销无过量磨损，螺纹、扁方（四方）完好 |

（续）

| 部位 | 序号 | 维护项目 | 操作要点 | 技术要求 |
|---|---|---|---|---|
| 前桥 | 23 | 前轮毂及内部机件 | 6）检查制动蹄回位弹簧 | 回位弹簧无明显变形，弹簧弹力正常 |
| | | | 7）检查前轮毂、制动鼓及轴承外座圈，校紧轮胎螺栓内螺母 | 1）轮毂无裂损<br>2）轴承外座圈不松动，无裂纹、麻点、烧蚀<br>3）制动鼓无裂纹、不起槽；外边缘不高出工作表面，制动鼓检视孔完整<br>4）轮胎螺栓齐全完好、规格一致，螺母紧固 |
| | | | 8）装复前轮毂，调整前轮轴承松紧度及制动间隙 | 1）装复支承销，制动蹄支承销孔均涂润滑脂；开口销或卡簧齐全可靠<br>2）润滑轴承<br>3）转向节轴颈表面涂机油后，才能装上轴承<br>4）制动片、制动鼓表面清洁，无油污 |
| 转向机构 | 24 | 转向器，转向传动机构 | 1）检查转向器的工作状况、密封性及油面高度，校紧装置螺栓 | 1）转向盘自由转动量不超过30mm<br>2）垂臂处在垂直位置时，感觉不到轴向间隙；蜗杆上、下轴承无明显的松旷<br>3）转动转向盘轻便灵活无卡滞<br>4）转向器油封无漏油<br>5）各装置螺栓紧固<br>6）转向器油面不低于检视口下沿15mm<br>7）垂臂及转向节臂无弯曲及裂损 |
| | | | 2）检查转向传动机构，校紧装置螺栓及横销螺栓 | 1）转向盘大螺母紧固，支承轴承完好无松旷，柱管装置稳固，支承无断裂，装置螺栓紧固<br>2）转向传动轴万向节不松旷，滑动叉扭转间隙不大于0.30mm，接合长度不少于60mm，各横销螺栓紧固，弹簧零件齐全<br>3）防尘套完好 |
| | 25 | 横、直拉杆 | 1）解体横、直拉杆，清洗各零件<br>2）检查各零件 | 1）各零件清洗无泥垢、油污<br>2）横拉杆杆体无裂纹，无弯曲，两端的螺纹完好；直拉杆磨损不超过2mm，两端螺纹良好，与螺塞配合不松旷<br>3）球头销、球座体及钢碗无裂纹、不起槽，球头销颈部磨损不超过1mm，球面磨损失圆不大于0.50mm，螺纹完好；弹簧不折断，作用良好 |
| | | | 3）装复横、直拉杆 | 1）球头扳动灵活不卡死，不松旷<br>2）防尘毡、保险片、开口销齐全有效 |
| | 26 | 前束及转向角 | 检查调整前束及转向角 | 1）前束值符合要求<br>2）横拉杆两个接头在同一平面，横销螺栓紧固，锁止可靠 |
| | 27 | 转向器齿轮油 | 检查转向器齿轮油平面 | 1）拆卸加油螺塞时，将油口泥污除净<br>2）油平面至加油口下边缘 |
| 变速器 | 28 | 变速器 | 1）检查传动轴万向节，中间轴承有无松旷<br>2）检查紧固变速器第二轴凸缘螺母<br>3）拆检清洗变速器通气塞 | 1）油面以螺塞的下缘为准，不足时添加<br>2）通气塞清洁无损坏<br>3）校紧变速器各部紧固螺栓 |

（续）

| 部位 | 序号 | 维护项目 | 操作要点 | 技术要求 |
|---|---|---|---|---|
| 传动轴 | 29 | 传动轴 | 1）检查传动轴万向节，中间轴承有无松旷<br>2）检查传动轴凸缘，联接螺栓、螺母和中间支承U形支架是否紧固 | 1）万向节、中间轴承、花键轴无松旷（无明显径向，轴向间隙）<br>2）花键套防尘罩完好<br>3）支架无断裂，螺栓紧固，传动轴凸缘联接螺栓、螺母紧固力矩符合规定 |
| 主减速器 | 30 | 主减速器 | 1）拆下桥壳后盖，清除壳体内沉积物，检视减速器齿轮，校紧减速器壳联接螺栓、螺母和轴承盖紧固螺母<br>2）检查调整主动、被动锥齿轮啮合间隙<br>3）检查校紧主动锥齿轮凸缘螺母<br>4）拆洗通气孔<br>5）加注润滑油 | 1）各齿轮工作表面轻微剥落或点蚀面积不大于总面积的25%，齿轮损伤不超过齿高的1/3和齿长的1/5，数量不多于3齿<br>2）紧固差速器壳联接螺栓、螺母<br>3）紧固差速器轴承盖紧固螺母<br>4）主、从动锥齿轮啮合间隙为0.15~0.40mm<br>5）紧固主动锥齿轮凸缘螺栓<br>6）加注润滑油符合要求<br>7）推动传动轴，凸缘应无摆动<br>8）通气孔清洁畅通，工作正常，装置紧固 |
| 主减速器 | 31 | 后轮制动器调整臂 | 检查后轮制动器调整臂的作用 | 1）制动器调整臂不跳牙，作用正常<br>2）各部件开口销齐全有效<br>3）锁止套运动灵活<br>4）防尘罩齐全完好 |
| 后桥 | 32 | 后轮毂及内部机件 | 1）拆下半轴、轮毂总成、制动蹄、支承销，清洗各零件及制动底板、半轴套管 | 1）轮毂通气孔畅通<br>2）零件及制动盘、后桥套管清洁、无油污 |
| | | | 2）检查制动底板、制动凸轮轴，校紧联接螺栓 | 1）制动底板不变形，联接螺栓紧固<br>2）凸轮轴转动灵活无卡滞，轴向间隙不超过0.70mm，径向间隙不超过0.60mm<br>3）凸轮轴支座固定螺栓、保险钢丝齐全可靠 |
| | | | 3）检查后桥半轴套管，螺母及油封 | 1）套管无裂纹及明显松动，丝扣完好，与螺母配合无径向松旷<br>2）调整螺母端面，加工后的厚度不小于7mm，六角螺母完好无毛刺；锁止垫圈完好<br>3）油封完好无损坏，无漏油<br>4）套管颈与轴承配合间隙不超过0.12mm |
| | | | 4）检查内、外轴承 | 1）轴承保持架无断裂，滚柱不脱落，无裂损和烧蚀<br>2）轴承内座圈无裂纹，烧蚀 |
| | | | 5）检查制动蹄及支承销 | 1）制动蹄无裂纹及明显变形，摩擦片不破裂，铆接可靠，铆钉头离弧面距离不小于0.80mm，摩擦片厚度不小于9mm<br>2）支承销与制动蹄承孔衬套配合间隙不超过0.40mm<br>3）支承销无过量磨损，螺纹、扁方（四方）完好 |

（续）

| 部位 | 序号 | 维护项目 | 操作要点 | 技术要求 |
|---|---|---|---|---|
| 后桥 | 32 | 后轮毂及内部机件 | 6）检查制动蹄回位弹簧 | 1）回位弹簧无明显变形<br>2）自由长度符合规定<br>3）拉力良好 |
| | | | 7）检查后轮毂，制动鼓及轴承外座圈；检查、拧紧半轴螺栓；检查轮胎螺栓；校紧内螺母 | 1）轮毂无裂损<br>2）轴承外座圈不松动，无裂纹、麻点、烧蚀<br>3）制动鼓无裂纹；圆度误差不大于0.125mm，左、右内径差不大于2mm，外边缘不高出工作表面，制动鼓检视孔完整<br>4）半轴螺栓齐全，无折断、滑牙，螺柱必须拧紧，不允许螺柱、螺母一起装复半轴<br>5）轮胎螺栓齐全完好，规格一致；螺母紧固，锁止可靠 |
| | | | 8）检查半轴 | 半轴无明显弯曲，不磨套管，无裂纹，花键无过量磨损或扭曲变形 |
| | | | 9）装复后轮毂，调整制动间隙 | 1）装复支承销、制动蹄片时，支承均应涂润滑脂；开口销或卡簧齐全可靠<br>2）轴承润滑符合要求<br>3）套管轴颈表面应涂机油后才能装上轴承<br>4）制动蹄片、制动鼓面用砂布打磨干净，无油污<br>5）制动蹄片与制动鼓的间隙合适，转动无碰擦情况或声响，检视孔挡板齐全紧固<br>6）轮毂转动灵活，用拉力计测量（拉轮胎螺栓）拉力不大于20N时可转动，且感觉不到轴向间隙<br>7）锁紧螺母不允许用錾子錾<br>8）半轴衬垫不多于2张，锥形垫圈、弹簧垫齐全，螺母紧固，丝杆长出螺母不多于5牙、不少于1牙 |
| 制动系统 | 33 | 制动阀和制动管路 | 1）检查制动阀和各管路接头是否漏气和紧固 | 1）制动阀无漏气，作用正常，排气迅速（不超过3s）<br>2）各管路无损伤，接头不漏气，连接紧固<br>3）橡胶管路不老化，不龟裂 |
| | | | 2）拆检制动气室及检查制动踏板行程 | 1）制动气室皮膜不漏气<br>2）制动气室壳体不破裂<br>3）制动气室推杆孔无明显磨损，推杆无变形<br>4）制动踏板行程应为1~6mm |
| | | | 3）检查挂车阀、分离开关、连接头和管路 | 1）挂车阀无漏气，工作正常<br>2）分离开关密封性能好，无漏气<br>3）连接头无漏气、作用可靠，装置正确、牢固<br>4）管路装置牢固无漏气，气路畅通 |
| | 34 | 储气筒 | 检查储气筒装置是否稳固 | 1）储气筒安装稳固，放水阀作用正常<br>2）溢流阀作用良好无漏气，单向阀清洁无卡死、作用正常 |

（续）

| 部位 | 序号 | 维护项目 | 操作要点 | 技术要求 |
| --- | --- | --- | --- | --- |
| 车身 | 35 | 车头 | 检查紧固翼子板、发动机舱盖、散热器罩、挡泥板等 | 1）各部螺栓紧固可靠<br>2）各部无破裂、凹陷、缺漆<br>3）发动机舱盖开启灵活，锁止可靠<br>4）车头安全钩完好，扭杆翻转助力机构良好，翻转灵活，不与前照灯护罩碰触<br>5）车头支承杆完好，支承有效 |
| | 36 | 驾驶室 | 检查驾驶室的紧固情况，检查调整车门、玻璃升降器、门锁及止冲器 | 1）驾驶室连接紧固可靠，无破裂、凹陷、缺漆<br>2）车门开闭转动灵活，无下沉，铰接螺栓紧固<br>3）门玻璃升降自如，不自行下降和上下跳动<br>4）门锁和止冲器性能可靠<br>5）驾驶室与车头间隙均匀，紧固可靠，无破裂、凹陷、缺漆<br>6）车门三角窗开闭及定位良好 |
| | 37 | 刮水器 | 检查、调整、紧固 | 1）刮水器连杆球头销连接良好<br>2）刮臂与刮轴连接紧固，刮片良好<br>3）刮摆片摆角符合要求<br>4）各部连接可靠 |
| 车厢 | 38 | 车厢 | 1）检查车厢状况<br>2）校紧各部螺栓 | 1）车厢栏板、底板无明显变形，无断裂、脱焊，外部无明显凹陷，不缺漆<br>2）挂钩和铰链连接牢固，无断裂<br>3）穿销齐全完好<br>4）连接车厢的U形螺栓及其他外露螺栓紧固 |
| | 39 | 车架 | 1）检查车架铆钉<br>2）检查保险杠，校紧螺栓<br>3）检查、校紧前、后拖车钩<br>4）检查、校紧车架上各支架螺栓 | 1）车架铆钉无松动<br>2）保险杠无变形，联接螺栓紧固<br>3）拖钩磨损不大于5mm，拖钩缓冲弹簧良好，拖钩与衬套配合间隙不大于3mm<br>4）车架上各支架固定可靠，无断裂 |
| 车架、悬架 | 40 | 悬架 | 1）检查钢板弹簧吊耳<br>2）检查钢板弹簧<br>3）检查、紧固钢板弹簧卡子<br>4）检查、紧固U形螺栓<br>5）检查、紧固减振器固定螺栓及支架 | 1）钢板弹簧吊耳不松动、无裂纹<br>2）钢板弹簧无断片，片间错位不超过2.5mm<br>3）钢板弹簧固定可靠<br>4）U形螺栓按规定力矩拧紧<br>5）减振器固定可靠，支架无裂纹，紧固可靠有效 |
| 轮胎 | 41 | 车轮 | 1）分解挡圈及轮辋并清洁、检查<br>2）分解清洁、检查轮胎<br>3）轮胎装合，按规定充气 | 1）轮辋、挡圈上的污锈清理干净并做防锈处理<br>2）轮辋及挡圈无变形、裂纹、脱焊，螺孔处磨损不超过1.5mm<br>3）外胎胎面、胎肩、胎侧、胎里：无气鼓、裂伤、脱空、破洞、扎钉、跳线及胶质老化等，趾口无磨损<br>4）内胎无漏气、老化，气门嘴完好<br>5）垫带完好<br>6）装合轮胎时滑石粉要适量<br>7）按规定气压充气 |
| | 42 | 备胎 | 检查、补气 | 1）备胎外部清洁干净<br>2）备胎架完好，不磨胎<br>3）气压符合规定 |

（续）

| 部位 | 序号 | 维护项目 | 操作要点 | 技术要求 |
|---|---|---|---|---|
| 轮胎 | 43 | 换位 | | 整车轮胎同规格、同层级、同花纹且行驶里程相同时，按循环换位法或交叉换位进行换位。装用不同成色轮胎和不能满足上述条件的，按下述原则合理换位：<br>1）按内小外大的原则搭配换位<br>2）前轮不允许装翻新胎和修补胎<br>3）子午胎和斜交胎不许同轴混装 |
| 电器仪表 | 44 | 发电机 | 1）清除滑环表面油污<br>2）清洗检查轴承<br>3）填充润滑脂<br>4）检查晶体管 | 1）集电环表面光滑，无油污<br>2）电刷磨损不超过基本尺寸的1/2，与集电环接触面不小于75%<br>3）晶体管电阻值正常<br>4）6只晶体管阻值相近，相差不大于10%<br>5）轴承无明显松旷<br>6）弹簧压力正常<br>7）常温下进行台架试验符合下列要求：空载时，在转速不大于1150r/min的条件下，电压为14V；满载时，在转速不大于2500r/min的条件下，电压为14V，输出电流为36A |
| | 45 | 发电机调节器 | 检查、调整 | 1）触点无氧化、烧蚀，上、下触点应对齐，其接触面积不少于80%，触点支架及线圈接头无松脱及断路<br>2）动合触点间隙为0.25~0.30mm<br>3）调节电压为13.9~14.3V<br>4）调节器工作正常 |
| | 46 | 起动机 | 1）清洁换向器<br>2）清洗轴承<br>3）填充润滑脂 | 1）起动机运转灵活，起动有力，不打滑、无异响<br>2）电刷良好<br>3）轴承无明显松旷<br>4）起动机电流、电压符合要求<br>5）各部螺栓紧固可靠 |
| | 47 | 非免维护蓄电池 | 1）清洁蓄电池表面及极桩<br>2）接线头涂润油脂<br>3）检查电解液相对密度<br>4）电解液不足时加注蒸馏水 | 1）蓄电池清洁<br>2）通气孔畅通<br>3）蓄电池安装牢靠，支架无断裂<br>4）电解液相对密度：夏季为1.25~1.27，冬季为1.27~1.30<br>5）液面应高出极板15~20mm |
| | 48 | 灯光、仪表、信号、暖风装置及喇叭、全车线路系统 | | 1）照明和信号装置符合GB 4785《汽车及挂车外部照明和光信号装置的安装规定》的要求<br>2）各仪表工作正常<br>3）灯光继电器及开关工作性能良好<br>4）暖风机固定牢靠，电动机工作良好<br>5）喇叭声响悦耳，其声级符合规定<br>6）全车电路整洁，接线柱头不松动、卡固牢靠，不漏电 |
| 润滑 | 49 | 润滑各部轴承和轴类件 | 用润滑脂加注器加注 | 滑脂嘴齐全有效，润滑良好 |

注：具体维护车辆时，应以该车辆的技术要求数据为准。

# 任务四　认知汽车维护竣工的检验方法和技术要求

汽车维护竣工检验应该按照 GB 7258《机动车运行安全技术条件》、GB/T 18344《汽车维护、检测、诊断技术规范》的规定进行，并结合具体车型维护的具体技术要求进行，保证维修竣工检验的真实有效。一汽丰田花冠汽车二级维护竣工检验和技术要求见表 3-2。

**表 3-2　一汽丰田花冠汽车二级维护竣工检验和技术要求**

| 检验部位 | 序号 | 检验项目 | 技术要求 | 备注 |
|---|---|---|---|---|
| 整车 | 1 | 1）清洁 | 汽车外部、各总成外部、三滤应清洁 | 检视 |
| | | 2）面漆 | 车身面漆、腻子无脱落现象，补漆颜色与原色基本一致 | 检视 |
| | | 3）对称 | 车体应周正，左、右对称点离地高度差：驾驶室、保险杠、翼子板不大于 40mm | 汽车置平检查 |
| | | 4）轴距 | 距左、右差不大于 10mm | 检查 |
| | | 5）紧固 | 各总成外部螺栓、螺母按规定力矩拧紧，锁销齐全可靠 | 检查 |
| | | 6）润滑 | 发动机、变速器、转向器、减速器润滑符合规定，各通气孔畅通。各部润滑点润滑脂加注符合要求，滑脂嘴齐全有效，安装位置正确 | 检视 |
| | | 7）密封及电路 | 全车无油、水、气泄漏，密封良好，电气装置可靠，不漏电 | 检视 |
| | | 8）灯光、信号、仪表、刮水器、后视镜等装置 | 稳固、齐全、有效，符合有关规定 | 检查 |
| 发动机 | 2 | 1）发动机工作状况 | 发动机能正常起动，低、中、高速运转均匀、稳定，冷却液温度正常（不超过 90℃），加速性能好，无断火、回火、放炮等现象；发动机运转稳定后无异响，允许有轻微均匀的正时齿轮、气门脚响声 | 路试与检测 |
| | | 2）发动机功率 | 无载功率不小于额定值的 80% | 检测 |
| | | 3）发动机装备 | 齐全有效 | 检测 |
| 离合器 | 3 | 1）踏板自由行程 | 5~15mm | 检查 |
| | | 2）横、直拉杆装置 | 球头销不松旷，各部螺栓、螺母紧固，锁止可靠 | 检查 |
| 转向系统 | 4 | 1）转向盘最大自由转动量 | 符合规定 | 检查 |
| | | 2）横、直拉杆装置 | 球头销不松旷，各部螺栓、螺母紧固，锁止可靠 | 检查 |
| | | 3）转向机构 | 操作轻便、转动灵活，无摆振、跑偏异常现象，车轮转到极限位置时，与其他部件无碰擦现象 | 路试 |
| | | 4）前束及最大转向角度 | 符合规定：前束 A+B：0°±0.2°，C−D：0±2mm，车轮转向角度 41°±2° | 检测 |

（续）

| 检验部位 | 序号 | 检 验 项 目 | 技 术 要 求 | 备 注 |
|---|---|---|---|---|
| 转向系统 | 4 | 5）侧滑 | 前轮的侧滑量符合 GB 7258《机动车运行安全技术条件》中的规定。使用单板侧滑仪测量，其值不超过 7m/km（暂定值）用单板侧滑仪检测时，侧滑板上平面与地面在同一平面；左前轮以 3~5km/h 的速度匀速直线地通过单板侧滑仪 | 检测 |
| 传动系统 | 5 | 变速器、传动轴、主减速器 | 变速器操纵灵活，不跳档，不乱档；变速器传动轴、主减速器各部无异响，传动轴装配正确 | 路试 |
| 行驶系统 | 6 | 1）轮胎 | 轮胎胎冠磨损后，其花纹深度不小于 3.2mm，且不暴露出轮胎帘布层；同轴轮胎为相同的规格和花纹；转向轮不得使用翻新轮胎；轮胎气压符合规定；后轮辋孔与制动鼓观察孔对齐 | 检查 |
| | | 2）钢板弹簧 | 钢板弹簧无断裂、无位移、无缺片、U 形螺栓紧固，前、后钢板支架无裂纹及变形 | 检查 |
| | | 3）减振器 | 稳固有效 | 路试 |
| | | 4）车架 | 车架不变形；纵、横梁无裂纹；铆钉无松动，拖车钩、备胎架齐全，无裂损变形，联接牢固 | 检查 |
| | | 5）前、后轴 | 无变形及裂纹 | 检查 |
| 制动性能和滑行性能 | 7 | 1）制动性能 | 符合 GB 7258 中的规定 | 路试与检测 |
| | | 2）制动踏板自由行程 | 1~6mm | 检查 |
| | | 3）驻车制动性能 | 符合 GB 7258 中的规定。制动拉杆拉至 3~5 牙即产生制动作用，且锁止可靠，装置紧固 | 路试与检测 |
| | | 4）滑行性能 | 在平坦干燥的混凝土路面上以 30km/h 的速度开始滑行到停止，其滑行距离大于 250m；或用拉力计拉动汽车，开始拉动汽车的力不超过汽车整车质量的 1.5% | 路试与检测 |
| 车身、车厢 | 8 | 车身 | 驾驶室装置紧固，门铰链灵活无松旷，限动装置齐全有效，驾驶室门关闭牢靠，无旷动，风窗玻璃完好，窗框严密；门把手、门锁、玻璃升降器齐全有效；发动机舱盖锁扣有效，暖风装置工作正常 | 检视 |
| | | 车厢 | 车厢不歪斜，整体不变形，底板无破洞翘曲，边板、后门平整、无严重变形，铰链完好，关闭严密，前、后锁扣作用可靠 | 检视 |
| 其他 | 9 | 尾气排放测量 | 在海拔 1000m 以下，在用车怠速工况排放值：CO（体积分数）含量≤5%，HC 体积分数为 $2000\times10^{-4}\%$，氧含量（体积分数，暂定值）9%~15%（500r/min） | 检测 |
| | | 车外噪声级测量 | 符合 GB 1495 的规定 | 检测 |

注：1. 汽车二级维护质量保证里程为 1500km，或者从出厂之日起时间间隔为 10 天。
2. 二级维护竣工检验时，应以被检车辆的技术要求数据为准。

# 任务五 认知纯电动汽车维护作业项目与技术要求

## 一、纯电动汽车维护作业的特点

纯电动汽车维护不同于传统汽车的维护，纯电动汽车没有发动机和变速器的动力总成，不需要更换火花塞和机油滤清器等。

纯电动汽车的动力蓄电池、驱动电机和电控系统是核心，都由厂家质保，所以纯电动汽车的维护以常规维护为主：例如电路有无老化、有无灰尘、螺钉是否松动等，检查轮胎、空调滤芯、制动蹄片等。

现在的纯电动汽车常规都是按 7500km 或 10000km 维护一次，分为 A 级和 B 级维护，A 级维护和 B 级维护交替进行。A 级维护项目必须进行，B 级维护视情况不同可做部分项目。

## 二、纯电动汽车的维护项目、操作要点及技术要求

在进行纯电动汽车维护作业前，应掌握纯电动汽车维护的作业项目、作业操作的要点和技术要求。

纯电动汽车维护作业项目、操作要点及技术要求见表 3-3。

表 3-3 纯电动汽车维护作业项目、操作要点及技术要求

| 部位 | 序号 | 维护作业项目 | 操作要点 | 技术要求 |
|---|---|---|---|---|
| 动力蓄电池 | 1 | 安全防护 | 检查安全防护装置是否存在隐患 | 符合技术要求，安全有效 |
| | 2 | 导线、装置绝缘情况 | 检查导线有无破损、老化，装置有无不符合绝缘要求情况 | 导线无破损老化，装置绝缘符合技术要求 |
| | 3 | 插接件状况 | 检查插接件插接情况 | 插接件无锈蚀、损坏，插接效果好 |
| | 4 | 螺栓紧固情况 | 检查螺栓有无松动或缺失 | 按要求力矩紧固螺栓 |
| | 5 | 动力蓄电池和热功能 | 检查动力蓄电池和热功能是否符合规定 | 符合技术要求 |
| | 6 | 外部清洁 | 做好动力蓄电池的外部清洁 | 外部干净整洁，无锈蚀或油污 |
| | 7 | 数据采集 | 做好动力蓄电池相关信息的采集，分析是否符合要求 | 据数据情况处理后，符合技术要求 |
| 驱动电机系统 | 1 | 安全防护 | 检查安全防护装置是否存在隐患 | 符合技术要求，安全有效 |
| | 2 | 导线、装置绝缘情况 | 检查导线有无破损、老化，装置有无不符合绝缘要求的情况 | 导线无破损、老化，装置绝缘符合技术要求 |

（续）

| 部位 | 序号 | 维护作业项目 | 操作要点 | 技术要求 |
|---|---|---|---|---|
| 驱动电机系统 | 3 | 驱动电机和电机控制器的冷却状况 | 测试驱动电机和电机控制器的冷却效果是否符合要求 | 冷却效果符合技术要求 |
| | 4 | 外部清洁 | 做好驱动电机和电机控制器外部的清洁 | 外部干净整洁，无锈蚀或油污 |
| 电器电控系统 | 1 | 前机舱及各部位低压线束防护及固定 | 检查线束是否破损、老化，安装牢固情况 | 线束无破损、绝缘好，安装牢固有效 |
| | 2 | 前机舱及各部位插接件 | 检查插接件有无损坏插接不实现象 | 插接良好，符合技术要求 |
| | 3 | 前机舱及底盘高压线束防护及固定 | 检查高、低压线束防护是否完好，固定是否牢靠 | 线束绝缘防护良好，安装固定有效 |
| | 4 | 前机舱及底盘各高、低压电器固定与插接件状况 | 检查各高、低压电器安装是否牢固，插接件插接是否良好，是否有油污 | 安装牢固，干净、整洁 |
| | 5 | 蓄电池 | 检查蓄电池的电压 | 符合技术要求 |
| | 6 | 灯光、信号装置 | 检查灯光、信号有无损坏、接触不良 | 灯光、信号工作正常 |
| | 7 | 充电口及高压线 | 检查充电口及高压线有无损坏 | 无损坏，工作正常 |
| | 8 | 高压绝缘监测系统 | 检查高压绝缘监测系统工作有无异常 | 高压绝缘监测系统工作正常 |
| 制动系统 | 1 | 驻车制动器 | 检查驻车制动器工作是否安全可靠 | 驻车制动效果好，安全可靠 |
| | 2 | 制动装置泄漏状况 | 检查制动装置有无泄漏现象 | 无泄漏，工作正常 |
| | 3 | 制动液液面位置 | 检查制动液液面高度是否在规定范围内，低于最低刻度时添加同型号制动液 | 液面符合规定高度要求 |
| | 4 | 制动真空泵、控制器 | 检查制动真空泵、控制器工作是否正常 | 符合技术要求，无漏气，工作正常 |
| | 5 | 制动蹄片 | 拆下车轮，检查制动蹄片磨损情况，若超出规定范围应更换 | 符合技术要求，制动蹄片工作正常 |
| 转向系统 | 1 | 转向盘及转向管柱连接紧固状况 | 检查转向盘及转向管柱连接是否松动 | 连接紧固，工作正常 |
| | 2 | 转向机机体连接紧固状况 | 检查转向机机体连接是否松动 | 连接紧固，工作正常 |

（续）

| 部位 | 序号 | 维护作业项目 | 操作要点 | 技术要求 |
|---|---|---|---|---|
| 转向系统 | 3 | 转向拉杆连接紧固状况 | 检查转向拉杆连接是否松动 | 连接紧固，工作正常 |
| | 4 | 转向助力功能的检查 | 检查转向时是否沉重，助力是否有效 | 转向轻便，助力功能有效 |
| 车身系统 | 1 | 风窗玻璃及刮水器检查 | 检查风窗玻璃有无破损，刮水器胶条是否损坏，工作是否正常 | 风窗玻璃良好，刮水器工作效果好 |
| | 2 | 天窗检查 | 检查天窗开启是否正常，关闭后是否密封正常 | 开启自如，密封良好 |
| | 3 | 座椅及滑道检查 | 检查座椅调整功能是否正常，滑道是否干净、润滑良好 | 座椅调整功能工作正常，滑道干净润滑好 |
| | 4 | 门锁及铰链检查 | 检查门锁开启效果，铰链是否松旷，转动是否自如 | 门锁开启自如，铰链连接可靠，转动自如 |
| | 5 | 前机舱铰链和锁扣的检查 | 检查前机舱铰链是否松旷，锁扣锁止是否正常 | 铰链连接可靠，转动自如，锁扣锁止工作正常 |
| | 6 | 行李舱铰链及锁扣检查 | 检查行李舱铰链是否松旷，锁扣锁止是否正常 | 行李舱铰链连接可靠，转动自如，锁扣锁止正常 |
| 传动系统及悬架系统 | 1 | 变速器的连接、紧固及渗漏检查 | 检查变速器的连接、紧固情况，检查壳体密封有无渗漏 | 连接紧固可靠，壳体密封无渗漏 |
| | 2 | 传动轴间隙及防尘护罩检查 | 检查测量传动轴间隙，防尘罩有无老化失效 | 传动轴间隙正常，防尘罩完好、防尘效果好 |
| | 3 | 轮毂及连接紧固的检查 | 检查轮毂及连接螺母的紧固情况 | 连接紧固可靠，轮毂技术状况良好 |
| | 4 | 轮胎检查 | 检查轮胎气压是否符合要求，轮胎花纹内有无尖锐物，花纹深度是否磨损到极限值，侧面有无裂纹，有无偏磨现象 | 轮胎技术状况良好，符合技术要求 |
| | 5 | 副车架及各悬架连接状况 | 检查副车架及各悬架连接有无松旷 | 连接牢固可靠，符合技术要求 |
| | 6 | 前、后减振器 | 检查前、后减振器工作状况，有无减振油渗漏 | 减振器减振效果良好，无泄漏 |
| 冷却系统 | 1 | 冷却液液面高度及冰点检查 | 检查冷却液液面高度是否在规定范围内，冰点测试是否正常 | 液面高度符合技术要求，冰点满足使用要求 |
| | 2 | 冷却管路渗漏检查 | 检查冷却管路有无渗漏 | 冷却管路无渗漏 |

（续）

| 部位 | 序号 | 维护作业项目 | 操作要点 | 技术要求 |
|---|---|---|---|---|
| 冷却系统 | 3 | 水泵检查 | 检查水泵有无异响，工作是否正常 | 水泵运转平稳，工作正常 |
| | 4 | 散热器清洁检查 | 检查散热器散热片空隙是否堵塞、是否清洁 | 散热片空隙通畅，清洁、冷却效果好 |
| 空调系统 | 1 | 空调冷暖风功能检查 | 检查空调冷暖风功能 | 符合使用功能要求 |
| | 2 | 压缩机及控制器检查 | 检查压缩机及控制器是否正常 | 压缩机及控制器工作正常 |
| | 3 | 空调管路渗漏检查 | 检查空调管路连接情况，有无破损和渗漏 | 无破损，连接可靠，无泄漏 |
| | 4 | 空调冷凝水排水口检查 | 检查空调冷凝水排水口是否通畅 | 无堵塞，排水通畅 |
| | 5 | 空调滤芯检查 | 拆下空调滤芯，检查是否需要更换，需要时予以更换 | 按维护周期及时更换 |
| 换电装置 | 1 | 换电限位器磨损及松动检查 | 检查换电限位器磨损情况、连接是否松动，若磨损超标，则更换，若松动则进行紧固 | 符合技术要求，工作正常 |
| | 2 | 底盘磕碰检查 | 检查底盘是否因磕碰造成的损坏 | 无损坏，保证正常工作 |
| | 3 | 换电装置密封检查 | 检查换电装置密封情况 | 密封正常 |
| | 4 | 限位装置润滑情况检查 | 检查各限位装置是否正常润滑 | 保证润滑及工作正常 |

## 学习任务单

### 一、填空题

1. 汽车维护分为________、________和________。
2. 汽车日常维护分为________、________和________的维护。
3. 汽车的走合期维护一般分为________、________和________维护。
4. 车辆维护要遵循________、________、________的原则。
5. 一级维护除日常维护作业外，以________、________、________为中心内容。

### 二、判断题

1. 修理传动轴万向节是否松旷属于一级维护。（　　）
2. 转向盘自由转动量为40°属于正常。（　　）
3. 怠速时发动机转速为700r/min左右。（　　）

4. 轮胎气压越高越好。( )
5. 一般维护时机油和机油滤清器要一起更换。( )
6. 一般车型火花塞间隙为 1.0~1.1mm。( )

**三、问答题**

1. 汽车各级维护的中心作业内容是什么?
2. 汽车二级维护竣工检验的技术要求是什么?
3. 电动汽车维护的作业特点是什么?
4. 纯电动汽车动力蓄电池主要的维护项目有哪些?对应的技术要求是什么?

## 职业素养拓展训练

### “树立劳动光荣理念,培育工匠精神”职业素养拓展训练

**一、训练要求**

在老师的带领下,组织一次“树立劳动光荣理念,培育工匠精神”为主题的专业知识拓展训练活动。

**二、训练组织**

可以参照以下内容组织活动:

1) 邀请在企业工作的优秀毕业生、获奖的岗位技术能手与学生们进行座谈交流。
2) 组织班内进行主题演讲活动。
3) 组织小型的岗位技能比赛活动。
4) 根据实际情况组织适合的其他活动。

**三、训练效果**

通过活动提高对学生或学习者劳动光荣理念的认知,从学习、工作入手,学习工匠们精益求精的工作态度,爱岗敬业的奉献精神,干一行、精一行的职业素养,提高其综合素养。

# 项目四

# 汽车维修质量检验方法与评定标准

**学习目标**

为了更好地担当社会责任，汽车维修和质量检验人员必须具备良好的职业道德素养和过硬的为人民服务的本领。通过本项目的学习，学习者应该掌握检验人员应具备的职业道德素养、检测的理论知识和操作内容；了解维修通用设备和检测设备的种类、型号，不同品牌的性能与特点；学会常用检测设备的使用方法和实际操作规范，为正确进行汽车维修质量检验奠定坚实的基础，服务社会，担当社会责任。

## 任务一　认知汽车维修质量检验人员资质及职责

汽车维修质量不仅会影响人民生命财产安全、生态环保，而且会影响维修企业的生存和发展。为了规范维修企业的经营与管理，保证汽车维修质量，国家制定了相关的标准要求。在GB/T 16739.1《汽车维修企业开业条件》和GB/T 21338《机动车维修从业人员从业资格条件》中规定维修企业负责人和维修技术负责人对维修质量承担责任，维修企业根据经营规模至少配备1~2名维修质量检验员（取得行业主管部门及相关部门颁发的从业资格证书，持证上岗，负责企业的维修质量检验工作）。

### 一、汽车维修质量检验人员岗位职责

汽车维修质量检验人员应该系统了解汽车维修质量管理的规章制度和法律法规；遵守职业道德规范；掌握汽车维修质量检验的基本原理、技术标准、规范和方法；能够独立完成并可指导维修工进行相关工作或过程的质量检验工作。其具体岗位职责如下：

1）负责汽车维修进厂检验，确定维修项目，填写进厂检验单。

2）负责汽车维修过程的质量监控，填写过程检验单，指导维修人员对维修车辆的故障进行深入诊断。

3）负责汽车维修竣工出厂检验，填写维修竣工出厂检验单，签发出厂合格证。

4）协助技术负责人分析处理质量事故和纠纷，提出改进和预防措施并组织实施。

5）配合业务员完成汽车或总成维修进厂和竣工出厂的交接工作。

6）负责对汽车配件的质量进行监控。

7）负责指导和培训相关人员对汽车维修质量进行检验。

## 二、汽车维修质量检验人员的任职资格

1）汽车维修质量检验人员应具有高中（含）以上学历，获得机修人员或电器维修人员职业资格并连续在该岗位工作 2 年以上。

2）具有与本企业承修车型相适应的汽车驾驶证，且安全驾驶超过 1 年。

## 三、汽车维修质量检验人员应具备的专业知识

1）熟悉汽车维修管理的相关法律、法规、规章及制度。

2）熟悉汽车的结构、工作原理和性能以及主修车型的维修技术标准和规范。

3）掌握汽车检测诊断和机动车维修质量检验原理方法和技术规范。

4）掌握常用仪器、仪表和量具的工作原理、性能和使用方法。

5）掌握常用检测诊断设备的工作原理、性能和使用方法。

6）熟悉汽车维修质量保证体系知识。

7）了解汽车综合性能要求和检验方法。

## 四、汽车维修质量检验人员应具备的理论水平

汽车维修质量检验人员应具备的理论水平可参照表 4-1。

**表 4-1　汽车维修质量检验人员理论水平要求**

| 序号 | 项　目 | 技 术 要 求 |
|---|---|---|
| 1 | 汽车维修质量管理知识 | 了解汽车维修质量管理相关法律、法规；熟悉汽车维修质量管理的行业规章、管理制度和职能；了解汽车维修质量保证体系、汽车维修质量监督办法及汽车综合性能检测的主要任务 |
| 2 | 汽车维修质量检验员岗位职责与职业道德规范知识 | 熟悉汽车维修质量检验工作职能和质量检验员任职资格、岗位职责、职业道德规范 |
| 3 | 汽车维修质量检验基础知识 | 熟悉汽车维修技术标准、汽车维修质量检查评定标准、汽车维修质量检验的方法和内容；了解汽车常用金属材料、非金属材料和油料的性能；掌握主要配件及油料的质量鉴别知识；熟悉汽车电子电路主要元器件的结构与工作原理；掌握汽车电路图的识读方法、电气线路检修一般程序 |
| 4 | 汽车维修检验及技术档案知识 | 熟悉汽车各级维护前、维护过程和竣工检验的项目和技术要求；掌握送修标准；熟悉发动机、底盘、汽车电气设备等系统主要零部件和总成修理检验的内容；熟悉汽车修理竣工的检验项目；熟悉组成汽车维修技术档案的各类文件类型 |
| 5 | 汽车整车检验与诊断知识 | 熟悉汽车整车检测与诊断项目、各项目的要求以及相关检测仪器设备的结构、原理及性能 |
| 6 | 发动机检测与诊断知识 | 熟悉发动机检测与诊断项目、各项目的要求以及相关检测仪器设备的结构、原理及性能 |
| 7 | 底盘及车身检测与诊断知识 | 熟悉汽车传动系统、转向系统、制动系统、行驶系统及车身检测与诊断项目、各项目的要求及相关检测仪器的结构、原理及性能 |
| 8 | 微机控制系统检测与诊断知识 | 熟悉发动机、自动变速器、制动系统、防滑系统和安全气囊等的微机控制结构与工作原理；了解汽车故障诊断仪、故障自诊断系统的类型、特点和使用方法 |

（续）

| 序号 | 项 目 | 技术要求 |
|---|---|---|
| 9 | 汽车空调系统检测与诊断知识 | 熟悉汽车空调系统的结构与工作原理、检测项目和各项目的要求以及检测仪器的结构与工作原理 |
| 10 | 质量分析 | 能对生产中出现的主要质量问题进行质量分析，并提出书面报告 |

## 五、汽车维修质量检验人员的操作技能

汽车维修质量检验人员应具备的操作技能可参照表4-2。

表4-2 汽车维修质量检验人员操作技能技术要求

| 序号 | 项 目 | 技术要求 |
|---|---|---|
| 1 | 整车及总成检验常用检测仪器的使用与维护 | 掌握车速表试验台、制动试验台、侧滑试验台等的使用方法；熟练掌握气体分析仪、烟度计、声级计、前照灯检验仪、车轮定位仪、电控汽车故障诊断仪、底盘测功机、发动机综合测试仪、汽车万用表等检测仪器及各种常规测量仪具的使用方法及维护要领 |
| 2 | 配件质量鉴定 | 能鉴定汽车零件是否可用、可修，识别常用汽车配件的优劣 |
| 3 | 底盘输出功率的测定 | 能应用底盘测功机进行底盘输出功率测定，并进行测试结果分析 |
| 4 | 汽车排气污染物的测定与分析 | 能应用气体分析仪（或烟度计）对汽车排气污染物进行测量，并结合测量结果进行相关故障分析、提出排放达标和降低排放的措施 |
| 5 | 车速表的校验及前照灯的检验 | 能应用车速表试验台进行车速表校验；熟练应用前照灯检验仪进行前照灯检验，并根据检测结果进行调整 |
| 6 | 汽车防雨密封性试验和汽车外观检视 | 熟悉汽车防雨密封性试验和汽车外观检视的方法，并根据检验结果提出维修方案 |
| 7 | 汽车异响的检测与诊断 | 能利用仪器或凭经验对汽车发动机、底盘等总成的异响进行检测与诊断，确定异响类型和部位，并提出消除异响的维修措施 |
| 8 | 发动机功率与油耗的检测诊断 | 能应用发动机综合测试仪和油耗计进行发动机功率与油耗的检测，并能根据检测结果分析影响发动机功率的典型故障，提出故障排除方法 |
| 9 | 发动机气缸密封性检测 | 掌握气缸压缩压力、曲轴箱窜气量、气缸漏气量、进气歧管真空度的检测方法，并能根据检测结果判断发动机气缸密封性能 |
| 10 | 起动系统起动性能的检测与诊断 | 能应用发动机综合测试仪或汽车电器万能试验台检测起动性能，并能根据检测结果进行起动系统故障分析 |
| 11 | 点火系统点火性能的检测与诊断 | 能应用发动机综合测试仪或点火示波器进行点火系统的检测与诊断，进行点火波形分析，判断点火系统的故障，提出维修方案 |
| 12 | 燃油供给系统的检测与诊断 | 能应用燃油系统检测仪对燃油压力、流量和密封性能进行检测，并能根据检测结果分析燃油供给系统的故障；能利用发动机综合测试仪检测柴油机燃油供给系统的供油提前角和压力波形，并能结合检测结果进行柴油机燃油供给系统的故障分析 |
| 13 | 润滑系统的检测与诊断 | 应用润滑油质量检测仪检测润滑油的污染程度，并提出处理方案 |
| 14 | 汽车传动系统的检测与诊断 | 能用仪器或凭经验对传动系统的工作状态进行检测，并提出调整维修方案 |
| 15 | 汽车转向系统的检测与诊断 | 能应用转向参数测量仪进行转向盘转向力、转向盘自由转动量的检测；能应用间隙检测仪进行转向系统间隙检测，并提出调整维修措施 |
| 16 | 汽车制动系统的检测与诊断 | 能应用制动试验台进行汽车制动性能台试检测，并能通过道路试验检测制动距离和制动减速度；能利用检测结果进行制动性能分析，并提出改进制动性能的维修措施 |

（续）

| 序号 | 项　目 | 技术要求 |
|---|---|---|
| 17 | 汽车行驶系统的检测与诊断 | 能应用车轮定位仪进行前、后车轮定位参数的检测和诊断；能应用车轮动平衡机进行车轮动平衡检测；能应用间隙检测仪进行汽车悬架间隙检测，并能根据检测结果进行故障分析并作相应的调整 |
| 18 | 轿车车身整形定位检测 | 能根据车身矫正系统提供的测量数据和改样资料对整形后的车身进行定位检测 |
| 19 | 发动机微机控制系统的检测与诊断 | 能应用电控汽车故障诊断、汽车自诊断功能对发动机电控系统进行检测诊断，并进行故障分析与排除 |
| 20 | 电控自动变速器的检测与诊断 | 能应用故障分析仪、汽车自诊断功能、液压系统检测仪对自动变速器进行各项性能检测，并进行故障分析与排除 |
| 21 | 电控防抱死制动系统和防侧滑系统的检测与诊断 | 能进行 ABS 和 6R 系统故障自诊断测试；能正确查对故障诊断表进行 ABS 和 ASR 系统的故障诊断，并进行故障分析与排除 |
| 22 | 电控安全气囊系统的检测与诊断 | 能应用故障分析仪/汽车自诊断功能进行故障检测，并进行故障分析与排除 |
| 23 | 空调系统的检测与诊断 | 正确进行空调系统工作压力、密封性测试；掌握空调系统故障检测与诊断的程序和常见故障的检测与诊断方法 |
| 24 | 二级维护前的检测诊断与附加作业项目的确定 | 能完成规定项目的汽车二级维护前的检测诊断工作，并能根据检测诊断结果确定附加作业项目 |
| 25 | 汽车维护基本作业项目的检验 | 能完成汽车各级维护基本作业项目和二级维护附加作业项目的作业质量检验，并能承担汽车二级维护竣工上线检测的送检工作 |
| 26 | 汽车修理进厂检验 | 通过进厂检验，能确定汽车修理的作业项目 |
| 27 | 汽车主要零部件检验 | 正确应用常规测量仪表/量具进行主要零部件的检验 |
| 28 | 汽车电气设备与电子设备部件及总成检验 | 能正确进行蓄电池、发电机和调节器、起动机和起动继电器、仪表及辅助电器、微机控制系统主要传感器、执行器、ECU 的检验 |
| 29 | 车身面漆检验 | 能鉴别车身面漆色彩差异，发现喷漆缺陷 |
| 30 | 汽车修理竣工检验 | 能严格根据技术标准、按照相关的试验方法，对汽车修理质量进行全面检验，发现修理缺陷，正确填写检验单，检验合格后签发汽车维修竣工出厂合格证 |
| 31 | 汽车维修技术档案的建立 | 正确填写各种维修检验表格，做好检测诊断记录工作，建立完整的维修技术档案 |

## 任务二　认知汽车检测设备的功能与操作方法

汽车维修企业在从事汽车维修工作过程中，根据当地交通行政主管部门的要求应配备必要的专业维修设备和检测诊断设备，以满足汽车维修与检测的需求。作为汽车维修质量检验人员不仅要会使用各种维修通用设备和专用设备工具，为保证维修的质量，还应能够熟练使用各种汽车检测诊断设备。下面主要介绍一些常用的汽车检测诊断设备的性能和使用的方法。

### 一、各种汽车检测设备的原理和使用功能

在汽车维修与维修质量检验中应用最多的是汽车检测诊断设备。常用的汽车检测诊断设

备包括：汽车发动机综合测试仪、汽车微机解码器、汽车制动试验台、车轮动平衡机、四轮定位仪、侧滑试验台、废气分析仪、前照灯检测仪、点火正时仪、烟度计（柴油车维修必备）、转速表、真空表、轮胎气压表、气缸压力表、万用表、电液比重计等；主要的计量器具包括外径千分尺、游标卡尺、前束尺等。

（1）汽车发动机综合测试仪（图4-1）　汽车发动机综合测试仪是一种发动机综合诊断设备。它采用电子控制，能在不解体的情况下对汽油机和柴油机诸多参数进行自动检测，具有完备的查询、统计报表功能，可以将测量结果按需要储存、重显和打印输出，可调出标准波形和实测异常波形进行比较、分析，并且能实现自动单缸断火等。常见的汽车发动机综合测试仪有元征、金奔腾等国产品牌和博世FSA740等国外品牌的发动机综合测试仪。

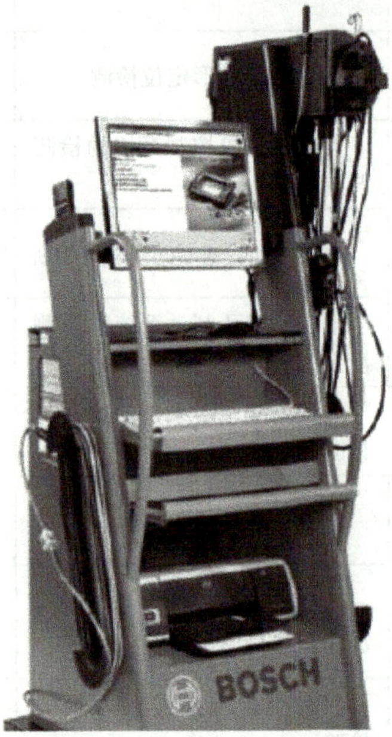

图4-1　汽车发动机综合测试仪

（2）汽车微机解码器　随着电子新技术在汽车中应用而产生的，在汽车上装备的电控燃油喷射系统、安全气囊、防抱死制动系统、电控自动变速器、全自动空调系统、汽车巡航系统及主动悬架等都采用电子控制。由于控制参数多，且很多控制和执行元件具有不可拆卸、检查、修理等特点，导致电路故障分析与判断很不容易，因此汽车微机本身一般带有汽车故障自诊断系统。将汽车微机的自诊断输出接口与汽车微机解码器连接就可以比较轻松地判断出电子元件及电路的故障或可能发生故障的范围，为进一步确定电器故障奠定基础。

目前汽车微机解码器形式较多，如美国Snap-on公司生产的Scanner系列、美国IAE公司生产的OTC系列，德国大众公司生产的V. A. G1551（或V. A. G1552），我国的电眼睛、红盒子、K81、金奔腾、博世KTS670等，如图4-2~图4-4所示。

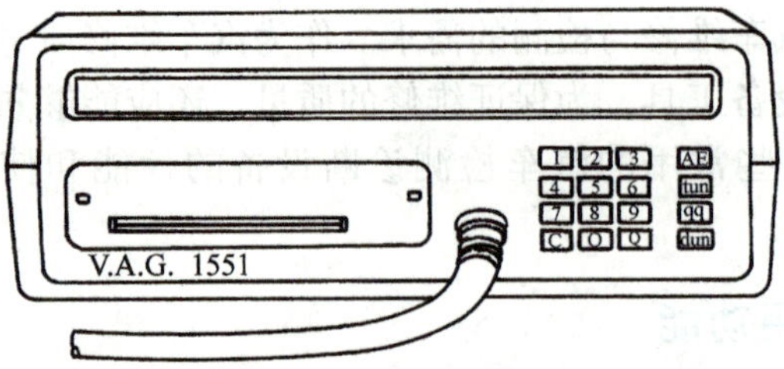

图4-2　V. A. G1551汽车微机解码器

图4-3　V. A. G1552汽车微机解码器

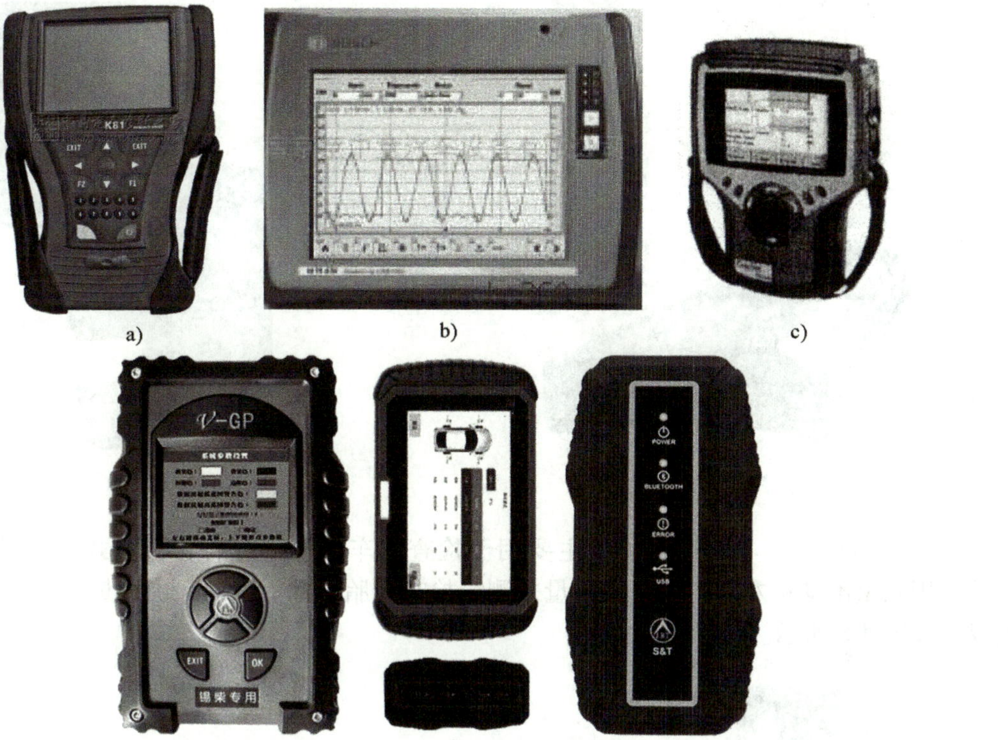


a)　b)　c)　d)

图 4-4　汽车微机解码器

a）K81 汽车微机解码器　b）博世 KTS670 汽车微机解码器　c）OTC 汽车微机解码器　d）金奔腾系列汽车微机解码器

V. A. G1551 和 V. A. G1552 的基本功能一样，只是 V. A. G1551 本身具备打印机，可以把汽车故障码打印出来，体积比 V. A. G1552 大。V. A. G1552 是便携式的汽车微机解码器，主要由液晶显示屏、输入输出接口、键盘、检测程序卡等组成。它们都是通过诊断线与汽车微机自诊断输出接口连接的。

V. A. G1551 或 V. A. G1552 功能很强，可以检测出电控燃油喷射系统、安全气囊、ABS、电控自动变速器、全自动空调系统、汽车巡航系统等电气系统故障，还可以配汽车密码钥匙等，使用方便。另外，可以通过更换检测程序卡升级，以便检测最新装备汽车的电器装置的故障。

博世 KST670 汽车微机解码器是功能齐全、使用较广泛的一种解码器，如图 4-4b 所示。

（3）汽车制动试验台　汽车制动试验台可用来测量汽车各轮的制动力、制动力增长和释放过程等。其中，测量各轮制动力的大小可以帮助维修和检验人员检调各轮制动力，防止汽车制动跑偏。汽车制动试验台如图 4-5 所示。

（4）车轮动平衡机　车轮动平衡机（图 4-6）是用来检测和解决汽车车轮的动平衡问题的设备。

（5）四轮定位仪　四轮定位仪可以测量车轮的前束、车轮外倾角、转向节主销内倾角、转向节主销后倾角和车轮的转向角等参数。这些参数直接影响汽车行驶的稳定性、转向的轻便性、安全性和轮胎的磨损程度。图 4-7 所示为四轮定位仪。

图 4-5 汽车制动试验台

图 4-6 车轮动平衡机

（6）侧滑试验台 侧滑试验台主要用于检查汽车的侧滑量，有机械式和电器式两种。它是利用测量滑动板左、右方向移动量来测量检查轮胎的侧滑量的，由测量装置和显示装置组成，如图 4-8 所示。

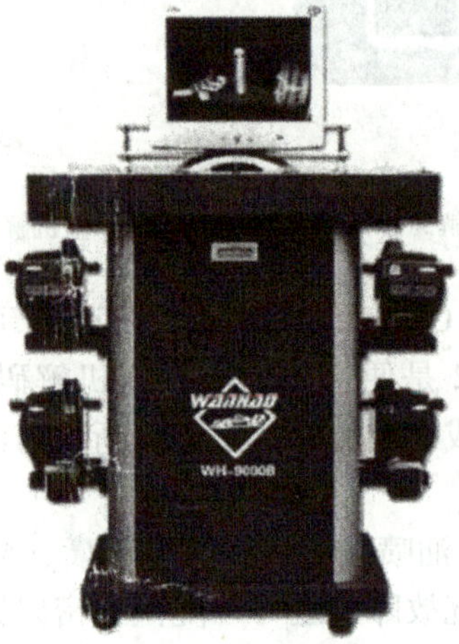



图 4-7 四轮定位仪

图 4-8 侧滑试验台

（7）废气分析仪 废气分析仪可以通过测量检测出一氧化碳（CO）、碳氢化合物（HC）和氮氧化物（$NO_x$）等有害气体在汽车尾气中的浓度。目前多使用数字式废气分析仪，它不需要标准气体，体积较小，使用方便，工作可靠，如图 4-9 所示。

（8）烟度计 烟度计主要用于柴油机排烟特性的检测。排烟特性是柴油发动机的一个重要特性，通过排气烟度可以判断发动机性能的好坏。其中，排气烟度指单位排气体积中所含炭烟质量。

（9）前照灯检测仪 前照灯检测仪用于检查、校正汽车前照灯照射方向与发光强度，一般采用光电池。把光电池与光度计连接起来，在适当的距离内使前照灯照射光电池，光电池产生相应大小的电流，使光度计动作，便可测出前照灯的发光强度。另外，它通常把光电池分割成上下 4 块，经前照灯照射后，各块电池分别产生电流，其差值可使上下或左右偏斜指示计产生动作，从而判断出光轴位置。它的检查方法有投影式和自动追踪光轴式两种。投影式车灯调试仪主要由受光器、找准器、光度计和光轴偏斜指示计组成，如图 4-10 所示。

图 4-9　废气分析仪

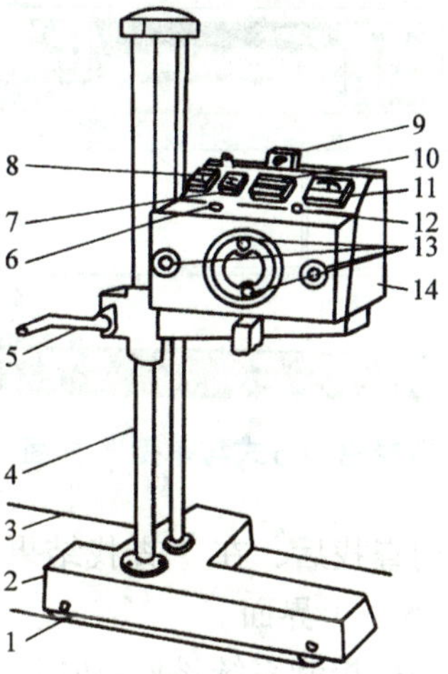


图 4-10　投影式车灯调试仪

1—车轮　2—底盘　3—导轮　4—支柱　5—上下移动手柄　6—左右光轴刻度盘　7—上下偏斜指示计　8—左右偏斜指示计　9—车轮摆正找准器　10—投影屏　11—光度计　12—上下光轴刻度盘　13—光电池　14—受光器

## 二、汽车检测设备的使用方法与实践

### 1. KTS670 的使用方法

1）将 KTS670 与车辆进行连接，点火开关置于 ON 位置，打开 KTS670 到开始界面（图 4-11）。选择“控制总成诊断”，单击“F12”进入下一个界面。

2）在“控制总成诊断”界面选择“VW”（图 4-12），单击“F12”进入下一个界面。

图 4-11　开始界面

图 4-12　“控制总成诊断”界面

3）在“选择驱动方式与车型”界面（图 4-13）选择柴油机和 Jetta 1.9 TDI，单击“F12”进入下一个界面。

4）选择“发动机控制系统”（图 4-14），单击“F12”，系统将自动进行查找。

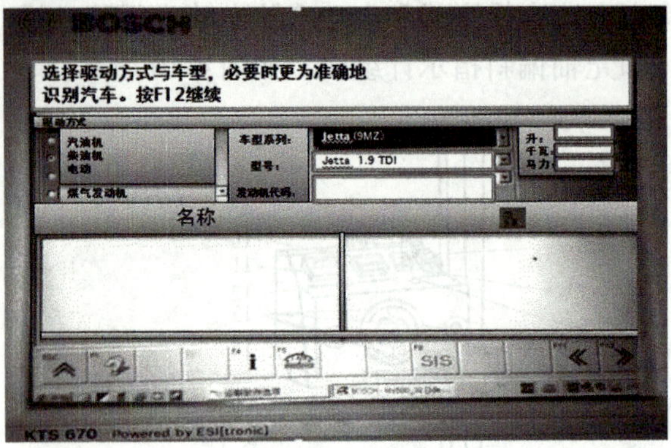


图 4-13 “选择驱动方式与车型”界面

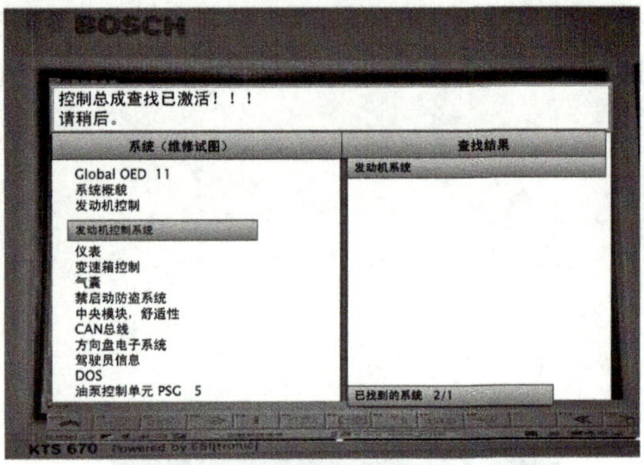


图 4-14 选择“发动机控制系统”

5）系统自动查找后，在“查找结果”栏选择“柴油机 EDC 15VM+2V”（图 4-15），单击“F12”进入下一个界面。

6）在“发动机控制系统诊断-功能选择”界面选择“识别”（图 4-16），单击“F12”进入“识别”窗口。

图 4-15 “查找结果”栏

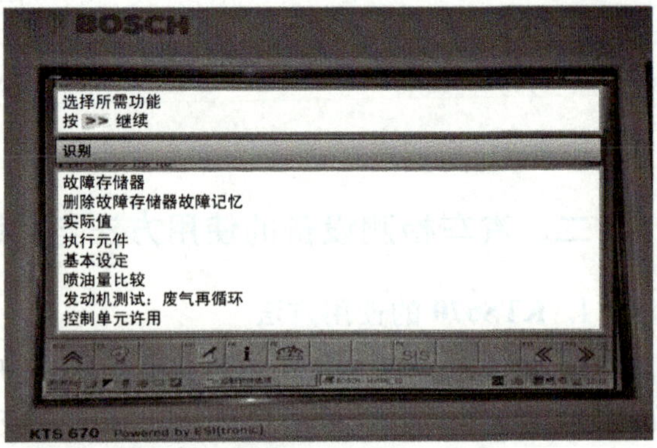


图 4-16 选择“识别”

7）确认“RB 编号（博世产品号）”和“Cus. 编号（汽车厂家产品号）”是否与汽车微机编号相同（图 4-17）。

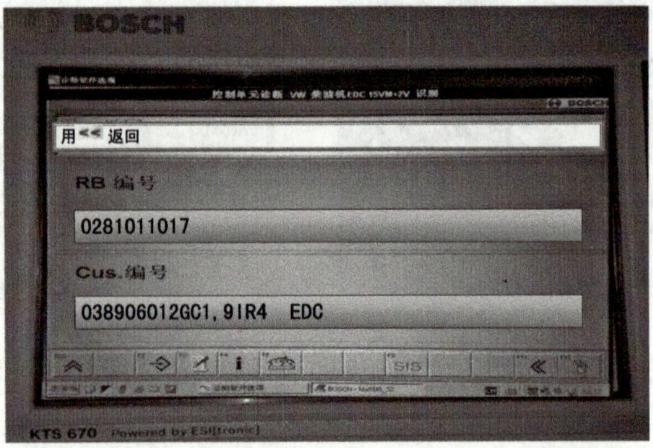


图 4-17 确认编号

8）在“发动机控制系统诊断-功能选择”界面选择“故障存储器”（图 4-18），单击“F12”进入“故障存储器”界面（图 4-19）。

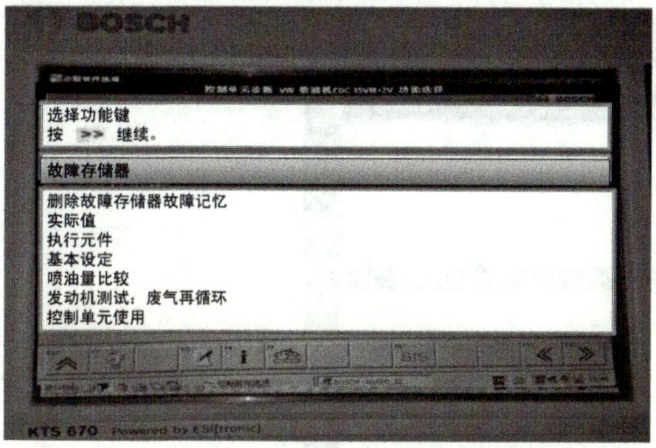


图 4-18　选择“故障存储器”

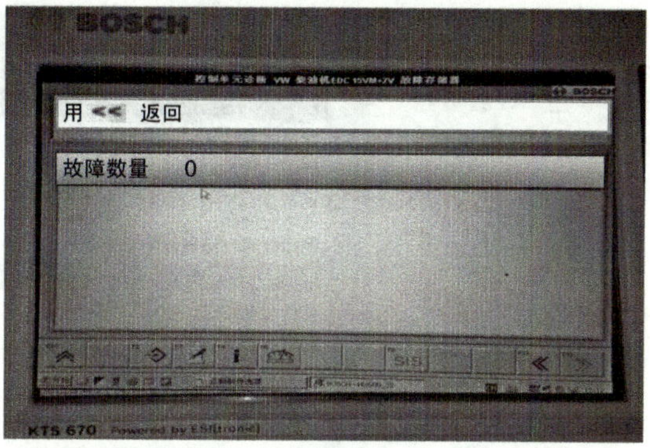


图 4-19　“故障存储器”界面

9）实验：当拔掉“进气歧管温度传感器”时，它显示的故障码为“44A1”（图 4-20），选中“故障”，单击“F12”，显示故障详情为“断路/正极短路”（图 4-21）。

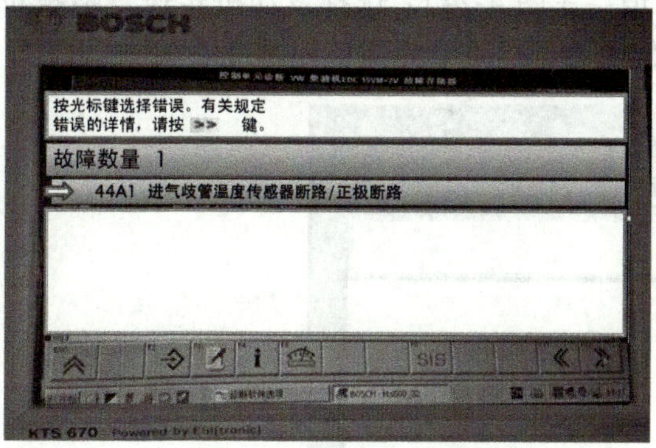


图 4-20　显示故障码“44A1”

图 4-21　“断路/正极短路”

10）装配上“进气歧管温度传感器”后清除故障码（图 4-22）。

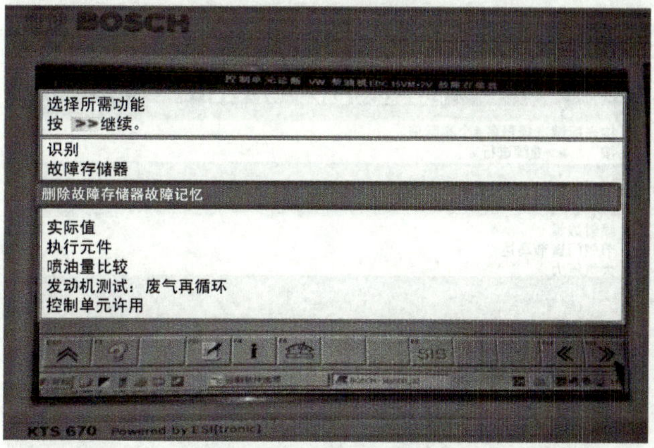


图 4-22　清除故障码

11）在“发动机控制系统诊断-功能选择”界面选择“实际值”（图4-23），单击“F12”进入“实际值”窗口。

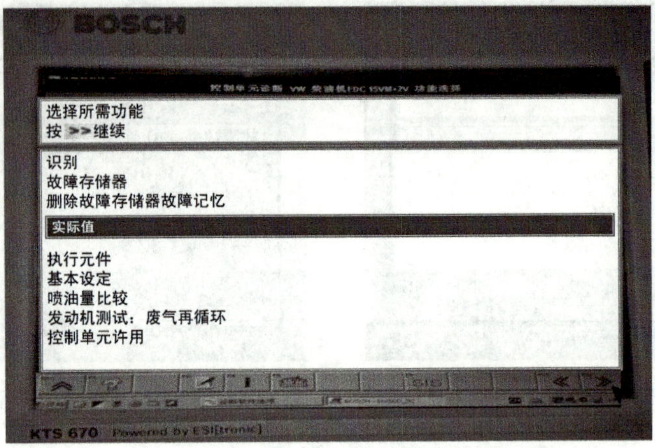


图4-23 选择“实际值”

12）在“实际值”中最多可选择4个“实际值”（图4-24）：选择发动机转速、踏板位置传感器、发动机冷却液温度传感器、空气温度传感器。

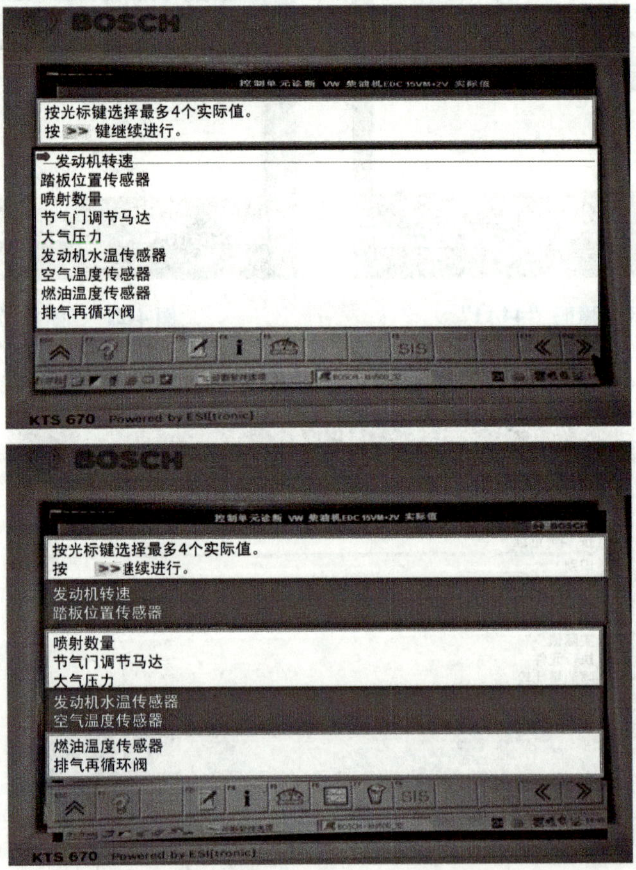


图4-24 选择4个“实际值”

13）选择3组数据，比较发动机转速、踏板位置传感器之间的关系（图4-25）。温度：摄氏度×9/5+32=华氏度。

14）选择3组数据，比较节气门调节电动机与喷油数量之间的关系（图4-26）。

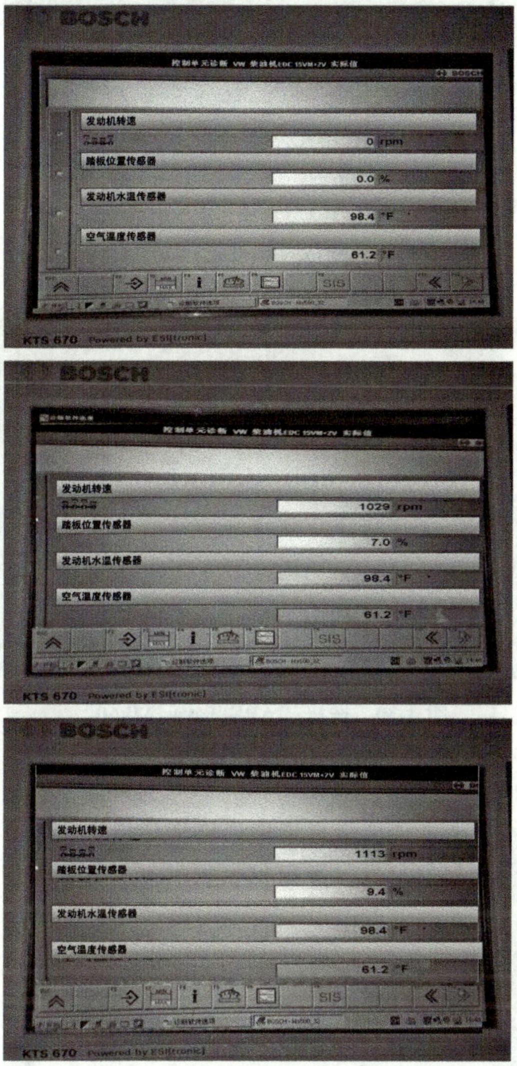


图4-25 比较发动机转速、踏板位置传感器之间的关系

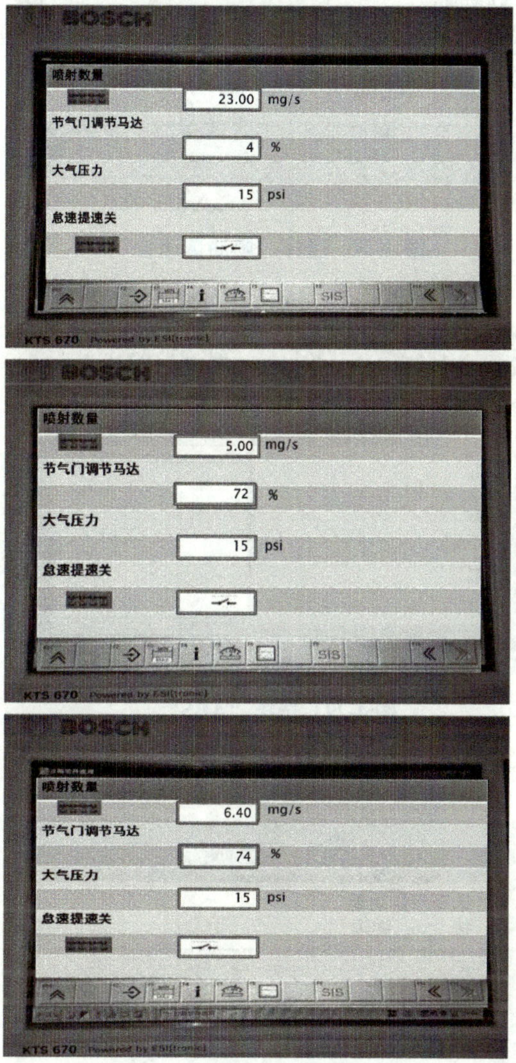


图4-26 比较节气门调节电动机与喷油数量之间的关系

15）在“发动机控制系统诊断-功能选择”界面选择“喷油量比较”（图4-27），单击“F12”进入“喷油量比较”窗口。

16）确认“喷油量”是否正确（图4-28）。

17）选择“ABS”（图4-29），单击“F12”，系统将自动进行查找。

18）系统自动查找后，在“查找结果”栏选择“ABS Teves Mk 60”（图4-30），单击“F12”进入下一个界面。

19）在“ABS-功能选择”界面选择“识别”（图4-31），单击“F12”进入“识别”窗口。

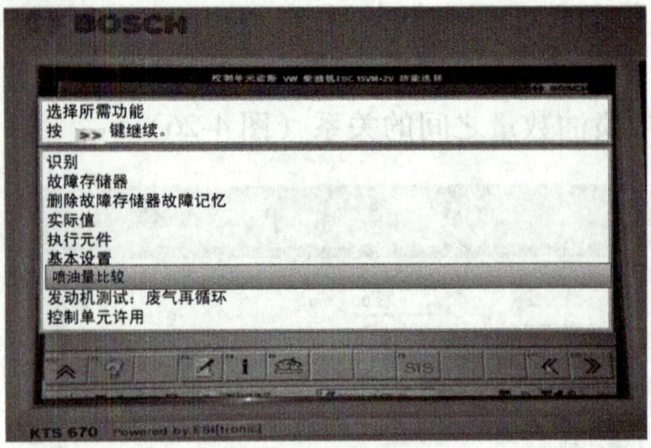


图 4-27　选择“喷油量比较”

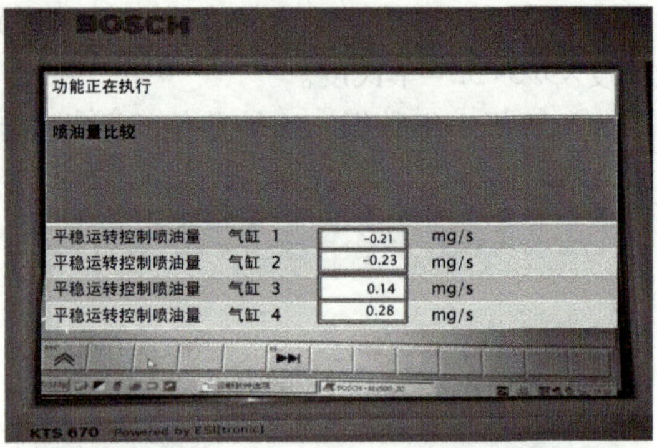


图 4-28　确认“喷油量”是否正确

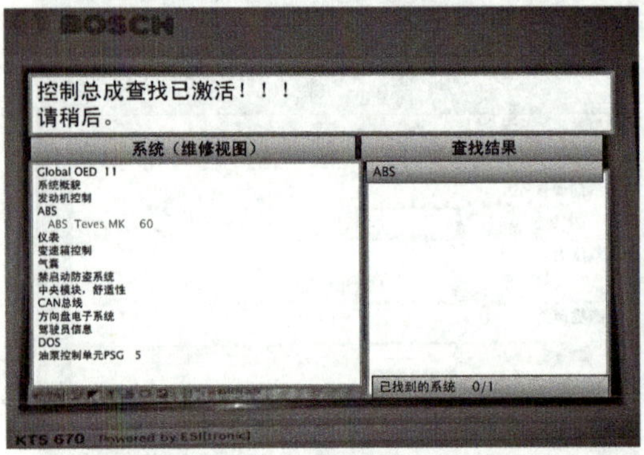


图 4-29　选择“ABS”

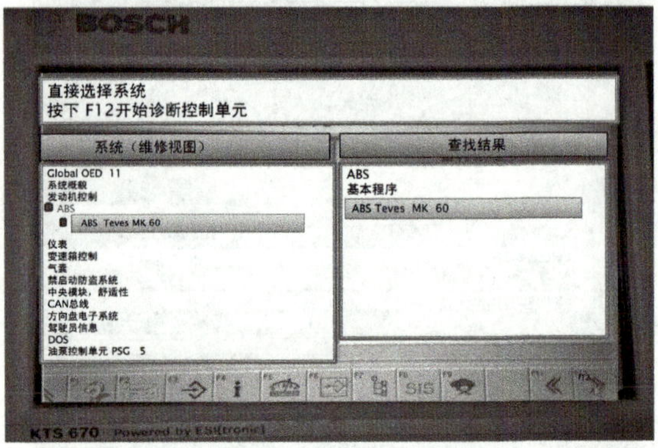


图 4-30　选择“ABS Teves Mk60”

20）确认数据是否正常（图 4-32）。

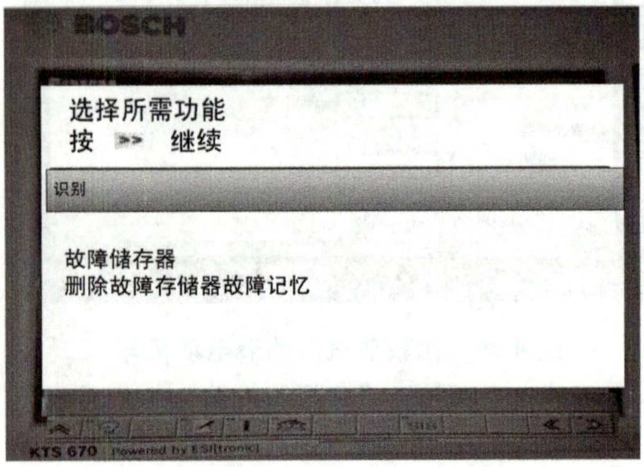


图 4-31　选择“识别”

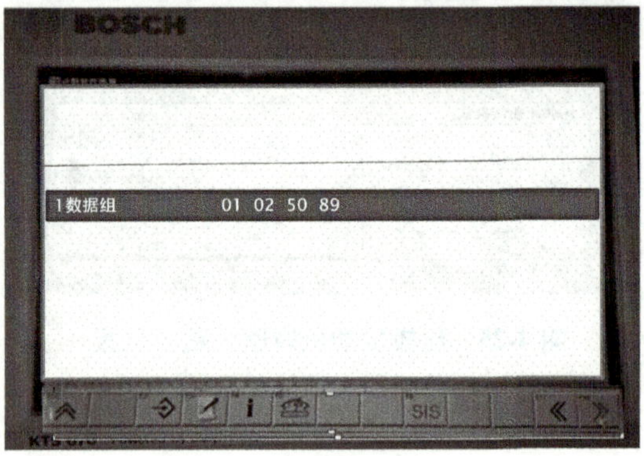


图 4-32　确认数据是否正常

### 2. 金奔腾-I 解码器的操作说明

（1）基本操作流程　金奔腾-I 解码器的基本操作包括：

1）选择测试卡。

2）选择测试接头，找到汽车诊断座的位置。

3）使仪器正确连接，保证仪器良好通电。

4）根据需要的诊断结果选择测试系统和相应的测试功能。

5）输出、打印测试结果。

6）根据实际需要随时设置语言、故障码存储形式及屏幕亮度调节。

**（2）准备工作及注意事项**　金奔腾-I 解码器的准备工作及注意事项如下：

1）被测车辆蓄电池电压应为 11～14V 并保证稳定供电。仪器额定工作电压为 12V。

2）在检测工作进行前，应关闭汽车所有附属电气设备（如空调、音响、灯光等）。

3）点火开关在汽车微机诊断座与仪器连接好之后才能打开。此时，汽车应处于节气门关闭状态，即怠速触点闭合。冷却液温度与油温应达到正常工作温度，冷却液温度为 80～100℃，曲轴箱温度为 50～70℃。

4）点烟器座应有 12V 供电电压。

5）汽车诊断座与汽车主机连线应保证无断路。

**（3）仪器的外部连接**　金奔腾-I 主机由显示屏、功能按键、1 个 9 PIN PC 打印通信接口（上端）、1 个 25PIN 测试连接口（下端）和 1 个插卡槽组成。

1）选择相应测试卡，将商标向上插入仪器的测试卡槽并确认卡插到位。

2）汽车上自诊断座有一些是直接向仪器主机提供电源的，而有一些车型需接外接电源，应仔细阅读各车型的详细说明。

3）仪器通电后，若仪器自动进入测试状态，表示仪器连接正常。

4）需要连通外接电源时，应从驾驶室内点烟器取电或从蓄电池直接取电（一般诊断座在驾驶室内时从点烟器取电，而诊断座在发动机室时从蓄电池取电）。

取电方法：

1）将点烟器热电阻头从点烟器座中取下，把连接好的主机外接电源线取电头插入孔中。

2）将取电头连接仪器自带的双钳电源，红色鳄鱼夹接正极接线柱，黑色鳄鱼夹接负极接线柱。

**（4）开机及亮度调节**　具体内容如下：

1）开机。

① 选择所测车型的测试卡。插卡时，必须保证测试卡插到位。

② 测试主线的一端与主机相连，另一端与汽车上的诊断座相连接取电，或通过双钳电源线取电。仪表通电后如下框显示：

| |
|---|
| 金奔腾汽车科技<br>奥迪/大众车系测试卡<br>V1 0 <1000><br>制造日期：2010/01/15 |

③ 按“确认”键后仪表将自动进行初始化，调入测试程序，最后如下框显示，表示仪器连接成功，即可进入下一步操作。

| |
|---|
| →1. 语言（LANGUAGE）<br>2. 汽车诊断测试<br>3. 重阅测试故障<br>4. 历史测试记录 |

2）显示屏亮度调节。在仪器正确连接通电后，如下框显示：

| |
|---|
| 金奔腾汽车科技<br>奥迪/大众车系测试卡<br>V10 <1000><br>制造日期：2010/01/15 |

此时按“↑”或“↓”键可调整显示屏亮度，以适应不同的测试环境，使显示屏背光达到最佳效果。

（5）功能键（图4-33）说明

1）“↑”或“↓”键：移动光标，选择同一类型参数中的某一项参数，选择菜单目录或输入数字。

2）“确认”键：用“↑”“↓”键移动光标选定项目参数后，按“确认”键使语言命令得到认可并进入下一级子菜单。

3）“退出”键：返回上级菜单，退出正在执行的测试功能、切断与汽车微机的通信。

4）“←”和“→”键：翻阅故障码库，选择数位“测试执行元件”与“读取数据模块”两项检测功能自由切换。

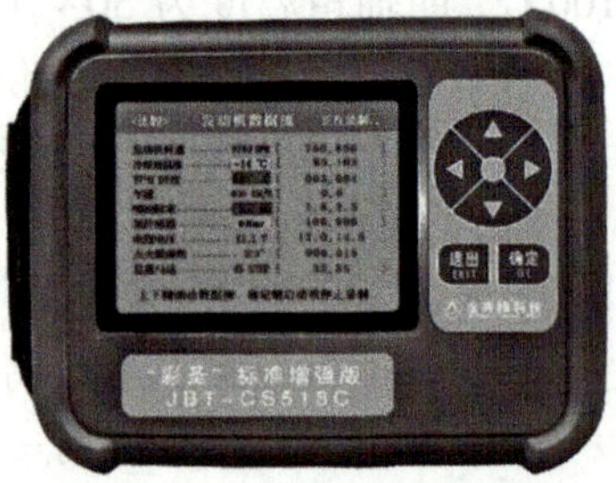

图4-33 金奔腾-I解码器

功能流程图如图4-34所示。

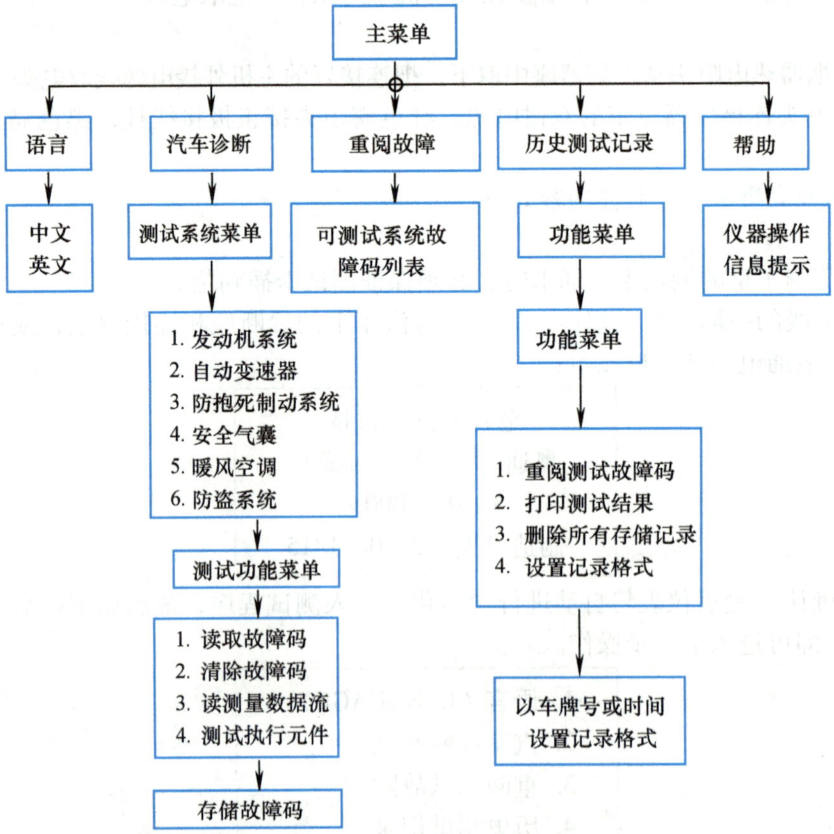


图4-34 功能流程图

5）各级菜单仪器显示结果。

① 主菜单：

| |
|---|
| →1. 语言（LANGUAGE） |
| 2. 汽车诊断测试 |
| 3. 重阅测试故障 |
| 4. 历史测试记录 |

② 可测试系统菜单：

| |
|---|
| →发动机系统……ENG |
| 发动机系统 2……ENG2 |
| 变速器系统……AT |
| 制动系统……ABS |

③ 测试系统功能菜单：

| |
|---|
| →1. 控制微机型号 |
| 2. 读取故障码 |
| 3. 清除故障码 |
| 4. 测试执行元件 |

6）主要功能及术语。

语言：通过此功能可选择测试语音。

汽车诊断测试：通过此功能可对汽车不同系统进行综合测试诊断故障，如读取故障码、消除故障码、读数据流及执行元件测试等。不同车系不同车型所具有的诊断功能不同。

重阅测试故障码：在实测过程中，可随时查阅已测故障信息。

历史测试记录：此功能可进行随机打印及设置故障码的存储形式。

帮助：提示仪器的详细说明。

故障码：汽车运行过程中，当某些电控元件或电路出现故障时，汽车微机以数字形式将该故障存储起来，以便修理时迅速调出故障码以确定故障位置。

清除故障码：将故障码从汽车微机中清除。

数据流：显示电控系统各元件运行参数，通过读取数据流并与标准值进行比较来判断该元件是否正常。

执行元件：电控系统中微机直接控制的电子元件，如喷油器、电磁阀。可通过解码器发出动作命令，让这些元件单独工作，以判断其是否正常。

（6）选择测试卡及测试接头　不同车系、不同车型的诊断座形式是多样的，因此测试前选择好测试接头和测试卡是非常重要的。

1）根据所测试车型的生产厂家选择测试卡。例如测试“凯迪拉克”，因其属美洲车系，所以应选“美洲”测试卡。

2）根据所测试车型的诊断座形式及引脚数目选择相应的测试接头。例如奔驰 600 为 38PIN 圆形诊断座，所以选择 BENZ-38 接头。

### 3. 金奔腾一汽-大众专用便携式故障诊断仪 SDT929（图 4-35）的操作方法

1）开机准备（图 4-36）。注意蓝牙连接状态是否是已连接。

2）选择并进入“历史测试记录”（图 4-37）。

3）若没有历史测试纪录（图 4-38），则点击退出。

4）在系统主菜单（图 4-39）点击扫描整车故障码。

5）读取故障码（图 4-40）。请勿点击退出。

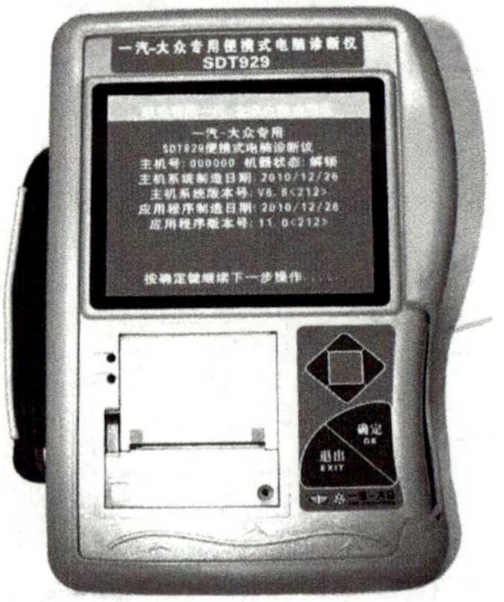


图 4-35　故障诊断仪 SDT929

一汽－大众专用
SDT929便携式电脑诊断仪
主机号：30509机器状态：解锁
主机系统制造日期：2012/05/03
主机系统版本号：V8.8<213>
应用程序制造日期：2013/05/30
应用程序版本号：12.8<213>
蓝牙连接状态：已连接
按确定键继续下一个操作

图 4-36　开机准备

选择功能入口　02/04

1. 汽车诊断测试
→2. 历史测试记录
3. 系统参数设置
4. 帮助

上下时移功光标，确定键选择，退出键返回

图 4-37　选择“历史测试记录”

没有测试记录

没有历史测试记录!

口退出

图 4-38　没有历史测试记录

系统主菜单01/08
→1. 选用控制模块
2. 选择地址进入
3. 清除所有故障码
4. 激活运输模式
5. 解除运输模式
6. 扫描网关进入
7. 扫描整车故障码
8. 保养灯归零
上下键移动光标，确定键选择，退出键返回

图 4-39　系统主菜单

扫描故障码

正在读取故障码的系统：
变速器
已经读取故障码的系统数：01个
剩余读取故障码的系统数：18个
请稍候.

图 4-40　读取故障码

6）点击查看故障码详情（图 4-41）。请勿盲目删除故障码。

停车制动器　故障表01/02

| | | |
|---|---|---|
| •03194 | 01279 | |
| | | |
| | | |

故障码：03194　↓　→

不兼容接口
静态

图 4-41　查看故障码详情

7）读取发动机数据流（图 4-42）。点击扫描网关进入此界面。

| | |
|---|---|
| →01－发动机电子装置 | 正常 |
| 02－变速器电子设备 | 正常 |
| 03－制动器电子系统 | 正常 |
| 04－转向角传感器 | 正常 |
| 08－空调／暖风电子设备 | 正常 |
| 09－中央电子模块 | 正常 |
| 15－安全气囊 | 正常 |
| 16－转向柱电子设备 | 正常 |
| 17－仪表板 | 正常 |

上下键移动光标，确定键选择，退出键返回

图 4-42　读取发动机数据流

8）识别对比发动机 ECU 信息是否一致（图 4-43）。

系统主菜单　01/10
→003识别1
004故障代码存储器内容
011测量值
003识别2
003高级ID
005输出诊断测试模式（DTM）
009编码
006基本设定
012匹配
上下键移动光标，确定键选择，退出键返回

控制器信息　01/01
控制单元零件号：06J906027DQ
控制单元编码　：长编码
组件编码　：MED 17.5.2　05 3841
服务站代码　IMP :0790 WSC :00079
附加信息　：geraet 00000000
附加信息　：
左／右键翻页　退出键返回

图 4-43　对比发动机 ECU 信息

9）点击测量值进入“动态测量值”（图 4-44）。

动态数据流　第001组001/004

1）发动机转速
720r/ min　（600,900 ）
2）冷却液温度-46℃　（-80,110 ）
3）空燃比瞬时修正值0.0%　（-10,10 ）
4）基本设置的调节前据条件
10110110　（　,　）
上下键改变组号，退出键返回

图 4-44　进入“动态测量值”

10）读取数据流（图4-45），与标准值进行比对。

动态数据流　第002组001/004

1）发动机转速
780r/min　（600，900）
2）发动机负荷
-17.2%　（10.0，30.0）
3）平均喷射时间
1.02ms　（0.5，2.5）
4）空气质量
-2.58g/S　（2.00，4.50）

上下键改变组号，退出键返回

动态数据流　第002组001/004

1）发动机转速
760r/min　（600，900）
2）发动机负荷
-17.2%　（10.0，30.0）
3）平均喷射时间
1.02ms　（0.5，2.5）
4）空气质量
-2.55g/S　（2.00，4.50）

上下键改变组号，退出键返回

动态数据流　第003组001/004

1）发动机转速
760r/min　（600，900）
2）空气质量
2.61g/S　（2.00，4.50）
3）节气／门角度（电位计）
1.9　（0，100）
4）小点火提前角（当前值）
0.7　（10，12.0）

上下键改变组号，退出键返回

动态数据流　第005组001/004

1）发动机转速
r/min　（600，900）
2）发动机负荷　14.2%　（10.0，30.0）
3）车速　0.0km/h　（10，255）
4）运行状态
怠速　（　，　）

上下键改变组号，退出键返回

动态数据流　第004组001/004

1）发动机转速
760r/min　（600，900）
2）蓄电池电压　14.382v　（10.0，14.5）
3）冷却液温度　52℃　（80，110）
4）进气温度　23℃　（20，95）

上下键改变组号，退出键返回

动态数据流　第006组001/004

1）发动机转速
760r/min　（600，900）
2）发动机负荷　17.2%　（10.0，30.0）
3）进气温度　23℃　（20，95）
4）高度修正　0.7%　（0，10）

上下键改变组号，退出键返回

动态数据流　第007组001/004

1）发动机转速
760r/min　（600，900）
2）发动机负荷　17.2%　（10.0，30.）
3）冷却液温度　54℃　（80，110）
4）运行模式GDI
000000001　（　，　）

上下键改变组号，退出键返回

动态数据流　第010组001/004）

1）发动机转速
780r/min　（600，900）
2）发动机负荷 -16.5%　（10.0．30.0）
3）节气门角度（电位计）
1.9%　（0，100）
4）点火提前角（当前值）
3.7　（0，12.0）

上下键改变组号，退出键返回

图4-45　读取数据流

### 4. 汽车制动试验台的检验方法

要求制动试验台滚筒表面干燥，没有松散物质和油污。由驾驶人将车辆驶上滚筒，位置摆正，起动滚筒，使用制动，测出所要求的参数值并记录车轮是否抱死。

在测量制动时，为了获得足够的附着力以避免车轮抱死，允许在车辆上增加足够的附加质量或施加相当于附加质量的作用力（附加质量或作用力不计入轴荷），也可采取防止车辆移动的措施（如加三角垫块或采取牵引等方法）。

当采取上述方法后，若出现车轮抱死并在滚筒上打滑或整车随滚筒滚动向后移动的现象，而制动力仍未达到合格要求时，应改用标准中规定的其他方法进行检验。

**5. 侧滑试验台检验方法**

1）将车辆对正侧滑试验台（对于单板式侧滑仪，将车辆的一侧车轮对正侧滑板），并使转向盘处于正中位置。

2）使车辆沿台板上的指示线以3~5km/h的车速平稳前行，在行进过程中不得转动转向盘。

3）转向轮通过台板时，测出横向侧滑量。

其他检测仪器和设备的使用方法根据使用说明书进行。

# 任务三 认知汽车维修质量检验的工艺流程

## 一、质量检验评定的基本内容

1）汽车大修检验基本技术文件（简称“三单一证”）包括汽车大修进厂检验单、汽车大修工艺过程检验单、汽车大修过程检验单和汽车大修合格证。汽车大修竣工质量评定分为一般技术要求和主要的技术要求两部分。

2）汽车发动机大修基本检验技术文件包括汽车发动机大修进厂检验单、汽车发动机大修工艺过程检验单、汽车发动机大修竣工检验单和汽车发动机大修合格证。汽车发动机竣工质量评定包括起动运转检查，动力性、经济性测定，发动机四漏及涂漆等。

3）汽车车身大修基本检验技术文件包括汽车车身大修进厂检验单、汽车车身大修工艺过程检验单、汽车车身大修竣工检验单和汽车车身大修合格证。汽车车身大修竣工质量评定是对蒙皮、护板、门窗、行李舱盖、发动机罩、座椅、装饰件、附件等形状、涂层和主要性能的检查评定。

4）汽车一、二级维护的过程检验贯穿整个维护过程，当车辆维护竣工时，还应按照一、二级维护竣工检验技术要求进行检验。

下面以汽车大修为例详细说明“三单一证”的基本内容。

汽车大修时，为了保证修理质量，按《汽车修理质量检查评定方法》（GB/T 15746）规定，汽车修理企业需填制必要的修理检验单证，主要包括汽车（或总成）大修的进厂检验单、汽车（或总成）大修工艺过程检验单、汽车（或总成）大修竣工检验单和汽车（或总成）大修合格证。

① 汽车大修进厂检验单基本内容。大修汽车进厂时，由汽车维修检验技术人员对送修车技术状况和装备齐全状况进行技术鉴定，并在汽车整车大修进厂检验单上记录以下内容：进厂编号、牌照号、厂牌、车型、底盘号、发动机型号及号码、托修单位、送修车辆状态、里程表记录、托修方报修项目（对送修车辆技术状况的陈述及要求）、车辆装备情况、车辆整车性能试验记录、检验日期、承修方处理意见、检验员签字、承修与托修双方代表签章等。要求检验单中字迹清晰，项目齐全、完整，填写真实、正确。

② 汽车大修工艺过程检验单基本内容。汽车大修过程中，由汽车维修检验技术人员对

总成及零部件按其修理过程中的工艺顺序进行技术鉴定，并在汽车大修工艺过程检验单上记录以下内容：发动机及离合器修理工艺过程检验单，前桥及转向系统修理工艺过程检验单，后桥修理工艺过程检验单，变速器及分动器修理工艺过程检验单，传动轴及万向节修理工艺过程检验单，车架、悬架及车轮修理工艺过程检验单，车身修理工艺过程检验单，汽车电气设备、仪表和电路修理工艺过程检验单，汽车制动系统修理工艺过程检验单等。

上述各修理工艺过程检验单内容应包括：进厂编号、厂牌、车型、各总成型号、号码、检验项目、检验结果记录、检验结论、处理意见、主修人、检验员签章及日期等。

要求检验单中的字迹清晰，项目齐全、完整，填写真实、正确；检验项目、名词术语和计量单位应符合国家及行业有关标准及相关车辆修理技术文件的有关规定。

③ 汽车大修竣工检验单基本内容。汽车大修竣工后，由汽车维修检验技术人员对车辆的技术状况进行技术鉴定，并在汽车大修竣工检验单上记录以下内容：进厂编号、托修单位、承修单位、牌照号、厂牌、车型、底盘号码、发动机型号及号码、车辆装备状况、车辆改装改造状况、汽车修竣后的技术状况、检验记录、检验结论、检验员签章及日期等。

要求检查单中的字迹清晰，项目齐全、完整，填写真实、正确；检验项目、要求、方法、名词术语和计量单位符合国家、行业有关标准及相关车辆修理技术文件的有关规定。

④ 汽车大修合格证基本内容。大修合格证是承修单位对大修竣工经技术鉴定并符合相应标准后的车辆所开具的质量凭证。

汽车大修合格证的记录内容包括进厂编号、牌照号、厂牌、车型、底盘号、发动机型号及号码、维修合同号、出厂日期、总检验员签章及日期、承修单位质量检验部门盖章、走合期规定、保证期规定。

要求合格证中的字迹清晰，项目齐全、完整，填写真实、正确；合格证中名词术语符合国家及行业有关标准中的规定。

## 二、汽车维护与检验工艺过程

### 1. 一级维护与检验工艺过程

一级维护与检验工艺过程如图4-46所示。

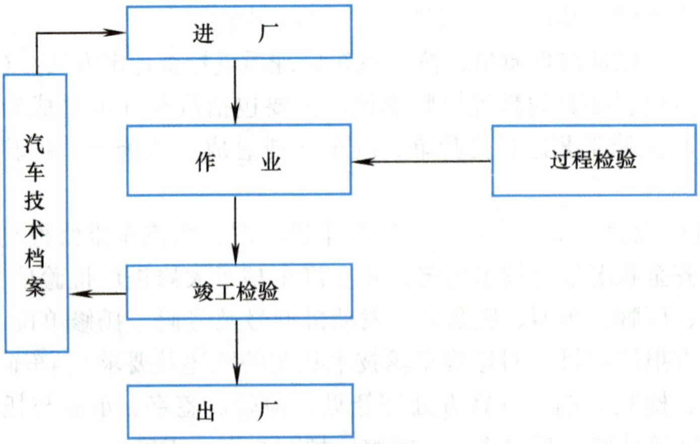


图4-46 一级维护与检验工艺过程

### 2. 二级维护与检验工艺过程

二级维护与检验工艺过程如图 4-47 所示。

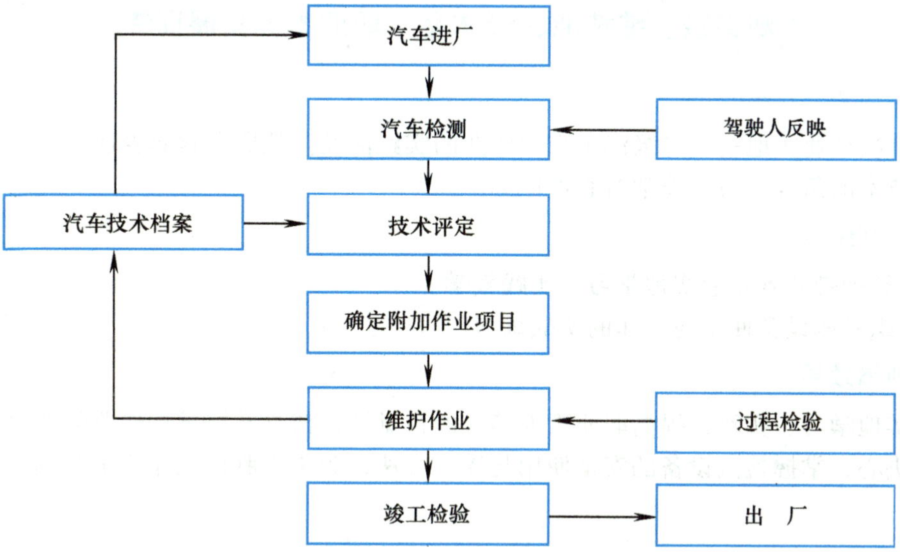


图 4-47　二级维护与检验工艺过程

## 三、汽车修理质量评定技术要求

汽车修理质量的检查评定技术要求参见国家关于汽车修理质量检查评定方法。

## 学习任务单

**一、填空题**

1. 汽车发动机综合测试仪是一种________设备。
2. 车轮动平衡机是用来检测和解决汽车车轮________的设备。
3. 四轮定位仪可以测量________、________、________、________和________等参数。
4. 侧滑试验台主要用于检查汽车的侧滑量，有________和________两种。
5. 前照灯检测仪用于检查、校正汽车________。

**二、问答题**

1. 汽车维修质量检验人员岗位职责包括哪些内容？
2. 汽车维修质量检验人员应掌握哪些专业知识？
3. 汽车维修质量检验人员应掌握哪些检测仪器设备的使用方法？

## 职业素养拓展训练

### “观实践、练技能、谈体会”职业素养拓展训练

#### 一、训练要求

组织一次企业实地一、二级汽车维护作业的实践活动。从职业素养养成，掌握维护作业的知识和技术的角度，写一篇学习心得体会。

#### 二、训练组织

1）由教师带队到企业实地学习、实践教学。

2）组织检测设备使用与操作的实战练习。

#### 三、训练效果

通过实地学习、实践，提高职业素养养成的自觉性，树立掌握维护作业的理论知识和作业技能的决心，掌握检测设备的安全使用与操作方法，为未来胜任工作奠定基础。

# 项目五 汽车检测与诊断技术

**学习目标**

汽车检测与诊断技术是汽车维修企业必备的维修技能，作为汽车维修检验人员必须弘扬精益求精的工匠精神，认真学习和掌握汽车的检验与诊断技术。本项目要求重点掌握整车检测与诊断技术、发动机检测与诊断技术，通过学习提高整车、发动机、底盘与车身、微机控制系统、空调系统等的检测与诊断，提升实际动手能力和实践能力。

## 任务一 认知整车检测与诊断技术

汽车的检测与诊断首先是从整车性能参数检测开始的，当发现整车性能发生变化时，再进行汽车各系统的深入检测与诊断。汽车整车的性能参数直接反映整车的技术状况。

整车检测与诊断的内容包括底盘输出功率的测定、排放污染物的测定、车速表校验、噪声的测定、灯光的检验、防雨密封性试验及汽车外观检视。

整车的输出功率（即驱动轮输出功率）是评价汽车技术状况的基本参数之一，是汽车综合性能检测的必检项目。测定整车输出功率的目的是获得汽车驱动轮的输出功率或牵引力，以便评价汽车的动力性；同时，把驱动轮输出功率与发动机输出功率进行对比，求出传动效率，以便判定底盘传动系统的技术状况。

### 一、整车检测技术

汽车检测的目的是更好地对汽车进行诊断。诊断的内涵是在不解体的条件下确定汽车的技术状况，查明发生故障的部位和原因。

汽车的检测分为整车检测、发动机检测和底盘及车身检测三大部分，具体包含下列项目。

#### 1. 整车检测

1）底盘输出功率的测定。

2）汽车排放污染物的测定。

3）车速表校验。

4）汽车噪声的测定。

5）前照灯检验。

6）汽车防雨密封性试验。

7）汽车外观检视。

**2. 发动机检测**

1）发动机功率。

2）燃油消耗量。

3）发动机密封性能。

4）发动机异响。

5）起动系统技术状况。

6）点火系统技术状况。

7）供油系统技术状况。

8）润滑系统技术状况。

9）冷却系统技术状况。

**3. 底盘及车身检测**

1）传动系统技术状况：离合器打滑，传动系统游动角度，传动系统异响。

2）转向系统技术状况：转向盘自由行程和转向力。

3）制动系统技术状况：制动力，制动距离，制动减速度。

4）行驶系统：车轮定位（包括前轮定位侧滑量和后轮定位），悬架间隙，车轮平衡（包括静平衡和动平衡）。

实际的检测工作是综合上述的分类，按照汽车的性能进行操作的。一般地说，汽车的主要性能分为动力性、经济性、安全性、可靠性、环保性、操纵稳定性、通过性和行驶平顺性等，所以对汽车的检测就是对上述这些性能的检测。

汽车检测的主要内容有：

1）安全性——侧滑、转向、制动、前照灯。

2）环保性——噪声、尾气排放。

3）动力性——车速、加速时间、底盘输出功率、发动机功率、转矩和点火系统、供油系统。

4）经济性——燃油消耗。

5）可靠性——异响、磨损、变形、裂纹。

通常把只检测汽车安全性、环保性和动力性指标中车速这一项的检测线称为汽车安全检测线（以下简称安检线）。把检测汽车动力性、经济性、可靠性、安全性和环保性5种主要性能的检测线称为汽车综合性能检测线（以下简称综检线）。

实际的汽车检测是按安全性、环保性、动力性、经济性和可靠性这5个方面进行的。其中，安全性检测主要检测汽车的侧滑、转向、制动和前照灯。

通常安全性检测分为下列4类：

1）侧滑检测设备，检测侧滑量、侧滑方向。

2）转向检测设备，检测转向盘自由转动量、转向力。

3）制动检测设备，检测制动力、制动距离、制动减速度。

4）前照灯检测设备，检测发光强度、照射角度。

在上述的汽车制动检测设备中，轴重仪是必不可少的。但是，汽车的轴重测量并非是汽车安全性的检测项目，轴重仪只是一种辅助设备。

## 二、侧滑检测内容、方法和技术要求

汽车在使用过程中，由于轮毂轴承松旷，车身不平衡，车轮拖滞，轮胎气压、花纹形状、磨损程度不同，车架、车轴转向机构的变形与磨损，都会导致车轮定位失准。此时，转向车轮在向前滚动的同时会产生横向滑移的现象，称为侧滑。

汽车的侧滑会造成滚动阻力增加、行驶稳定性变差、轮胎磨损加剧、运行油耗增多和转向沉重，影响汽车的使用性能和经济性，所以必须对汽车的侧滑进行定期检测。汽车侧滑检测的实质是检测转向轴车轮定位产生的侧向力，或由此引起的车轮侧滑量。由于汽车的转向轴一般在前轮，故简称前轮定位。前轮定位直接影响汽车的直线行驶稳定性、安全性、燃油经济性、轮胎和有关机件的磨损以及驾驶人的劳动强度等。后轮外倾角和后轮前束称为后轮定位。其主要作用是使前、后轮胎行驶轨迹重合，从而减小高速时前、后轮胎的横向侧滑量和轮胎的偏磨损。

检测汽车前轮定位和后轮定位的仪器称为四轮定位仪。下面以前轮定位的检测为例介绍其检测方法。

前轮定位检测方式有静态检测和动态检测两种。静态检测使用前轮定位仪，动态检测使用侧滑试验台。注意，静态指汽车静止不动，使用前轮定位仪（由前束尺和倾角仪组成）对汽车的前轮前束值、主销后倾角、主销内倾角和车轮外倾角进行检测。其特点是仪器结构简单，但操作复杂、速度慢。动态指汽车在运动状态，用侧滑试验台（滑板式或滚筒式）对汽车的前轮前束值和车轮外倾角的匹配情况进行检测。其特点是设备结构复杂，但操作简便，速度快，非常适合快速检测，在安检线或综检线上得到了广泛的应用。

在 GB 7258《机动车运行安全技术条件》中明确规定：机动车（摩托车、轻便摩托车和三轮农用车除外）转向轮的横向侧滑量用侧滑仪（包括双板和单板侧滑仪）检测时，侧滑量值应不大于 5m/km。

其检验方法是：

1）将车辆对正侧滑试验台（对于单板式侧滑仪，将车辆的一侧对正侧滑板），并使转向轮处于正中位置。

2）使车辆沿台板上的指示线以 3~5km/h 的车速平稳前进。在行驶过程中，不得转动转向盘。

3）转向轮通过台板时，测取横向侧滑量。

为使转向车轮操纵轻便、行驶稳定可靠和减少轮胎的偏磨损，在转向车轮上设计有主销后倾角、主销内倾角、车轮外倾角和前轮前束。

（1）主销后倾角　车轮有了主销后倾角之后，主销的延长线与地面的交点成为车轮摆动的支点。当车轮行驶在凹凸不平的路面时，车轮将偏离其正直滚动的路线，这时由于地面的反作用力作用在车轮上，使车轮绕交点向平衡位置转动，若主销后倾角过大，易使转向沉重，所以主销后倾角一般设计为 1°左右。其作用是使转向车轮能够自动回正，保持汽车直线行驶。

（2）主销内倾角 一般将主销内倾角设计成8°左右。如果没有主销内倾角，则车轮和主销内倾角的延长线与地面的交点构成一个圆柱体，当转动转向盘时，由于是一个圆面积和地面接触，所以费力；如果有主销内倾角，则车轮和主销内倾角的延长线与地面的交点构成一个圆锥体，这时转动转向盘，由于是一个点和地面接触，比较省力。同时假设在圆锥体上绕一根弹簧，当转动转向盘时，弹簧被绕紧，松手后转向盘在弹力的作用下回到初始位置。可见其作用有两个：一是转向轻便；二是自动回正。

（3）车轮外倾角 一般将车轮外倾角设计成30′~1°。当有车轮外倾角，车辆由空载变为满载时，能够减少轴头螺母的受力情况；若没有车轮外倾角，则当车辆由空载变为满载时，轴头螺母的受力非常大，甚至容易损坏。此外，有车轮外倾角可以使轮胎与拱桥路面垂直，减少其偏磨损。其作用主要有3点：一是转向轻便；二是保护轴头螺母；三是保持轮胎与拱桥路面垂直，减少轮胎的偏磨损。

（4）前轮前束 两前轮的前端距离与后端距离之差称为前轮前束。不同车辆的前束值是不同的。其基本作用是消除车轮外倾角造成的外滚趋势，保持汽车正直行驶。

当汽车向前滚动时，由于车轮具有外倾角的作用，左、右车轮都有外滚的趋势；同时因前轮前束的作用，左、右车轮都有内滚的趋势。两种趋势作用的最终结果只有两个：一个是平衡，汽车正直向前滚动；另一个是不平衡，汽车产生侧滑。这就是汽车侧滑的基本原因。

侧滑试验台都是由测量装置和指示装置两部分组成的。

测量装置主要由左、右两块侧滑板，轨道、8个滚轮、杠杆机构和回位装置等组成。侧滑板通过滚轮可在轨道上左右移动，而不能前后移动。检测时，车轮沿侧滑板长度方向直接通过，由于侧滑板表面做成凹凸不平的形状，可以认为轮胎与侧滑板之间无相对运动，车轮依靠摩擦力带动侧滑板左右移动，与侧滑板相连的杠杆机构可以把侧滑量传递给指示装置。

测量方式分为机械式和电测式两种。机械式的主要特点是简单、可靠，便于维护，二次仪表在侧滑试验台附近显示。电测式的主要特点是复杂，但可以长距离传输，按传感器的类型不同可分为电位计（可调电阻活动触点的位移）、自整角电动机（两个电动机不同轴但同角度转动）和差动变压器（芯运动引起次级电压变化）3种。

指示装置用于把测量装置测出的侧滑反位移量，按汽车每行驶1m所产生横向侧滑量的数值（以mm为单位）进行显示。

其显示方式有定量指示和定性指示两种。当侧滑板长度为1m时，定量指示1格代表1mm；当侧滑板长度为0.5m时，定量指示1格代表0.5mm。定性指示用红、黄、绿3种颜色表示其好坏程度，一般地将指示范围为1~3m/km定为绿区，表示好；将指示范围为3~5m/km定为黄区，表示可用；将指示范围为5~8m/km定为红区，表示不可用。

此外，侧滑试验台按侧滑板的数量可分为单板侧滑试验台和双板侧滑试验台。其中，单板侧滑试验台只有一块侧滑板，其最大的特点是简单、便携。特别需要引起注意的是，单板侧滑试验台和双板侧滑试验台都是测量两轮侧滑量之和，取代数平均值为单轮侧滑量。

由此得出结论：侧滑量只是综合表征前轮外倾角和前束是否处于最佳组合状况，而不能判别外倾和前束是否超限，更与主销倾角无关。实践表明，仅靠前束达到侧滑量限值的要求，不一定能确保车辆稳定行驶。

对汽车侧滑试验台的使用与维护的基本要求如下：首先，被检车辆的轮胎气压要符合规定，同一轴左、右轮胎气压相等；其次，其胎面清洁、干燥，剔出花纹沟槽内的石子、脏物。在具体检测时，拔掉锁止销，给侧滑试验台通电，使汽车低速（3~5km/h）平稳通过侧滑板时读数，检测完毕后，插上锁止销，给侧滑试验台断电。在实际使用中的注意事项是不允许超载车通过侧滑试验台，防止滑板压弯；不得在侧滑试验台上制动、转向，防止扭坏测量装置；防止油、水侵入，保护机件；要定期维护，每个月进行一次清洁、检视、高速润滑；每年必须进行清洁、检视、高速润滑，请当地技术监督部门对侧滑试验台进行计量检定。

转向系统是汽车底盘的主要组成部分之一，其技术状况主要指转向盘的转向力和自由转动量，其好坏直接影响汽车操作稳定性和高速行驶的安全性。利用仪器设备对这两个参数进行检测，可确切地判断转向系统的技术状况是否合格。

转向盘转向力的检测：转向盘的转向轻便性是用一定条件下作用在转向盘上外缘的最大切向力（即转向力）来表示的。使用转向参数测量仪可检测其相应的技术状况。

转向参数测量仪的基本组成有操纵盘、主机箱、连接叉和定位杆 4 部分。通常，将转向参数测量仪安装在转向盘上面并对准转向盘的中心，使操纵盘通过 3 只连接叉固定在转向盘上，同时操纵盘固定在底板上，通过底板上的力矩传感器与连接叉相连。主机箱固定在底板上，内有微机和打印机等。此外，定位杆的主要作用是从底板下伸出，经磁力座吸附在驾驶室内的仪表板上，主要起零点定位作用。

其工作原理是当转动操纵盘时，一方面带动汽车转向，另一方面力矩传感器将其转向力矩转变成电信号，而定位杆内的光电装置将转角的变化转变成电信号，这两种模拟电信号通过放大滤波电路和模-数转换器送入到微机，即可测得转向力、转向盘转角和转向盘自由转动量的大小。

一般的检测方法有 3 种，即原地转向力试验、低速大转角（驾驶汽车走 8 字形）转向力试验和弯道转向力试验。在综检站通常采用原地转向力试验的方法来检测其转向力。

转向盘自由转动量的检测：当汽车保持直线行驶位置不动时，向左或向右轻轻转动转向盘，汽车的转向轮移动前转向盘的最大游动角度称为自由转动量。在用转向参数测量仪检测时，先定好零点，然后从中间位置向左转动到车轮似动非动时，记下测量值；回到中间位置，然后向右转动到车轮似动非动时，记下测量值。取两次测量结果的最大值作为其自由转动量，然后与 GB 7258《机动车运行安全技术条件》中的有关规定进行对比，从而判断其是否合格。

## 三、整车诊断技术要求与方法

### 1. 底盘输出功率的测定原理

汽车在道路上运行过程中存在着运动惯性、行驶阻力，要在试验台上模拟汽车道路运行工况，首先要解决模拟汽车整车的运动惯性和行驶阻力问题。为此，在试验台上利用惯性飞轮的转动惯量来模拟汽车旋转体的转动惯量及汽车直线运动质量的惯量，采用电磁离合器自动或手动切换飞轮的组合，在允许的误差范围内满足汽车的惯性模拟；汽车在运行过程中所受的空气阻力、非驱动轮的滚动阻力及爬坡阻力等，采用功率吸收加载装置来模拟。路面模拟是通过滚筒来实现的，即以滚筒的表面取代路面，滚筒的表面相对于汽车做旋转运动。通过控制系统可对加载装置及惯性模拟系统进行自动或手动控制，以实现对车辆的动力性

（如加速性能、汽车底盘输出功率、底盘输出最大驱动力、滑行性能、车速表校验、里程表校验等项目）的检测。

底盘测功机（图 5-1）是一种不解体检验汽车性能的检测设备。它通过在室内台架上汽车模拟道路行驶工况的方法来检测汽车的动力性，可以测量多工况排放指标及油耗，能方便地进行汽车的加载调试和诊断汽车在负载条件下出现的故障等。由于汽车底盘测功机在试验时能通过控制试验条件，使周围环境影响减至最小，同时通过功率吸收加载装置来模拟道路行驶阻力，控制行驶状况，故能进行符合实际的复杂循环试验，因而得到广泛应用。底盘测功机分为两类：单滚筒底盘测功机，其滚筒直径大（$\phi$1500 ~ $\phi$2500mm），制造和安装费用高，但其测功精度高，一般用于制造厂和科研单位；双滚筒式底盘测功机，其滚筒直径小（$\phi$180 ~ $\phi$500mm），设备成本低，使用方便，但测试精度较差，一般用于维修行业及汽车检测线、站。

底盘测功机的结构如图 5-2 所示。

图 5-1 底盘测功机

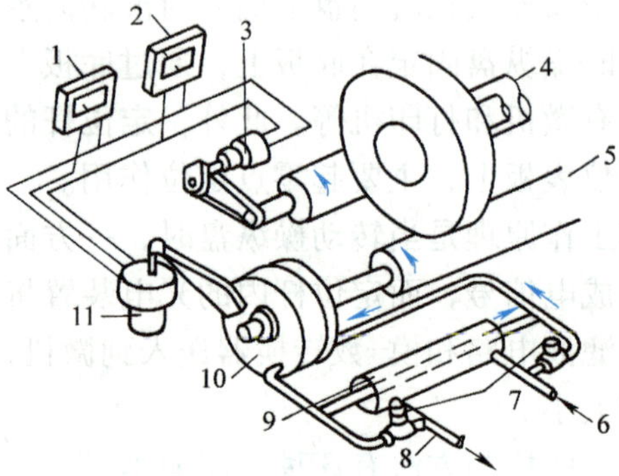


图 5-2 底盘测功机的结构

1—功率表 2—速度表 3—测速发电机 4—从动滚筒
5—主动滚筒 6—进水管 7—电磁阀 8—排水管
9—换热器 10—功率吸收装置 11—转矩传感器

### 2. 道路模拟系统

道路模拟系统如图 5-3 所示。

（1）滚筒 滚筒参数包括直径和表面状况。

1）滚筒直径。底盘测功机的滚筒一般是直径为 180 ~ 400mm 的钢滚筒，按其结构形式可分为两滚筒式和四滚筒式两种。两滚筒路面模拟系统由两根短滚筒组成，其特点是支承轴承少，台架的机械损失小；四滚筒路面模拟系统由 4 根短滚筒组成，它比两滚筒多了 4 个支承轴承和一个联轴器，在检测过程中，其机械损失较大。

图 5-3 道路模拟系统

2）滚筒的表面状况。滚筒的表面状况

指滚筒表面的加工方法和清洁程度。滚筒的表面不允许有水、油和橡胶粉末的污染等。

（2）功率吸收装置　功率吸收装置（图 5-4）能吸收（测量）发动机经传动系统传到驱动轮的功率。它是一种加载装置，常用的有水力测功器和电涡流测功器。目前汽车检测站使用的滚筒式底盘测功机多采用电涡流测功器。

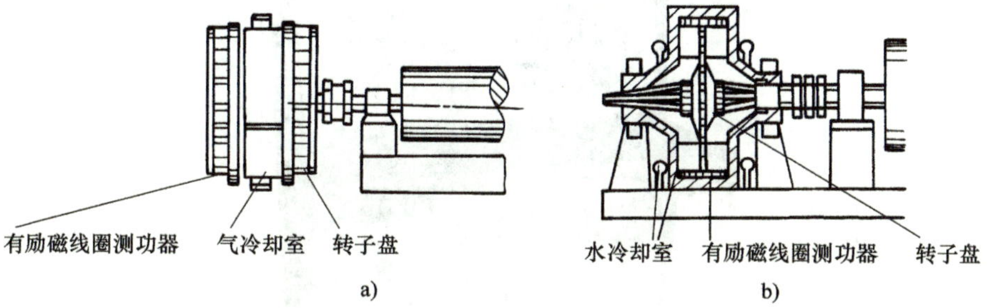


图 5-4　功率吸收装置

a）气冷式电涡流测功器　b）水冷式电涡流测功器

电涡流测功器由转子和定子两大部分组成，转子与滚筒相连，定子是可以摆动的。

电涡流测功器具有结构简单、振动小、测试精度高和易于控制等优点。

电涡流测功器的定子四周装有磁力线圈，转子在磁场线圈间和涡流环内转动。转子的外圆周上加工或镶有齿环（与槽均匀分布），齿顶与涡流环留有一定的空气隙，当励磁线圈通过直流电时，在其周围形成磁场，转子通过磁力线圈磁场转动，而在转子盘上产生涡电流。涡电流和外磁场相互作用，对转子盘产生一个制动力矩，既吸收了驱动车轮的输出功率，也对滚筒进行加载。

只要调节通过励磁线圈电流的大小，就可自由地控制测功器产生的制动力矩（即吸收功率）。功率被吸收后转化为热能，经空气和冷却水散掉。

（3）测量装置　测量装置包括测力装置、测速装置和功率控制与指示装置。

1）测力装置。测力装置能测出驱动轮产生的驱动力。驱动轮对滚筒的驱动力矩通过测功器定子和转子间的制动作用传给可摆动的定子，再通过一定长度的测力杠杆传给测力装置，由指示装置显示出来，其显示值即为驱动力。

测力装置有机械式、液压式和电测式 3 种，目前普遍采用的是电测式。如国产 DCG-10C 型底盘测功机，在测力杠杆下安装有压力传感器，该传感器产生的电信号送往计算机处理即可显示出驱动轮的驱动力。

2）测速装置。测速装置是为了底盘测功机在测汽车功率、加速试验、等速试验、滑行试验和燃料经济性试验时，要测得试验车速而设置的。电测式测速装置一般由速度传感器、中间处理装置和指示装置等组成。常用的速度传感器有磁电式、光电式和测速发电机，它们安装在副滚筒一端将滚筒的转动转变为电信号，由毫伏电压计指示，刻度盘以 km/h 标定。

3）功率控制与指示装置。底盘测功机的功率控制与指示装置常常制成柜式一体结构（图 5-5）。

驱动轮的输出功率可根据测得的驱动力和对应的试验车速按下式计算：

$$P_k = \frac{Fv}{3600}$$

式中　$P_k$——驱动轮的输出功率（kW）；

$F$——驱动轮的驱动力（N）；

$v$——试验车速（km/h）。

图 5-5　功率控制与指示装置

测量装置除上述3种之外，还需要有测距装置。

### 3. 测试方法

1）试验台的准备。

① 检查、调整实验台各个部件，补足润滑油。

② 检查举升器有无漏气（或漏油）现象、工作是否正常。

③ 检查指示仪表指针是否指零位，并注意使用中指针的回位情况。

④ 检查各种导线的接触情况，如有接触不良或损伤，应予以更换。

2）被测汽车的准备。汽车在驶上底盘测功实验台以前，必须通过路试走热全车（发动机中冷却液温度达正常温度）。

① 仔细调整发动机供油系统和点火系统，使其处在最佳状态。

② 检查并紧固传动系统、汽车的连接。

③ 检查轮胎气压并使之达到制造厂的规定值，清洁轮胎表面。

### 4. 测试步骤

在汽车技术等级的评定时，只需要测定发动机额定功率转速下驱动轮的输出功率。为了全面考核车辆的动力性和调整质量，测量点除了制造厂给出的额定功率相应的转速点和最大转矩相应的转速点以外，还应进行低转速下的功率测量，这样才能全面反映供油系统和点火系统的调整质量。通常测量点不少于3个（其中包括额定功率和最大转矩点）。

测试步骤如下：

1）接通试验台电源，功率表换档开关置于相应档位。

2）升起举升器托板，使被测汽车的驱动轮与滚筒垂直停放在托板上。

3）降下举升器托板，并用挡块抵住试验台外面的一对车轮。接通发动机冷却装置电源。

4）起动发动机，逐渐增大其转速，同时调节测功器的负荷，使发动机在节气门全开的情况下，以与最大功率相应的转速运转。待转速稳定后，记下仪表指示的功率和车速值。

5）保持发动机节气门全开逐步增加测功器负荷，测出最大转矩点和低转速下的功率和车速值。

6）全部测试完毕，待驱动轮停转，切断发动机冷却装置电源，移去挡块，升起举升器托板，将被测汽车驶出试验台。

7）切断测功试验台电源。

## 四、排放污染物测定

### 1. 设备工作原理及使用

汽车排气的污染物主要是一氧化碳（CO）、碳氢化合物（HC）、氮氧化合物（$NO_x$）、铅化合物、二氧化硫（$SO_2$）、炭烟及其他一些有害物质。在相同工况下，汽油机 CO、HC 和 $NO_x$ 的排放量比柴油机大，因此，目前的排放法规对汽油机主要限制 CO、HC 和 $NO_x$ 的排放量。柴油机对大气的污染比汽油机轻得多，柴油机燃烧时混合气形成时间非常短，在空气不足或混合气不均匀的情况下，主要是产生炭烟污染，因此排放法规主要限制柴油机排气的烟度。

不分光红外线 CO 和 HC 气体分析仪是一种能从汽车排气管中采集气样，并对其中 CO 和 HC 的浓度进行连续测量的仪器。它由废气取样装置、废气浓度指示装置和校准装置等组成，如图 5-6 所示。

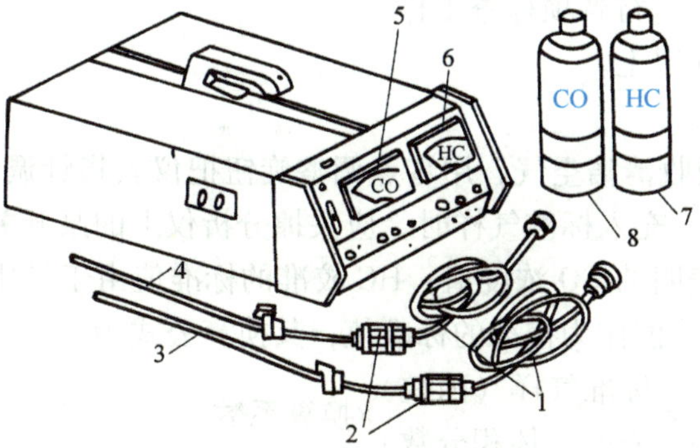

图 5-6 不分光红外线 CO 和 HC 气体分析仪

1—导管 2—滤清器 3—低浓度取样探头 4—高浓度取样探头
5—CO 指示仪表 6—HC 指示仪表 7—标准 HC 气样瓶 8—标准 CO 气样瓶

（1）废气取样装置 废气取样装置由取样探头、滤清器、导管、水分离器和泵等组成，如图 5-7 所示。

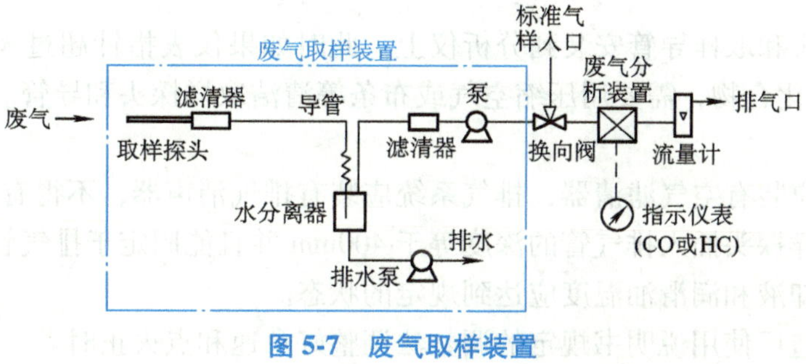


图 5-7 废气取样装置

（2）废气分析装置 废气分析装置由红外线光源、气样室、旋转扇和传感器等组成，如图5-8所示。该装置按不分光红外分析法，从来自取样装置的混有多种成分的废气中测量出CO和HC的浓度，并以电信号形式输送给浓度指示装置。

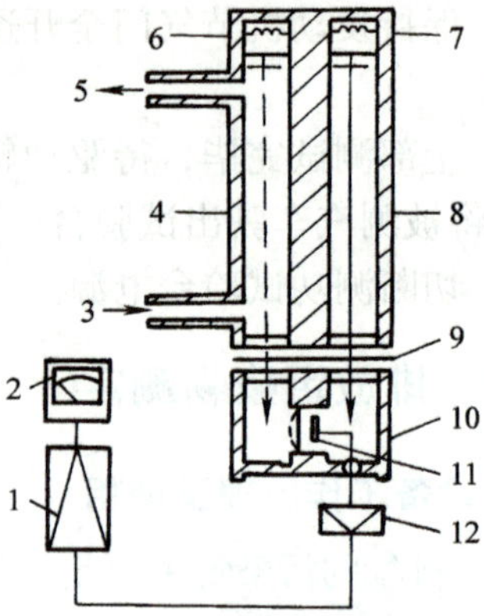

图5-8 废气分析装置

1—主放大器 2—指示仪表 3—废气入口 4—测量气样室 5—排气口 6、7—红外线光源 8—标准气样室 9—旋转扇 10—测量室 11—电容微音器 12—前置放大器

（3）浓度指示装置 综合式分析仪的浓度指示装置主要由CO指示装置和HC指示装置组成。

（4）校准装置 校准装置是为了保持分析仪指示精度，使之能经常显示正确指示值的一种装置。

**2. 汽油车排气污染物的测量方法**

国家标准GB 18285《汽油车污染物排放限值及测量方法》中规定，汽油车排气污染物的测量应在怠速工况下进行。怠速工况指发动机在运转中，离合器处于结合位置，加速踏板处于松开位置，变速器处于空档位置（装用自动变速器时变速杆位于驻车档或空档位置）。

（1）仪器准备 步骤如下：

1）按仪器使用说明书的要求对仪器进行各项检查工作。

2）接通电源，对分析仪预热30min以上。

3）仪器校准。

① 用标准气样校准。先让分析仪吸收清洁空气，用零点调整旋钮把仪表指针调到零点。然后，把标准气样充入分析仪进行校准。充入标准气样时，应关掉分析仪上的泵开关。

CO校准的标准值是标准气样瓶上表明的CO浓度值；HC校准的标准值由于是用丙烷作为标准气样，因而需要求出正乙烷的换算值作为校准的标准值，其换算公式为

$$\frac{\text{校准的标准值}}{\text{（即正乙烷换算值）}} = \frac{\text{标准气样（丙烷）}}{\text{浓度（体积分数）}} \times \text{换算系数}$$

式中，校准气样（丙烷）浓度即标准气样瓶上标明的浓度值；换算系数是分析仪的给出值，一般为0.472~0.578。

② 简易校准。接通简易校准开关，对于有校准位置刻度线的分析仪，用标准调整旋钮将指示仪表的指针调整到正对校准刻度线即可。如果没有校准位置刻度线，则要在标准气样校准时，在标准指示值做上记号，然后立即进行简易校准，使仪表指针与标准指示值记号重合即可。

4）把取样探头和取样导管安装到分析仪上。此时如果仪表指针超过零点，则表明导管内吸附有较多碳氢化合物，需要用压缩空气或布条等清洁取样探头和导管。

（2）汽车准备

1）进气系统应装有空气滤清器，排气系统应装有排气消声器，不得有泄漏。

2）应保证取样探头插入排气管的深度等于400mm并且能固定于排气管上。

3）发动机冷却液和润滑油温度应达到规定的状态。

4）按汽车制造厂使用说明书规定的调整法调整好怠速和点火正时。

(3) 测量方法

1) 发动机由怠速工况加速至0.7倍的额定转速，维护60s后降至怠速状态。

2) 把指示仪表的读数转换开关置于最高量程档位。

3) 将取样探头插入汽车排气管中，用读数转换开关选择适于所测废气浓度的量程档位。

4) 检测工作结束后，把取样探头从排气管里取出来，让它吸入新鲜空气工作5min，待仪器指针回到零位后关掉电源。

### 3. 加速烟度的测量

滤纸式烟度计是应用最广泛的烟度计之一，有手动、半自动和全自动3种类型。其结构都是由取样装置、染黑度检测与指示装置和控制装置组成。图5-9所示为常见滤纸式烟度计的组成和结构简图。

(1) 取样装置 废气取样装置由取样探头、活塞式抽气泵和取样软管等组成。取样探头在活塞式抽气泵的作用下抽取废气。其结构形状应能保证在取样时不受排气动压影响。

取样软管把取样探头与活塞式抽气泵联接在一起。我国规定取样软管的内径为4mm、长度为5m。

(2) 染黑度检测与指示装置 染黑度检测与指示装置如图5-10所示。

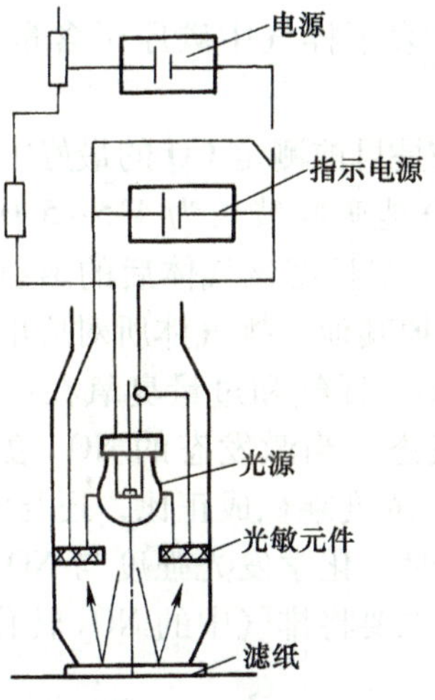


图5-9 常见滤纸式烟度计的组成和结构简图

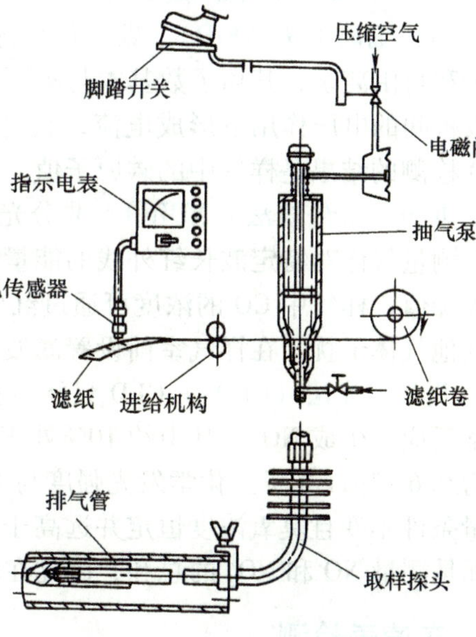


图5-10 染黑度检测与指示装置

(3) 控制装置 控制装置包括用脚操纵的抽气泵开关、滤纸进给机构和压缩空气清洗机构等。压缩空气清洗机构能在取样前，用压缩空气清洗取样头和取样软管内的残留废气炭粒。

### 4. 进行结果分析

(1) 汽油车怠速污染物结果分析

1) 混合气过浓。发动机混合气过浓，则空气量不足，燃烧不完全，排气中CO的含量高，为此须注意空气滤清器和燃油泵的调整与检验。

2）点火时刻失准。汽油机点火时刻过迟，会使混合气燃烧不彻底，致使排气中 CO、HC 含量增加。

3）冷却系统温度过低。发动机冷却系统不良，工作时温度过低，燃油不能充分雾化燃烧，会使排气中 CO、HC 含量增加。

4）曲柄连杆机构磨损严重。气缸、活塞、活塞环等磨损严重，漏气增加，在压缩终了时，气缸内压力不足，混合气不能充分燃烧，会造成排气中 CO、HC 的增加。

（2）柴油车自由加速烟度检测结果分析

1）黑烟故障。柴油机工作时黑烟浓重，其故障多为喷油量过大、雾化不良、各缸喷油量不均匀、喷油时刻过早、变速器失调和空气滤清器堵塞等引起。

2）蓝烟故障。蓝色烟雾一般是润滑油窜入燃烧室后燃烧而生成的。

3）白烟故障。燃油中含有水分或冷却液漏入气缸（气缸套有砂眼、裂纹；气缸垫损坏等），经炽热后化为蒸气由排气管喷出，常被视为白烟。

**5. 排放检测方法和技术**

汽车排放法规所控制的有害污染物主要为前面提到的4类，国家生态环境部对这些排放物推荐的检测方法分别为 HC 采用氢火焰离子法，CO 采用非分光红外线法，氮氧化合物采用化学发光法和 PM 采用滤纸过滤称重法。

（1）氢火焰离子法（FID） 碳氢化合物在氢火焰的2000℃左右高温中燃烧时可以离子化成电子和自由离子，其离子数基本与碳原子数成正比。HC 在氢火焰中分解出的离子在离子吸收极板间的电压作用下形成电流，其电流大小代表了样气中碳原子含量（体积分数），因此 FID 检测的结果是样气中的碳原子值。

（2）非分光红外线法（NDIR） 非分光红外线法是目前测定 CO 的最好方法，其工作原理是基于测量气体对特定波长红外线的能量吸收。CO 能吸收波长为 4.5~5.0μm 的红外线，具有吸收峰值，样气中 CO 的浓度可通过红外线透过一定长度该气体后的透射能量得到。为了减小其他气体干扰，在样气室前设置滤波室来过滤掉其他干扰气体所对应的波长。

（3）化学发光法（CLD） CLD 只能直接测定 NO。样气和过量臭氧在反应室中混合并发生化学反应，生成 $NO_2$，其中约10%处于电子激发态，当激发态的 $NO_2$ 衰减到基态时发射波长为 0.6~3μm 光子。化学发光强度与 NO 和臭氧浓度乘积成正比，还与测量条件有关，但当测量条件不变且臭氧浓度恒定并远高于 NO 浓度时，化学发光强度与 NO 成正比。测量 $NO_x$ 实际是测量 NO 和 $NO_2$ 的总和，因此在测量前首先要将排气中的 $NO_2$ 转化成 NO。

## 五、车速表检测

汽车车速表检测的必要性：车速表是提供汽车行驶速度信息的重要仪表，驾驶人在行车途中能够正确掌握车速，是提高运输生产力与保证安全行车的关键。驾驶人对行车速度的掌握，虽然可以依据主观估计来进行，但由于人对速度的估计往往会因错觉而造成误差，再加上车速表长时间使用后内部磁场减弱、车轮直径磨损减小等原因造成的误差，检验车速表对于保障行驶安全的意义是非常重大的。

**1. 车速表误差的检测原理**

车速表误差的检测原理是以车速试验台的滚筒作为连续移动的路面，把被测车轮置于滚筒上旋转，来模拟汽车在路面上行驶的实际状况，进行车速表误差的检测。试验时，将汽车驱动轮置于滚筒上，由发动机经传动系统驱动车轮旋转，车轮借助与轮胎的摩擦力带动滚筒转动。滚筒端部装有测速发电机（即速度传感器），测速发电机的转速随滚筒转速的增大而增大，而滚筒的转速与车速成正比，因此测速发电机发出的电压与车速成正比。滚筒的线速度、圆周长与转速之间的关系可用下式表达：

$$v = Ln60\times10^{-6}$$

式中　$v$——滚筒的线速度（km・h）；

$L$——滚筒的圆周长（mm）；

$n$——滚筒的转速（r/min）。

### 2. 车速试验台

车速试验台由速度测量装置、速度指示装置和速度报警装置等组成，如图 5-11 所示。车速试验台是滚筒式试验台，两根结构滚筒平行排列，汽车驱动轮驶入，两根滚筒轴与汽车驱动轮轴的轴心连接线呈三角形，车轮的胎冠与两滚筒表面相切，汽车驱动轮转动后滚筒被动旋转，由于车轮与滚筒时时相切，胎冠的线速度与滚筒线速度也时时相等，测量到当前的滚筒线速度即当前的车速。滚筒直径为常量，因此，只要测量滚筒转速即可计算出当前车速，当前车速与当前里程表示值之差就是车速表的误差。

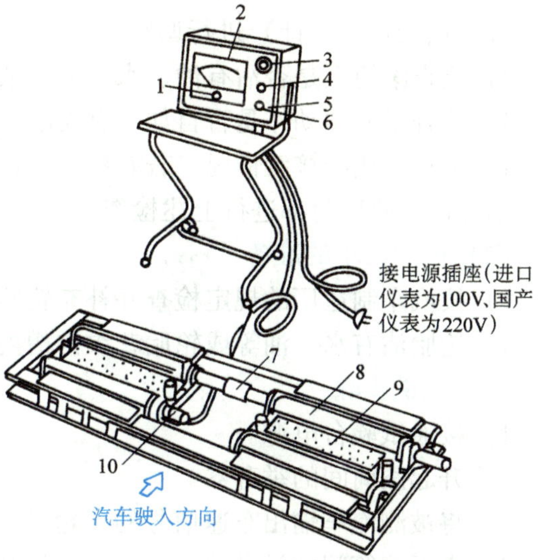


图 5-11　车速试验台

1—零点调整旋钮　2—速度指示仪表　3—蜂鸣器　4—报警灯　5—电源灯　6—电源开关　7—联轴器　8—滚筒　9—举升器　10—测速发电机（速度传感器）

（1）速度测量装置　速度测量装置主要由滚筒、速度传感器和举升器等组成。滚筒一般为 4 个，通过滚筒轴承安装在框架上。速度传感器一般将测速发电机装在滚筒的一端，其输出电压信号幅度即表征实际车速的大小。

在前、后滚筒之间设有举升器，以便汽车进、出试验台。举升器与滚筒制动装置联动，举升器升起时，滚筒不会转动。

（2）速度指示装置　速度指示装置是根据测速发电机发出的电压大小来工作的。根据滚筒圆周长度与转速可算出其线速度，以 km/h 为单位在速度指示仪表上显示车速。

（3）速度报警装置　速度报警装置是为在测量时便于判明车速表误差是否在合格范围之内而设置的，一般有 3 种形式：

1）用试验台报警装置指示检测车速。

2）将试验台指示仪表一定范围内涂成绿色区域。

3）同时具备上述两种装置的报警装置。

### 3. 车速表的检测方法

（1）试验台的准备　测速试验台如图 5-12 所示，测速试验台结构简图如图 5-13 所示。

图 5-12 测速试验台

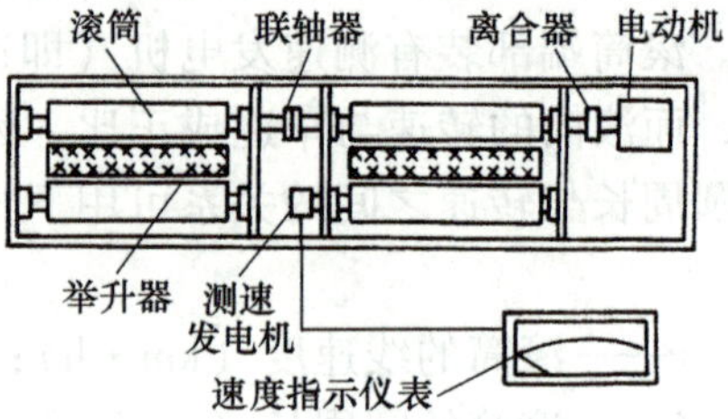


图 5-13 测速试验台结构简图

1）在滚筒静止状态检查指示仪表是否在零点上。若指针不在零点上，可用零点调整旋钮（或零点天正电位计）进行调整。

2）检查滚筒上是否沾有油、水、泥等杂物。若有，要清除干净。

3）检查举升器动作是否自如、有无漏气部位。若有阻滞或漏气部位，应予以修理。

4）检查导线的接触情况。若有接触不良或短路，应予以修理或更换。经常使用的试验台，不必每次使用前都进行上述检查。

（2）被测汽车的准备

1）按汽车制造厂的规定检查并补充轮胎气压。

2）轮胎沾有水、油等或轮胎花纹沟槽内嵌有小石子时，应清除干净。

（3）测试步骤

1）接通试验台电源。

2）升起滚筒间的举升器。

3）将被测汽车输出车速信号的车轮尽可能与滚筒呈垂直状态地停放在试验台上。

4）降下滚筒间的举升器，至轮胎与举升器托板脱离为止。

5）用挡块抵住位于试验台滚筒之外的一对车轮，防止汽车在测试时滑出试验台。

6）使用标准型试验台时应做如下操作：

① 起动汽车，待汽车的驱动轮在滚筒上稳定后，挂入最高速档，踩下加速踏板使驱动轮平稳地加速运转。

② 当汽车车速表的指示值达到检测车速（40km/h）时，读出试验台速度指示仪表的指示值；或当试验台速度指示仪表的指示值达到检测车速时，读取车速表的指示值。

7）使用驱动型试验台时应做如下操作：

① 结合试验台离合器。

② 将汽车的变速器挂入空档，接通试验台电源，使电动机驱动滚筒旋转。

③ 当汽车车速表达到检测车速时，读取试验台速度指示仪表的指示值；或当试验台速度指示仪表达到检测车速时，读取汽车车速表的指示值。

8）测试结束后，轻轻踩下汽车制动踏板，使滚筒停止转动。对于驱动型试验台，必须先关断电源再踩制动踏板。

9）升起举升器，取走挡块，将汽车驶离试验台。

10）切断试验台的电源。

### 4. 车速表检测标准

国家标准 GB 7258《机动车运行安全技术条件》中规定：车速表允许误差范围为-5%~20%，即当实际车速为40km/h时，汽车车速表指示值为38~42.1km/h。超过上述范围为车速表的指示不合格。

## 六、噪声的测定

### 1. 汽车噪声的来源

汽车的噪声主要来自发动机、传动系统、轮胎及车身扰动空气所产生的声响。因此，汽车噪声是由多种声源组成的综合性噪声，与汽车和发动机的结构形式、技术状况及运行条件（车速、载荷、道路等）有关。

### 2. 汽车噪声的测量

（1）仪器　汽车噪声的测量一般采用声级计。声级计是一种以近似人们听觉的、用数值检测机动车的行驶噪声、排气噪声和喇叭声音噪声响度的仪器，由传声器及其收藏部分、听觉修正网络、放大部分、音量指示部分和校准装置等组成。图 5-14 所示为 testo 声级计。

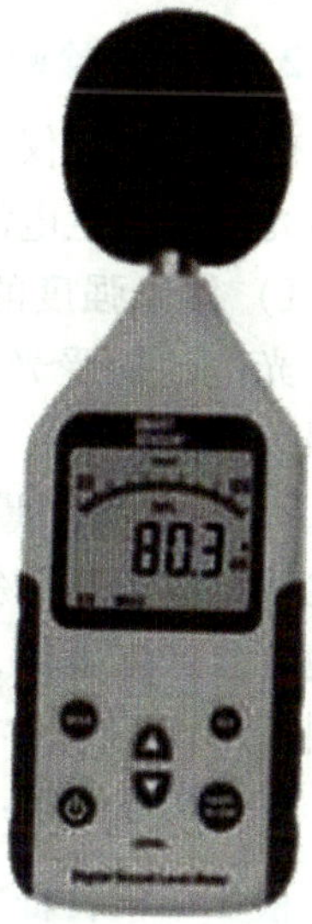

图 5-14　testo 声级计

1）传声器。传声器是把声压信号转变为电信号的装置，俗称话筒，是声级计的传感器。

2）放大器和衰减器。由于传声器将声压转变为电压的能量很小，所以在声级计中装有低的噪声器。

3）计权网络。计权网络是一种能把电信号修正为与听感近似值的网络。

4）检波器。为了使经过放大的信号通过表头显示出来，声级计需要有检波器。

5）指示表头。指示表头是一只电表，对其刻度进行了一定的标定，可从表头上直接读出噪声级的分贝（dB）值。

（2）内容　汽车噪声的测量内容有：

1）声级计的检查与校准。

2）车外噪声测量。

3）汽车喇叭噪声测量。

4）声级计的维护。

（3）标准　汽车噪声测量标准为：

1）车外最大允许噪声级。汽车加速行驶时，车外最大允许噪声级应该符合国家规定。

2）喇叭允许噪声级。机动车喇叭声级在距车前 2m、离地 1.2m 处测量，其值应为 A 声级 90~115dB。

## 七、灯光的检验方法和技术标准

灯光的检验主要是前照灯的检验，前照灯的技术指标主要指发光强度和光束照射位置。

当发光强度不足或光束照射位置偏斜时，驾驶人不易辨清前方的障碍物或造成对面来车驾驶人眩目，导致交通事故。为保证夜间行车安全，前照灯的发光强度和光束照射位置被列为汽车安全检测中的必检项目。前照灯的技术状况可用屏幕法和前照灯检验仪进行检验，而定量的检验必须使用前照灯检验仪来进行。

**1. 前照灯的检验指标**

按 GB 7258《机动车运行安全技术条件》规定，汽车前照灯的检验指示为发光强度和光束照射方位的偏移值。

（1）发光强度　按国际单位制（SI）的规定，发光强度的单位是坎德拉，简称坎，符号为 cd。

（2）光束照射方位的偏移值　由于前照灯透过散光玻璃各点的光线是不均匀的，同时还有与主光束交叉的光线，因而它不是单纯光源散发出的散射光线。

**2. 前照灯检验仪的检验原理**

前照灯检验仪通过采用能把吸收的光能变成电流的光电池作为传感器，按照前照灯光轴照射光电池产生电流的大小和比例，来检验发光强度和光轴偏斜量。

1）发光强度的检验原理。连接光电池与光电计，在规定的距离使前照灯照射光电池，光电池接受光强度的大小产生相应的光电流使光度计指针摆动，指示出前照灯的发光强度。

2）光轴偏斜量的检验原理。其仪器中有上、下、左、右 4 块光电池（S），在 S 上和 S 下之间接有上下偏斜指示计，在 S 左和 S 右之间接有左右偏斜指示计。打开前照灯，4 块光电池各自产生电流，根据 S 上和 S 下、S 左和 S 右的电流的差值，使上下偏斜指示计和左右偏斜指示计动作。

**3. 前照灯检验仪的组成**

根据结构特征与测量方法，前照灯检验仪可分为聚光式、屏幕式、投影式和自动追踪光轴式（图 5-15）等几种。这些不同类型的前照灯检验仪都是由前照灯光束的受光器、使受光器与汽车前照灯对正的校准装置、前照灯发光强度指示装置、光轴偏斜方向和偏斜量指示装置以及支柱、底板、导轨、汽车摆正照准装置灯组成。

**4. 前照灯检测仪的结构与原理**

前照灯检测仪（图 5-16）由测光箱与机座跟踪机构组成。测光箱包括镜头行走（$X$ 方向与 $Y$ 方向）机构和四象限光轴测量系统；机座跟踪机构包括底座 $X$ 方向行走机构、测光箱 $Y$ 方向行走机构和受光面测量系统。测光箱的四象限光轴测量系统与机座跟踪受光面测量系统的结构、原理基本相似：测光箱受光面上、下、左、右各装置一块硒光电池（四象限光轴测量系统相当于有上、下、左、右 4 块光电池）。按前照灯光束照射方向，如有偏差时，上下光电池输出信号控制电动机使测光箱（镜头）上下移动，左右光电池输出信号控制电动机使机座（镜头）左右移动，直至受光面对正（上、下两块光电池和左、右两块光电池的输出电压分别相等）。测光箱内的镜头移动时，有 $X$、$Y$ 两个电位计与之连动，两电位计分别输出光轴 $X$、$Y$ 偏移量的信号，四象限光轴测量系统中的 4 块光电池回路的电流和作为当前灯光的光强信号输出。

图 5-15　自动追踪光轴式前照灯检验仪

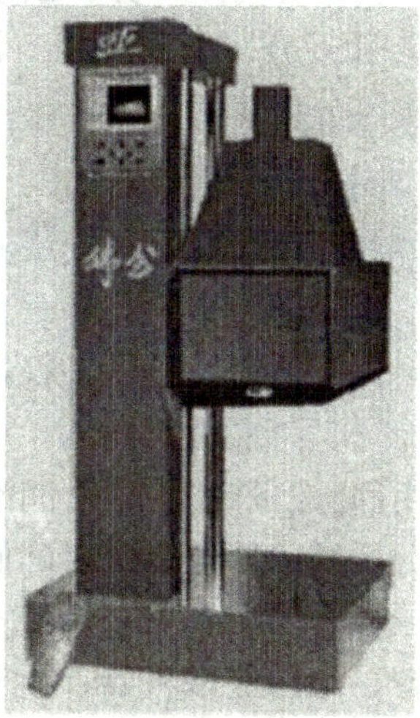

图 5-16　全自动远近光前照灯检测仪

### 5. 前照灯检验标准

GB 7258《机动车运行安全技术条件》中，对机动车前照灯光束照射位置和前照灯光束发光强度作了规定。

## 八、汽车防雨密封性试验及汽车外观检视

### 1. 淋雨试验台

淋雨试验台由水泵、驱动电动机、压力调节阀、节流阀、截止阀、水压表、流量计、输水管路附件、喷嘴、蓄水池、支架、喷嘴架和驱动调整装置组成。电动机驱动水泵，将水从蓄水池泵入主管道内，经压力调节和流量调节进入淋雨管道，通过喷嘴射向车体表面，喷射出的水被汇集后流入蓄水池，经过多级沉淀过滤后循环使用。水泵最大流量的选择应考虑所测汽车范围，应能满足所有喷嘴规定流量的总和，并考虑管路系统渗漏等情况，所以要求所选水泵的额定流量比实际最大流量增加 5%~10%。为避免因管路阻尼引起的水压降，导致喷射压力不足（喷嘴的喷射压力为 60~147kPa），水泵扬程应≥40m。进行淋雨试验之前，应测定降雨强度。

### 2. 试验条件及试验方法

（1）试验条件　气温在 5~35℃，气压在 99~102kPa 范围内；若在室外淋雨试验台上试验时，应选择晴天或阴天天气，并且风速不得超过 1.5m/s。

（2）试验方法　进行淋雨试验之前，首先检查降雨强度和喷射压力，并通过气压调节阀调至规定值。将试验车辆停放在淋雨场地内指定位置，检测人员进入车厢或驾驶室内，然后关闭全部门窗、孔盖，起动淋雨设备。待进入稳定工作状态时（一般为 2min）即为试验开始时刻。同时，记录开始时间，5min 后开始观察并记录车厢内渗、滴、流水的部位和程度。试验进行 15min 后关闭淋雨设备，试验结束。防雨密封性指标限值是根据车辆类型指定

的。规定试验总分为100分，出现一次“渗”扣1分，出现一处“慢滴”扣3分，出现一处“快滴”扣6分，出现一处“流”扣14分，总分减去全部扣分值就是实得分数。若出现负值，则按零分计算。

**3. 汽车外观检视**

汽车外观检视是汽车检测诊断的重要内容，应该给予足够的重视。汽车的外观检视成为汽车检测的第一道工序，其主要原因有两点：一是汽车检测诊断的过程顺利进行的必要准备；二是对汽车性能和故障进行定量、客观检测诊断的补充和完善。

（1）汽车外观检视的内容　汽车的外观检视主要涉及车容车貌、发动机、车轮、联接部位、自由间隙、灯光信号、润滑密封状况以及汽车型号、编号、厂牌颜色等车证核对方面的内容，分系统、部位做出明确而直观的规定。

（2）主要检验仪具和设备　包括轮胎自动充气机、轮胎花纹测量器、检测锤子、地沟内举升平台、地沟上举升器、就车式车轮平衡机、声发射探伤仪、转向盘自由转动量检测仪、传动系统游动角度检验仪、底盘松旷量检测仪。

在微机联网的检测站，该工位还配备有汽车资料登录微机（含键盘及显示屏）、工位测控微机、不合格项目输入键盘、电视摄像机及光敏开关等。

（3）检查项目

1）车上、车底外观检查。

① 车上外观检查。由检查人员人工检查汽车上部的灯光、安全装置、防护装置、操纵装置、工作仪表和车身等是否装备齐全、工作正常、联接可靠和符合规定。检查的重点是灯光和安全装置。

② 车底外观检查。由检查人员在地沟内人工检查磁盘各装置及发动机联接是否牢固可靠，有无弯扭断裂及漏油、漏气、漏电等现象。

2）就车检测车轮不平衡量。利用就车式车轮平衡机检测车轮底不平衡量并配重。

3）对转向节等安全机件进行探伤。利用声发射探伤仪在不解体情况下探测机件的裂纹和伤痕。探伤的机件主要有发动机和传动系统各机件，转向节和转向节臂，转向横、直拉杆和球销，钢板弹簧，车架及前、后桥等。

4）检测转向盘自由转动量。利用转向盘自由转动量检测仪检测转向盘自由转动量。

5）检测传动系统游动角度。利用传动系统游动角度检验仪检测传动系统游动角度。

6）检测底盘主要配合副的松旷量。利用底盘松旷量检测仪检测轮毂轴承、主销和横、直拉杆等处的松旷量。

目前，汽车检测中外观检视尚无国家标准。GB 7258《机动车运行安全技术条件》中对汽车外观检视有一些规定，但并不全面系统，直观性和针对性也不够，因此各地汽车检测站均根据当地实际情况，制定出有关外观检视的范围、作业内容、使用仪具的规程或企业标准等。

实践表明，认真做好汽车外观检视，把好外观检视质量关，对于上线检测一次合格率影响极大。因此，送检车辆的车主及维修企业应重视汽车外观检视工作，要按外观检视的要求做好自检自查工作，使被检汽车顺利通过检测。

## 学习任务单1

**一、填空题**

1. 整车检测与诊断的内容包括______、______、______、______、______、______、______。

2. 汽车底盘测功机主要由______、______、______及______组成。

3. 汽车排气的污染物，主要是______、______、______、______、炭烟及其他一些有害物质。

4. 车速试验台由______、______、______等组成。

5. 汽车噪声的测量方法有______、______、______、______。

6. 前照灯检验仪由______与______组成。测光箱包含镜头行走（*X*方向与*Y*方向）机构和四象限光轴测量系统；机座跟踪机构包含______、______和______。

7. 淋雨试验台由水泵、驱动电动机、______、节流阀、截止阀、水压表、流量计、______、喷嘴、蓄水池、支架、______和驱动调整装置组成。

8. 汽车的外观检视主要涉及车容车貌、发动机、车轮、联接部位、______、灯光信号、______、编号、厂牌颜色等车证核对方面的内容，分系统、部位做出明确而直观的规定。

**二、问答题**

1. 汽车检测的含义、目的、方法和内容是什么？
2. 简述底盘输出功率测定的工作原理。
3. 叙述汽油车排气污染物的测量方法及原理。
4. 简述车速表误差的检测原理以及车速表试验台的组成。
5. 说明汽车噪声的来源及汽车噪声的测量。
6. 说明前照灯检验仪的检验原理、前照灯的检验指标有哪些。
7. 汽车外观检测的必要性包括哪些内容？淋雨试验台的组成部分有哪些？
8. 整车检测包括哪些内容？

# 任务二 认知发动机检测与诊断技术

发动机的好坏直接影响其动力性、经济性，还会影响环保。为此，对于汽车发动机的检测与诊断是非常重要的。它包括发动机的不解体检测，发动机的进气系统、冷却系统、润滑系统、燃油系统、点火系统、排气系统的各种传感器工作情况的检测。

## 一、发动机的检测内容

发动机的主要检测内容见表5-1。

表 5-1　发动机的主要检测内容

| 发动机各系统名称 | 检测内容 | | | | |
|---|---|---|---|---|---|
| 进气系统 | 空气流量计 | 进气压力传感器 | 节气门位置传感器 | 进气温度传感器 | |
| 冷却系统 | 冷却液温度传感器 | 节温器 | 散热器压力 | 散热器盖压力 | 水泵 |
| 润滑系统 | 机油油温传感器 | | | | |
| 燃油系统 | 喷油器 | 燃油泵 | 燃油滤清器 | 油压调节器 | 燃油蒸发排放物（EVAP） |
| 点火系统 | 爆燃传感器 | 点火线圈 | 火花塞 | 点火模块 | |
| 排气系统 | 氧传感器 | 三元催化转化器 | 废气再循环阀（EGR） | 二次空气喷射 | |

## 二、发动机诊断技术的要求与方法

### 1. 常用维修工具及设备

当诊断和查找电控汽油喷射系统故障时，需要借助一些工具和仪表，在使用这些工具和仪表前，必须详细了解其结构、性能及使用注意事项，以确定其适合哪些电气系统的测量。发动机微机控制系统对电压非常敏感，对其进行检查、修理时必须小心，不可随意地试验与修理。下面简单介绍几种常用工具和专用测试仪。

（1）跨接线　简单的跨接线就是一段多股导线，它的两端分别有鳄鱼夹或不同形式的插头，具有多种样式。工具箱内必须有多种形式的跨接线，以进行特定位置的测量。跨接线虽然比较简单，但却是非常实用的工具，它的作用是建立一个旁通电路。如某一电器部件不工作，将跨接线连接在被测试部件接线点“-”与车身搭铁之间，若此时部件工作说明其搭铁电路开路。若搭铁电路良好，将跨接线连接在蓄电池“+”极与被测试部件的电源接柱之间，若此时部件工作，说明部件电源电路有故障（断路或短路）；若部件仍不工作，说明部件有故障。

注意：

① 用跨接线将电源电压加至试验部件之前，必须先确认被测试部件的电源电压是否为12V。例如有的喷油器电源电压为 4V，如果加上 12V 电压可能致使喷油器损坏。

② 跨接线不可错误连接在试验部件“+”接头与搭铁之间。

（2）测试灯　测试灯分为以下两类。

1）12V 测试灯。12V 测试灯由 12V 测试灯、导线、接头组成，主要用来检查系统电源电路是否给电器部件提供电源。将 12V 测试灯一端搭铁，另一端接电器部件电源接头，若灯亮，说明电器部件的电源电路无故障。若灯不亮，接去向电源方向的第 2 接线点，若灯亮，则故障在第一接点与第二接点之间，电路出现的是断路故障；若灯仍不亮，接第 3 接点……直到灯亮为止。故障在最后被测接头与上一个被测接点间的电路上时，大多为断路故障。

2）自带电源测试灯。自带电源测试灯与 12V 测试灯基本相同，只是在手柄内加装有两节 1.5V 干电池。它用来检查电气断路和短路故障。

① 断路检查。首先断开与电器部件相连接的电源电路，将测试灯一端搭铁，另一端接电路各接点（从电路首端开始）。若灯不亮，则断路出现在被测点与搭铁之间；若灯亮，则断路出现在此时被测点与上一个被测点之间。

② 短路检查。断开电器部件电路的电源线和搭铁，测试灯一端搭铁，一端与余下电器部件电路相连接。若灯亮，表示有短路故障（搭铁），逐步将电路中插接器拔开、开关打开、拆除部件等，直到灯灭为止，则短路出现在最后开路部件与上一个开路部件之间。

注意：不可用测试灯检查发动机微机控制系统，除非维修手册中有特殊说明。否则，容易对发动机微机控制系统中的精密电子元器件造成破坏。

（3）万用表 万用表可用来测量交流电压、直流电压、电流和电阻等。汽车修理中常用万用表来测量电阻、电压等，以判断电路的通、断和电气设备的技术情况。

1）电阻的测量。将开关转到电阻档的适当位置，校零后即可测量电阻。汽车上很多电气设备的技术状态都可以用检查电阻的方法来判断，如检查断路、短路、搭铁故障。

注意：测量电阻时绝不能带电操作，否则易烧坏万用表。

2）直流电压的测量。将开关转到直流电压档的适当位置（选择量程）。注意表笔的“+”“-”应和电路两端的正、负一致；用测电压的方法可以检查电路上某点是否存在电源电压以及电路通过电器部件电压降的大小。

（4）手持式真空泵 在现代汽车上采用了许多真空控制系统，诊断和排除真空控制系统的故障时可使用手持式真空泵。

手持式真空泵有多种形式。它主要由一个真空表和一个吸气筒等组成。在检测时，不用拆卸被测部件，可在车上对其进行检测，通过推拉手持式真空泵手柄，施加给部件一个适当真空度，即可确定部件上控制阀打开、关闭时的真空度。

当发动机运转时，进气歧管处产生真空，真空控制系统的真空源大都利用进气歧管的真空，可用真空表对真空源进行检测。

（5）压力表 压力表可用来测量管路、容器及设备内流体或气体的压力。由于使用方便、价格便宜，压力表在汽车修理中使用广泛。

1）气缸压力表。气缸压力表用来测量气缸内压缩终了时的压力，它是利用火花塞孔对气缸压力进行测量的。

2）燃油压力表。燃油压力表是用来测量燃油供给和喷射系统工作是否正常的。一般电控汽油喷射系统的供油总管上设有专用的油压检测口，用以和燃油压力表连接。

（6）喷油器清洗器 喷油器堵塞会导致混合气变稀，喷射形状差，燃油雾化不良，发动机性能变坏，因此需要定期对其进行检查、清洗。喷油器清洗器有多种，大致分为车下清洗用和车上清洗用两大类。

1）车下清洗用清洗器。美国太阳公司生产的超声波喷油清洗及流量测定系统，在10min 内可同时彻底清洗 8 个喷油器，并完成检漏及流量测定等作业项目。

2）车上清洗用清洗器。该类清洗器最大的优点是无须拆下喷油器即可随车进行清洗。清洗器内装有除炭剂和一只电动燃油泵，电动燃油泵所用电源为 220V 交流电。清洗时，清洗器的接管与供油总管上的油压检测口相连接，油压调节器回油管与清洗器相连接，断开燃油泵驱动电路，起动发动机，使发动机使用除炭剂以 2000r/min 的转速运转 10min 后，停止发动机运转，喷油器清洗完成。

（7）专用测试仪　在检修发动机微机控制系统时，利用诊断测试仪协助查找故障是十分有效的。当前广泛使用的专用诊断测试仪器大多是台式的发动机故障分析仪，但市面上销售的一些便携式发动机微机测试仪也是十分实用的。这些测试仪一般都有诊断接口，将诊断接口与发动机舱内或仪表板下方的故障诊断插座相连，然后操纵测试仪控制面板上的按键指令，即可对发动机微机控制系统的传感器、执行器及其电路进行检测。这类测试仪的优点是携带方便，操作简单，但其售价较高。使用它能避免检修时盲目地更换尚未损坏的部件，且能大大提高检修的速度和效率。

### 2. 电控燃油喷射系统维修注意事项

进行电控燃油喷射系统的检修时，应注意下列事项：

1）电控燃油喷射系统工作可靠，故障很少，在一般检修时不要轻易拆检，特别是电控单元（ECU）。只有在确定发动机本身及点火系统无故障时，才可对电控燃油喷射系统进行检修。

2）电控燃油喷射系统的常见故障一般是机械故障，如接线不良、喷油器或滤清器被脏物堵塞等，因此出现故障时，应先从机械故障查起。

3）电控单元（ECU）应远离其他可能产生无线电干扰的设备（如无线电收发报机、电台等）。检修过程中禁止使用大功率仪器，禁止用电起动设备、起动装有电控燃油喷射系统的汽车。

4）对具有故障部位自诊断功能的电控燃油喷射系统，拆检时先读取电控单元记忆的故障码，然后拆除蓄电池搭铁线。因为蓄电池的搭铁线拆除后，记忆在存储器中的故障部位的故障码将被清除。点火开关处于接通（ON）位置时，禁止拆除或连接电线插头，尤其是控制装置，不能拆除或安装蓄电池线。

5）检修L型燃油喷射系统的压力时，应拆下蓄电池至继电器的送电回路；拆开任何油路部分时，应先降低燃油系统的压力；检修油路系统时，禁止吸烟、远离明火。

6）检测电控单元时应格外小心谨慎，以免造成新的故障或损坏，更不能打开电控单元微机的盖子。因为微机是不可修的，只能更换；如果原来是好的，将盖子打开后，就可能被损坏。

7）各连接处的密封垫圈均为一次性使用件，不得重复使用（特别是喷油器处的O形圈）。橡胶密封件不能沾染汽油，各接头螺栓应按规定力矩拧紧。

8）音响设备的天线应离微机尽可能远些，天线的连接应远离微机连线，其距离应不少于20cm。拆卸微机连线或安装微机连接线时，一定要关闭点火开关。

9）当拔下机油尺、拆开机加油口油盖及曲轴箱通风管等时，可能会引起发动机运转不稳。进气系统管路不能有裂纹、漏气，否则会引起发动机运转不稳。

10）一般故障可用万用表或其他通用仪器检测，有些故障只有用电控燃油喷射系统专用分析仪（或检测仪）才能进行精确测量。

11）维修完毕后，应重新检查点火正时、怠速转速及怠速混合气浓度等，必要时重新进行调整。

12）电控燃油喷射系统的大多数零件只能更换，不能进行修理。

特别注意以下几点：电控单元出现故障的可能性非常小；蓄电池正、负极不可接反；无生产厂家的详细维修资料或对电控燃油喷射系统不懂时，切勿胡乱动手修理电控燃油喷射系统，以免造成新的损坏。

### 3. 电控燃油喷射系统的诊断与检查方法

（1）倾听客户意见 为了迅速查找到故障源，首先要了解故障出现的情形、条件、如何发生及是否已检修过等与故障有关的情况和信息。为此，必须认真倾听车主或驾驶人对故障现象的描述，在倾听车主或驾驶人的初步意见之后，进行一次初步诊断，随后询问一些有关的问题来帮助确定或否定初步诊断结论。同时，认真填写客户意见调查表。此表包含的项目是发动机微机控制系统故障现象的写真记录，与诊断测试结果一起构成找故障源的依据。

（2）目测检查 目测检查是为了在进入更细致的测试和诊断之前，消除一些一般性的故障因素。目测检查的内容包括如下项目：

1）拆除空气滤清器，检查滤芯及其周围是否有脏物、杂质或其他污染物，必要时进行更换。

2）检查真空软管是否破裂、老化或挤坏；检查真空软管经过的途径和接头是否恰当。

3）检查微机控制系统导线束的连接状况。

① 传感器或执行器的连接是否良好。

② 线束间的连接是否松动或断开。

③ 导线是否有断裂或断开的现象。

④ 导线插接器是否插接到位。

⑤ 线束是否有磨破或线间短路的现象。

⑥ 线束插接器的插头和插座是否有腐蚀现象等。

4）检视每个传感器和执行器是否有明显的损伤。

5）运转发动机并检视进、排气歧管及排气氧传感器处是否有泄漏。

6）对故障进行必要的排除，重新装上空气滤清器。

（3）基本检查 基本检查主要包括基本怠速和基本点火正时的检查与调整。在进行基本检查时，必须使发动机冷却液温度达到工作温度（80℃以上）。同时，关闭车上所有附属电气装置，如空调、除霜、音响等，并且应在散热器风扇未动作时进行检查与调整，以免风扇动作的电源消耗，影响怠速的正确性。微机控制的直接点火系统（DIS），其基本点火角度大多为固定式的，无法也无需再作调整，故只作点火正时的检查。不同的车型，进行基本检查的步骤不尽相同，具体的操作详见相应的维修手册。下面以雷克萨斯 LS400 轿车为例加以说明。

1）基本怠速的检查。

① 起动发动机，使冷却液温度达到正常工作温度。

② 关掉所有附属电气装置。

③ 关掉空调电源开关。

④ 将变速杆置于 N 位。

⑤ 连接转速表，转速表信号接柱接诊断插座的 IGO 接头，置转速表于 4 缸档。

⑥ 检查怠速。正常范围为 600~700r/min（进气温度 10℃以上）、750~850r/min（进气温度低于 10℃）。

⑦ 若怠速不在规定范围内，调节节气门位置调整螺钉。若仍不符合要求，则按疑难故障诊断测试处理。

2）基本点火正时的检查。

① 起动发动机使冷却液温度达到正常温度。

② 将变速杆置于N位。

③ 使发动机转速稳定在怠速状态。

④ 用跨接线连接诊断插座的TE1和E1接头。

⑤ 连接正时检查灯，用正时灯信号感应夹夹住6#高压线。

⑥ 检查基本点火正时。正常范围为8~12℃A（曲轴转角）。

⑦ 若基本点火提前角不在规定范围内，检查节气门是否完全关闭，节气门位置传感器的IDL和E2接线柱是否相通以及进气门正时是否准确等。若上述三项均正常，则以疑难故障测试处理。

### 4. 检修燃油供给系统

电控燃油喷射系统中，燃油供给系统是最容易产生故障的，特别是电动燃油泵和喷油器。这些部件常因燃油中所含杂质和水分的影响而损坏，导致不供油、油压过低、喷油器堵塞等故障，经常需要检修。

在进行燃油供给系统检修时，应注意以下事项：

1）为了防止在拆卸时有大量燃油漏出，可在拆卸油管前拔下电动燃油泵的导线插头再起动发动机，直至发动机自然停机，然后松开油管接头。或将一个油盆放在油管接头下面，用毛巾将燃油引导入油盆。

2）在联接螺栓型接头与高压油管接头时，应按以下顺序进行：换用新垫片，以保证接头的密封性；用手拧紧接头螺栓，按规定力矩用扭力扳手拧紧接头螺栓。

3）在联接螺母型接头与高压油管接头时，应在油管端部的喇叭口上涂一薄层润滑油并用手拧紧联接螺母，然后用扭力扳手按规定力矩拧紧接头螺母。

4）在拆装喷油器时，应注意以下事项：切勿重复使用O形密封圈；把O形密封圈套进喷油器时，切勿损坏，以免漏油；安装前，用汽油润滑O形密封圈，切勿使用机油、齿轮油或制动油。

5）燃油软管夹子不可重复使用。

6）油路无油时或电动燃油泵移离燃油箱后，不可起动燃油泵。

7）维修后，应注意检查其是否有漏油现象。这时只可夹住软管进行检查，不可折叠，否则会使软管开裂。

8）在检查喷油器时，一定要了解清楚喷油器是高电阻型的还是低电阻型的。对于前者（电阻一般为12~14Ω）可直接接蓄电池电压来进行喷油器的喷油性检查。对于后者（电阻一般只有2~3Ω）不可采用这种方法，因电流过大会烧坏喷油器，必须采用专门的插接器与蓄电池连接。如果采用普通导线，则需串联一个8~10Ω的电阻。

### 5. 检查电动燃油泵

（1）电动燃油泵（图5-17）的就车检查　包括燃油泵工作情况检查和燃油压力检查。

1）燃油泵工作情况检查。先用一根导线将故障检测插座上燃油泵的两个检测插孔短接，然后打开点火开关，但不要起动发动机。这时从燃油箱处应能听到燃油泵的运转声，若用手指捏住输油软管应能感到输油压力。否则，表明电动燃油泵不工作，应检查其电源与控制电路。如果都正常，则应拆检。

图 5-17　电动燃油泵

2）燃油压力检查。先检查蓄电池的电压（应在 12V 以上），接着拆下蓄电池负极电缆，释放燃油系统的油压，接上油压表。在重新接上蓄电池负极电缆之后，用一根导线将电动燃油泵的两个检测插孔短接；然后打开点火开关，让油泵工作并读取油压表的油压示值，其值应符合规定。如果高于规定值，应更换压力调节器；如果低于规定值，则应检查输油软管和联接处，以及燃油泵、燃油滤清器和燃油压力调节器等的情况。油压表上的压力，在点火开关关闭 5min 之后，应保持在规定范围之内；否则，应更换电动燃油泵或燃油压力调节器。

检查怠速燃油压力时，应拆下插座上的短接导线，然后起动发动机，将真空软管从燃油压力调节器上拆下并堵住，这时油压表上的油压和将真空软管重新接到汽油压力调节器时的油压均应符合规定；否则，应检查真空软管和汽油压力调节器。接着，关闭点火开关，在发动机熄火 5min 后，油压表显示的油压应保持在规定的压力范围内；否则，应检查燃油压力调节器和喷油器。如果其他部分均完好，则应更换电动燃油泵。

(2) 电动燃油泵的拆卸检查　从燃油箱中拆出燃油泵，用万用表测量其两接线柱之间的电阻。如果不导通但阻值不符合规定，则应予以更换。接上蓄电池电源，燃油泵应转动；否则，应予以更换。这时应注意，通电时间不得超过 10s，否则，会烧坏燃油泵的线圈。电动燃油泵检查如图 5-18 所示。

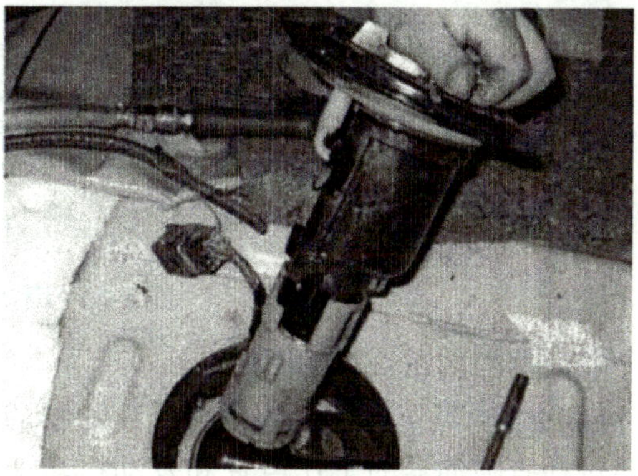

图 5-18　电动燃油泵检查

### 6. 检查燃油压力调节器

(1) 燃油压力调节器的就车检查　包括燃油压力调节器工作情况的检查和保持压力的检查。

1）燃油压力调节器工作情况的检查。检查时，用油压表测量发动机怠速运转时的燃油压力，然后拆下调节器上的真空软管，如图 5-19 所示。这时燃油压力应升高 50kPa 左右，否则，应予以更换。

2）燃油压力调节器保持压力的检查。检查时，将油压表接入燃油管路，用一根导线将电动燃油泵的两个检测接孔短接。打开点火开关，让电动燃油泵运转 10s，然后关闭点火开关，取下导线。接着将燃油压力调节器的回油管夹紧。5min 后观察油压，该油压即为燃油压力调节器保持压力。如果该油压上升，则表明调节器有泄漏，应予以更换。

(2) 燃油压力调节器的拆卸检查　检查时，拆下火油压力调节器的进油管和真空软管，这时两者之间应不相通；否则，表明有泄漏，应予以更换。

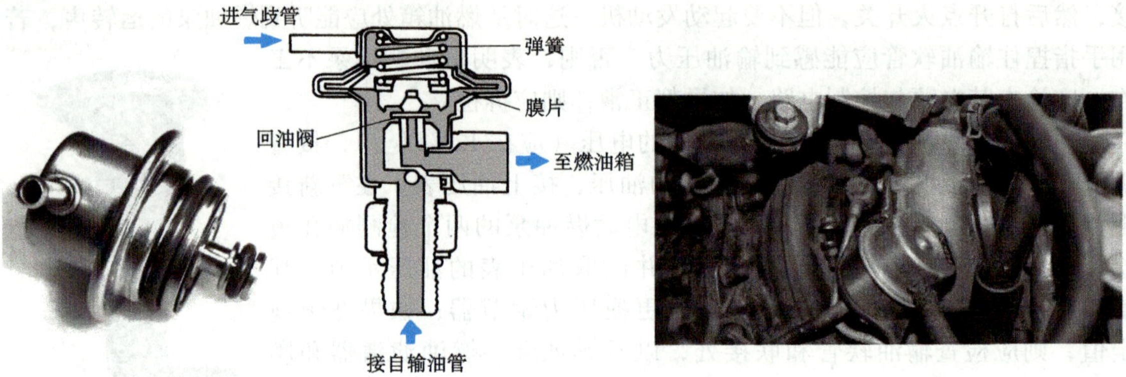


图 5-19 燃油压力调节器的结构及在车上位置

### 7. 检查喷油器

喷油器的结构示意图如图 5-20 所示。

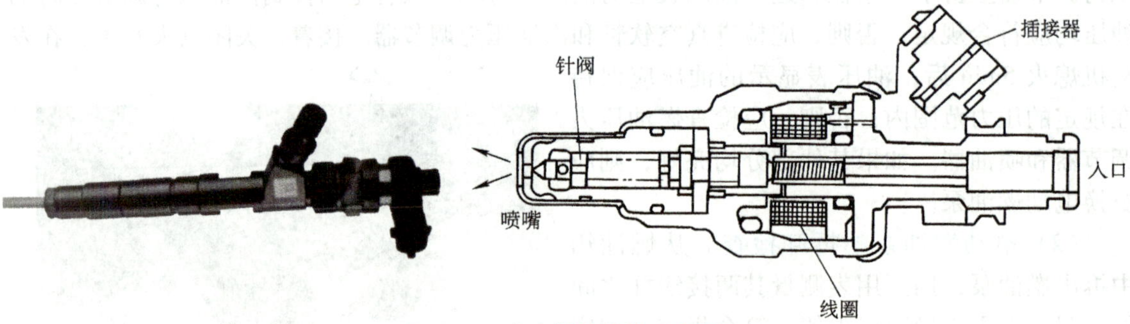


图 5-20 喷油器的结构示意图

喷油器的就车检查如图 5-21 所示。

（1）喷油器工作情况的检查　喷油器的工作情况可通过检查喷油器的工作声音和发动机转速变化来了解。发动机运转时用手指接触喷油器，应有脉冲振动感觉；用螺钉旋具或听诊器与喷油器接触，应能听到其有节奏的工作声。否则，表明喷油器工作不正常，应对喷油器或电控单元输出的喷油信号做进一步检查。

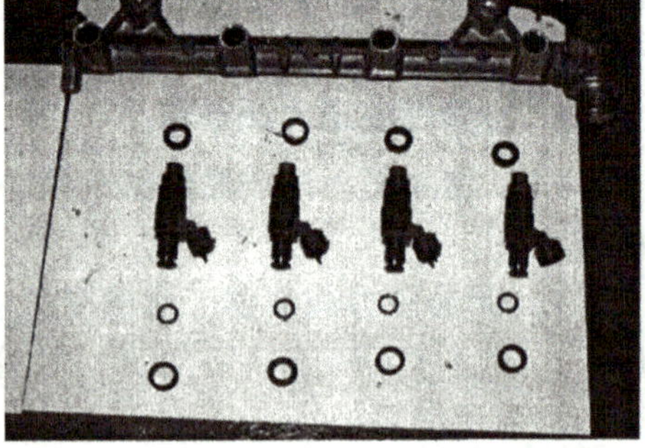

图 5-21 喷油器就车检查

在采用断油检查方法时，若拔下某缸喷油器线束插头，停止喷油，发动机转速立即下降，这表明该喷油器工作正常；否则，表明工作不良，应做进一步检查。如果是喷油器针阀完全卡死，则应更换喷油器。

（2）喷油器电磁线圈电阻的检查　检查时，拔下喷油器线束插头，用万用表测量其接线柱间的电阻。在 20℃时，对于高电阻喷油器，其电阻应为 2~5Ω；否则，应予以更换。

### 8. 检验喷油器

（1）喷油器泄漏情况的检查　将喷油器装在分配油管上，用一根油管将车上燃油滤清器出口与分配油管进口连接；另一根油管接回油管。然后，用一根导线将燃油泵的两个检测插孔短接并打开点火开关。这时，燃油泵开始运转，注意观察喷油器是否漏油。若漏油，其漏油量在 1min 内应少于 1 滴，否则，应予以更换。

（2）喷油器喷油量的检验　检验的准备工作与检查泄漏时的相同。检验时，用导线分别将喷油器与蓄电池相连接，用量杯测量一定时间内的喷油量。各个车型互不相同，一般在 15s 内的喷油量为 50~70mL。每个喷油器重复测量 2~3 次，相互间的喷油量差值应小于其喷油量的 10%，否则，应加以清洗或更换。

检测时应注意，低阻值的喷油器不可直接与蓄电池连接，应串联一个适当阻值（8~10Ω）的降压电阻，以免烧毁电磁线圈。

**9. 检查冷起动喷油器**

（1）冷起动喷油器的就车检查　检查时，拆下喷油器线束插头，用万用表测量其电磁线圈的电阻，其阻值应为 2~5Ω；否则，应更换喷油器。

（2）冷起动喷油器检验　包括对泄漏的检验和对喷油量的检验。

1）泄漏情况的检验。将冷起动喷油器的进油管接在喷油器上，或用一根专用的油管将喷油器与燃油滤清器出油口连接起来，然后用导线把电动燃油泵的两个检测插孔短接并打开点火开关，使燃油泵运转。这时喷油器应无泄漏或在 1min 内其泄漏量不多于 1 滴，否则，应予以清洗或更换。

2）喷油量的检验。在检查喷油器泄漏情况之后，用电缆连接喷油器与蓄电池，使其喷油，用量杯测量喷油量。不同车型冷起动喷油器的喷油量不尽相同，一般为 30mL/15s。如果喷油雾化不良或喷油量不符合规定，应予以清洗或更换喷油器。

## 三、空气供给系统的检查

空气供给系统如图 5-22 所示。

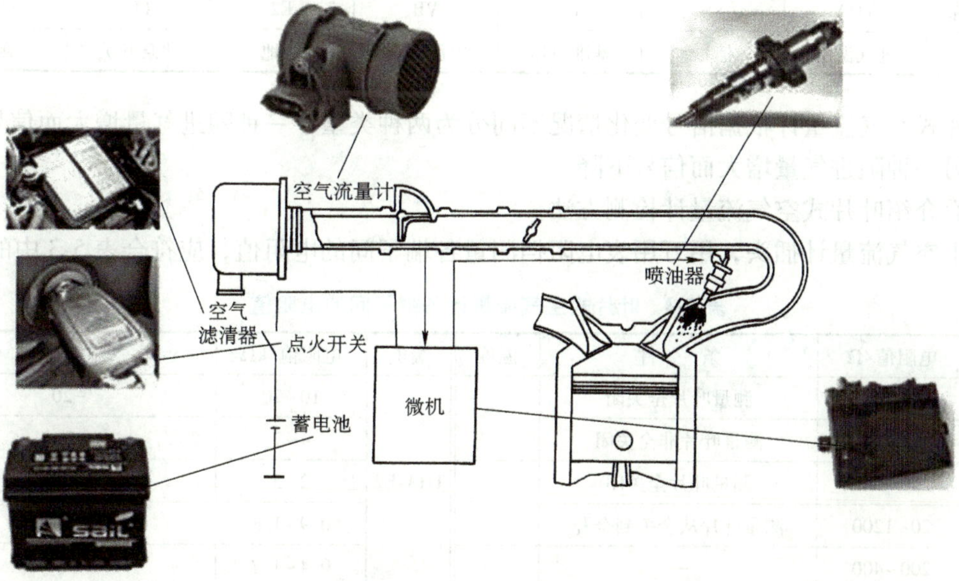


图 5-22　空气供给系统

空气供给系统各部件的可靠性都比较好，使用中很少产生故障，但在维修中因拆装不当而人为地造成故障的现象却较为常见。

电控燃油喷射系统的电控单元是根据进气系统的空气流量来控制喷油量的。

1）对装有空气流量计的燃油喷射系统，应注意检查空气流量计、节气门体、怠速空气阀、怠速电控阀等有无松动，空气软管的接头处有无破损漏气。

2）检查机油尺、机油加油口盖的密封性。

空气流量计安装在空气滤清器与节气门体之间，直接检测进气量。根据测量原理与结构的不同，空气流量计分为叶片式、热式和旋涡式3种，其测量方法各不相同。

### 1. 叶片式空气流量计的检查

叶片式空气流量计有5线式与7线式两种。5线叶片式空气流量计内没有油泵开关，7线叶片式空气流量计内装有油泵开关，其接线插头如图5-23所示，各接线端子作用见表5-2。

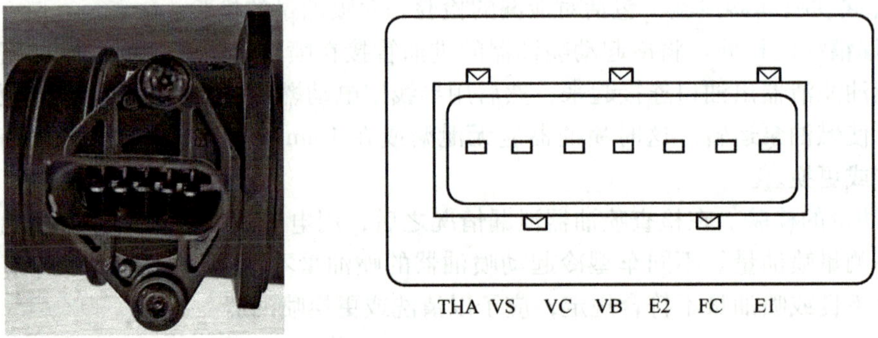


图5-23 叶片式空气流量计接线插头

表5-2 叶片式空气流量计各接线端子作用

| 端子名称 | THA | VS | VC | VB | E2 | FC | E1 |
|---|---|---|---|---|---|---|---|
| 作 用 | 进气温度 | 信号 | 基准电压 | 电源电压 | 接地 | 油泵开关 | 接地 |

叶片式空气流量计根据信号变化情况不同分为两种类型，一种随进气量增大而信号电压上升，另一种随进气量增大而信号下降。

下面介绍叶片式空气流量计检测方法。

拔下空气流量计插头，用万用表电阻档测量各端子间的电阻值，应符合表5-3中的值。

表5-3 叶片式空气流量计各端子间的电阻值

| 端子 | 电阻值/Ω | 条 件 | 温度 | 端子 | 电阻值/kΩ | 温度/℃ |
|---|---|---|---|---|---|---|
| FC-E1 | ∞ | 测量叶片全关闭 | | THA-E2 | 10~20 | -20 |
| | 0 | 测量叶片非全关闭 | | | 4~7 | 0 |
| VS-E2 | 200~600 | 测量叶片全关闭 | | | 2~3 | 20 |
| | 20~1200 | 测量叶片从全关到全开 | | | 0.9~1.3 | 40 |
| VC-E2 | 200~400 | — | | | 0.4~1.7 | 60 |

用万用表直流电压档测量各端子之间的电压值，应符合表 5-4 中的值。

表 5-4　叶片式空气流量计标准信号电压值

| 端　子 | 电压值/V | 条　件 | |
|---|---|---|---|
| FC-E1 | 12 | 测量叶片全关闭 | |
| | 0 | 测量叶片非全关闭 | |
| VS-E2 | 3.7~4.3 | 点火开关“ON” | 测量叶片全关闭 |
| | 0.2~0.5 | | 测量叶片全开 |
| | 2.3~2.8 | 怠速 | |
| | 0.3~1.0 | 3000r/min | |
| VC-E2 | 4~6 | 点火开关“ON” | |

如果用示波器检测，则在菜单中选择通用传感器或燃油/空气，再选择叶片式空气流量计，红表笔接端子 VS、黑表笔接端子 E2，随着节气门开度的增大，信号电压从2.3~2.8V 下降到 0.3~1.0V。

叶片式空气流量计安装在丰田佳美、雷克萨斯、日产蓝鸟和部分宝马汽车上，这些汽车的发动机 ECU 不提供或仅提供很少的数据流，所以不能用诊断仪检测数据。

### 2. 热式空气流量计的检查

热式空气流量计有热线式和热膜式两种。

（1）热线式空气流量计　热线式空气流量计根据断电器触点在壳体内安装部位的不同，可分为主流测量式和旁通测量式两种。图 5-24 所示为日产 VG30 E 热线式空气流量计电路。

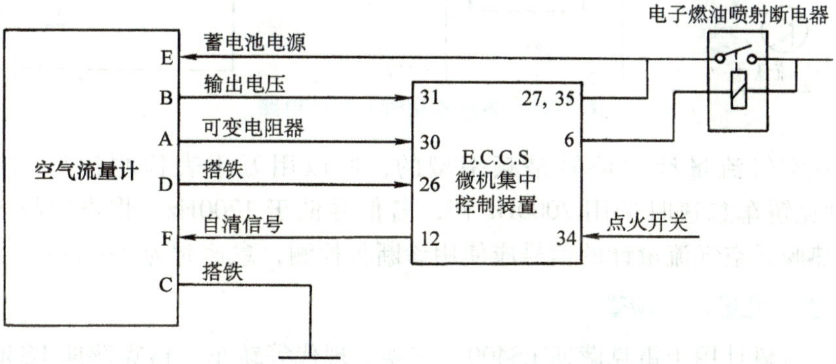


图 5-24　日产 VG30 E 热线式空气流量计电路

1）检查空气流量计输出信号。拔下空气流量计的导线插接器，拆下空气流量计；将蓄电池的电压施加在空气流量计的端子 D 和 E 之间（电源极性应正确），然后用万用表电压档测量端子 B 和 D 之间的电压。其标准电压值为（1.6±0.5）V。

在进行上述检查后，给空气流量计的进气口吹风，同时测量端子 B 和 D 之间的电压。在吹风时，电压应上升 2~4V。如果电压值不符，则须更换空气流量计。

2）检查自清洁功能。装好热线式空气流量计及其导线插接器，拆下此空气流量计防尘网，起动发动机并加速到 2500r/min 以上。当发动机停转后 5s，从空气流量计进气口处可以看到热线自动加热烧红（约 1000℃）约 1s。如果无此现象发生，则须检查自清信号或更换空气流量计。

(2) 热膜式空气流量计 热膜式空气流量计制造成本低、使用寿命长，所以多种轿车都使用这种类型的空气流量计。热膜式空气流量计电路如图 5-25 所示。

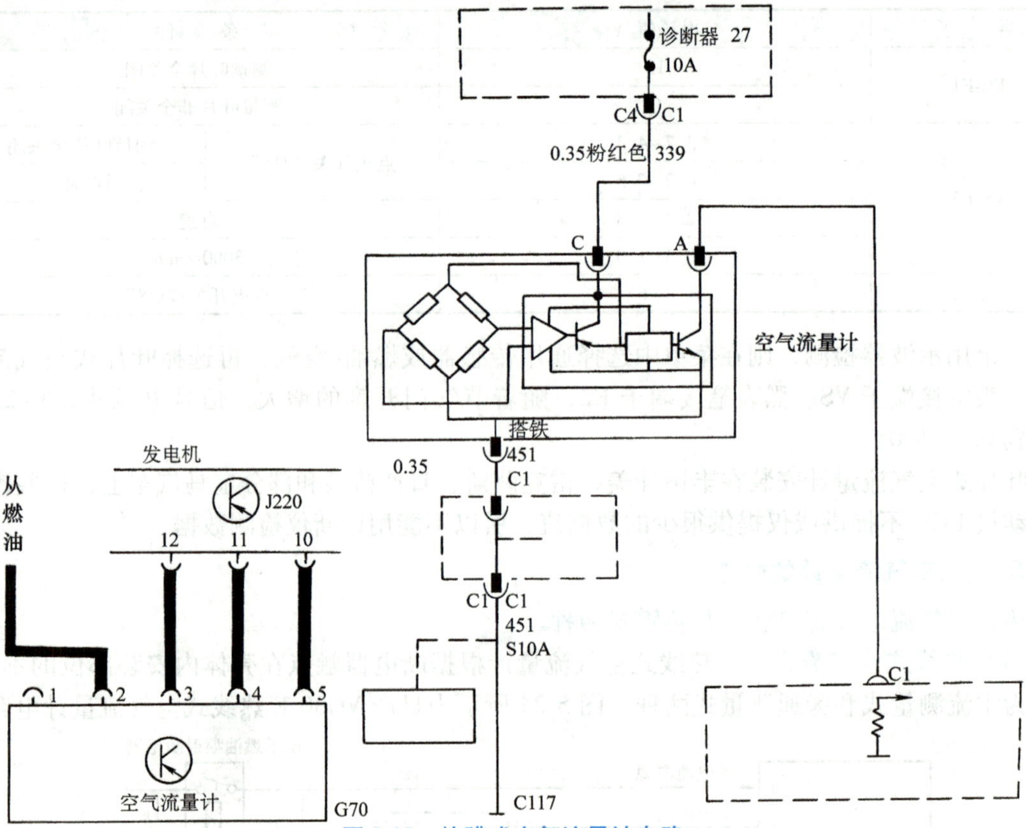


图 5-25 热膜式空气流量计电路

由于热膜式空气流量计的信号是频率型的，所以用万用表检测信号应选择频率档(Hz)。SGM 别克轿车怠速时选用 2000Hz 档，若信号低于 1200Hz，将设置故障为 PO102。其他车型上的热膜式空气流量计的信号应使用诊断仪检测，怠速时为 2~4g/s。

### 3. 旋涡式空气流量计的检查

旋涡式空气流量计用于雷克萨斯 LS400、三菱、现代等轿车。雷克萨斯 LS400 轿车的旋涡式空气流量计电路如图 5-26 所示。

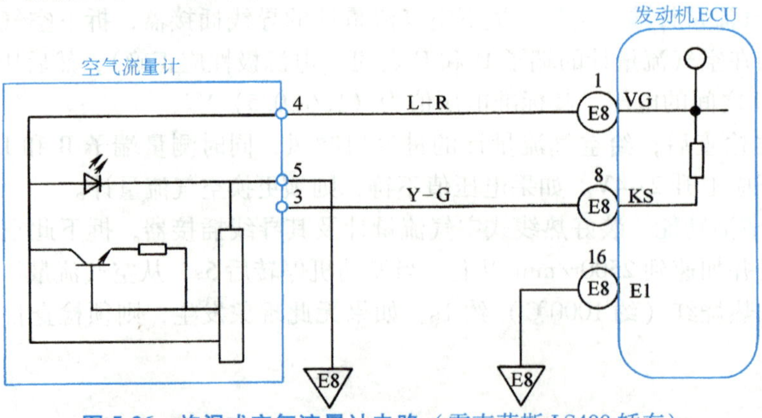


图 5-26 旋涡式空气流量计电路（雷克萨斯 LS400 轿车）

（1）雷克萨斯LS400轿车 拔开空气流量计上的插头，用电阻档测量THA和E2之间的电阻，如图5-27所示。20℃时为2~3kΩ，信号电压为1~3V；60℃时为0.4~0.7kΩ，信号电压为0.5~1.0V。当发动机转速高于300r/min时，空气流量计5s没有输入信号发动机就失速，故障部位可能是ECU与空气流量计之间的配线插接器。

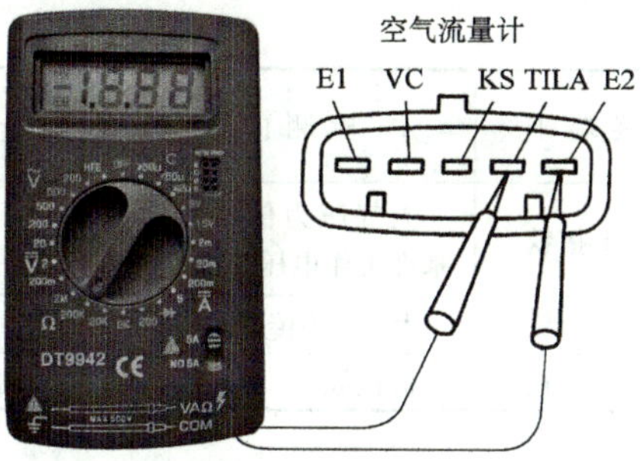

图5-27 空气流量计端子与测量

（2）三菱、现代轿车 三菱、现代轿车的空气流量计内包含进气温度传感器与大气压力传感器。发动机ECU根据大气压力传感器的信号修正不同海拔时的空燃比和点火正时，从而改善高海拔时的发动机运行性能。插接器共有6个端子，如图5-28所示。用万用表测量各端子标准数值见表5-5。

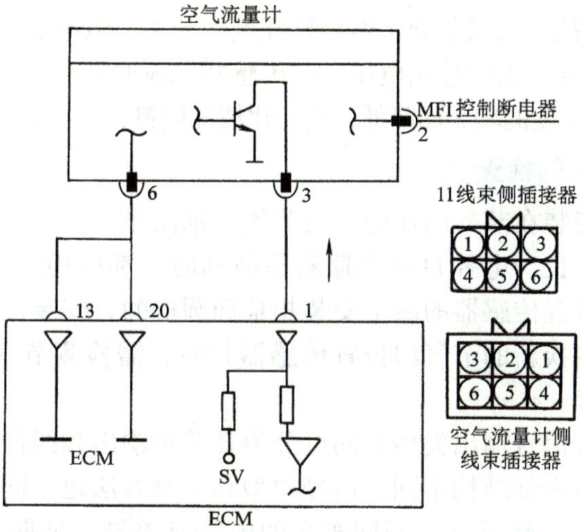

图5-28 三菱、现代轿车空气流量计电路及端子

表5-5 三菱、现代轿车空气流量计检测

| 连接端子 | 检测内容 | 标准数值 | | | | |
|---|---|---|---|---|---|---|
| | | 电阻 | 电压/V | 频率/Hz | 条件 | |
| 端子2-搭铁 | 空气流量计工作电源 | | 电源电压 | | | |
| 端子3-搭铁 | 空气流量计基准工作电压 | | 4.8~5.2 | | 断开插接器，接通点火开关，从线束处测量 | |
| 端子3-搭铁 | 空气流量计信号 | | | 27~33 | 发动机转速为750r/min | |
| | | | | 60~80 | 发动机转速为2000r/min | |
| 端子4-搭铁 | 进气温度传感器信号 | | 4.5~4.9 | | 断开插接器，接通点火开关，从线束处测量 | |
| | | 6kΩ | 3.4~3.6 | | 发动机运行 | 0℃ |
| | | 2.7kΩ | 2.5~2.7 | | | 20℃ |
| | | 0.4kΩ | 0.6~0.8 | | | 80℃ |

（续）

| 连接端子 | 检测内容 | 标准数值 | | | |
|---|---|---|---|---|---|
| | | 电阻 | 电压/V | 频率/Hz | 条　件 |
| 端子1-搭铁 | 大气压力传感器信号基准工作电压 | | 4.8~5.2 | | 断开插接器，接通点火开关，从线束处测量 |
| 端子5-搭铁 | 大气压力传感器信号电压 | | 3.5~4.2 | | 平原，发动机运行 |
| 端子6-搭铁 | 搭铁线 | 0Ω | | | |

### 4. 进气歧管绝对压力传感器的检查

（1）进气歧管绝对压力传感器电源电压的检查　检查时，拆下进气歧管绝对压力传感器的线束插头，打开点火开关，但不要起动发动机。用电压表测量线束插头上电源端子和搭铁端子之间的电压，其值应符合规定；否则，应更换或修理其电控电路线束。

（2）进气歧管绝对压力传感器输出电压的检查　检查时，拆下传感器与进气歧管相连接的真空软管，使传感器直接与大气相通，然后打开点火开关，但不要起动发动机，用电压表在电控单元线束插头处测量传感器的输出电压。向传感器内施加真空，测量在不同真空度下的输出电压。该电压值应随真空度的增大而降低，其变化情况应符合规定，否则，应更换传感器。

### 5. 节气门位置传感器的检查

节气门位置传感器安装在节气门体旁，由节气门轴操作。

当怠速不稳、加速不良、电控自动变速器不换档时，都应检查节气门位置传感器的信号。有的发动机节气门位置传感器的两个安装扣是椭圆形的，安装位置可调整。当节气门传感器拆下后重新安装或更换新的节气门位置传感器扣时，需检测节气门位置传感器的信号，以确定安装位置是否正确。

节气门位置传感器按信号输出类型不同可分为开关量输出和线性量输出两种形式。两种类型的节气门位置传感器内部结构不同，信号类型和检测方法也不同。

（1）开关量节气门位置传感器　不同车系的电路有差异，早期日系汽车上使用的开关量输出型节气门位置传感器电路如图5-29所示。检测开关量节气门位置传感器一般用万用表测量电阻、电压，也可用示波器检测信号波形。

1）电阻值检测。拔出节气门位置传感器的插头，用万用表电阻档测量怠速触点与全开触点的电阻，如图5-30所示。阻值应符合表5-6的标准值，否则，应按照表5-7中的提示进行修理。

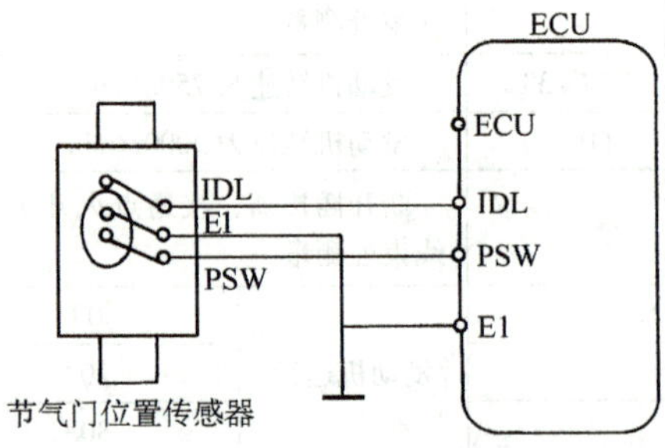


图5-29　开关量输出型节气门位置传感器电路

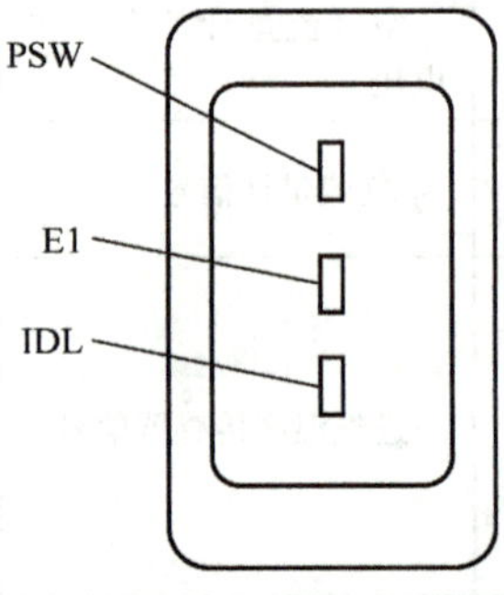


图5-30　检查开关量节气门位置传感器

表 5-6　开关量节气门位置传感器标准电阻值

| 端　子 | 检 测 条 件 | 标准阻值/Ω |
|---|---|---|
| IDL-E1 | 节气门全闭 | 0 |
| | 部分负荷 | ∞ |
| | 全负荷（节气门开度 50°以上） | ∞ |
| PSW-E1 | 节气门全闭 | ∞ |
| | 部分负荷 | ∞ |
| | 全负荷（节气门开度 50°以上） | 0 |

表 5-7　开关量节气门位置传感器错误电阻值与故障原因

| 端　子 | 检 测 条 件 | 阻　值 | 故 障 原 因 |
|---|---|---|---|
| IDL-E1 | 节气门全闭 | 有阻值 | 怠速触点接触不良 |
| | | ∞ | 怠速触点故障或安装位置不当 |
| PSW-E1 | 节气门全开 | 有阻值 | 全开触点接触不良 |
| | | ∞ | 全开触点故障或安装位置不当 |

2）电压值检测。将万用表的表棒接在节气门位置传感器插头后面的导线处，或用力刺入导线，接通点火开关，用万用表直流电压档测量怠速触点的电压值，电压值应符合表 5-8 的标准值。如果电压值不符，说明该节气门位置传感器故障或安装位置不当，故障原因见表 5-9。

表 5-8　开关量节气门位置传感器标准电压值

| 端　子 | 检测条件电压/V | | |
|---|---|---|---|
| | 节气门全闭 | 部 分 负 荷 | 全　负　荷 |
| IDL-E1 | 0 | 12 | 12 |
| PSW-E1 | 12 | 12 | 0 |

表 5-9　开关量节气门位置传感器错误电压值与故障原因

| 端　子 | 检 测 条 件 | 电　压 | 故 障 原 因 |
|---|---|---|---|
| IDL-E1 | 节气门全闭 | 大于 0 | 怠速触点接触不良 |
| | | 等于 12V | 怠速触点在怠速时不能闭合，怠速触点故障或安装位置不当 |
| PSW-E1 | 节气门全开 | 大于 0 | 全开触点接触不良 |
| | | 等于 12V | 全开触点在节气门全开时不能闭合，全开触点故障或安装位置不当 |

（2）线性量节气门位置传感器　线性量节气门位置传感器内部结构是一个滑片电阻，所以可用万用表电阻档和直流电压档检测节气门位置传感器的电阻和电压信号。如果发动机加速不良或节气门开度在某一区域内动力性突然变差，用万用表检测这类间歇性的动态故障比较困难，而用示波器检测则比较容易。

线性量节气门位置传感线有 3 线式和 4 线式两种。

1）3 线式线性量节气门位置传感器的检测。3 线式线性量节气门位置传感器电路如

图5-31所示。

拔去节气门位置传感器的插头，接通点火开关，测量线束端子A电压，发动机控制单元从脚33输出的开路电压是5V。缓慢打开节气门，测量节气门位置传感器脚B、C的电阻值，应该连续变化，不能有突变、断路或短路。接上插头，接通点火开关，测量脚B、C信号电压。当节气门关闭时，信号电压为0.5V，当节气门全开（WOT）时，电压为4.5V，随着节气门缓慢打开，信号电压应从0.5V逐渐升高至4.5V，信号电压应该连续变化，不能有突变、断路或短路。不同车系的节气门位置传感器信号电压范围不完全相同。

2）4线式线性量节气门位置传感器检测。4线式线性量节气门位置传感器电路如图5-32所示。

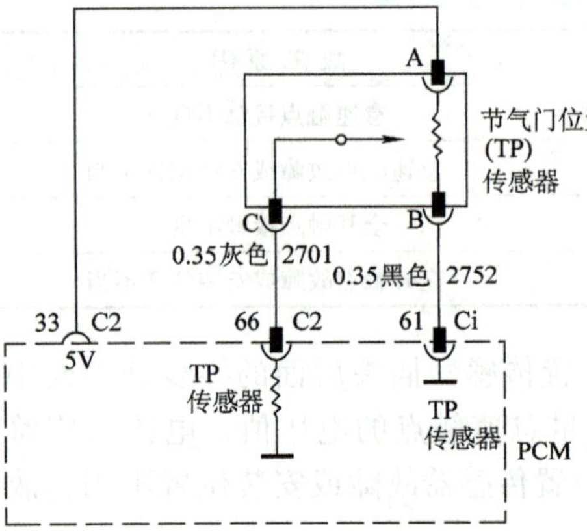


图5-31　3线式线性量节气门位置传感器电路

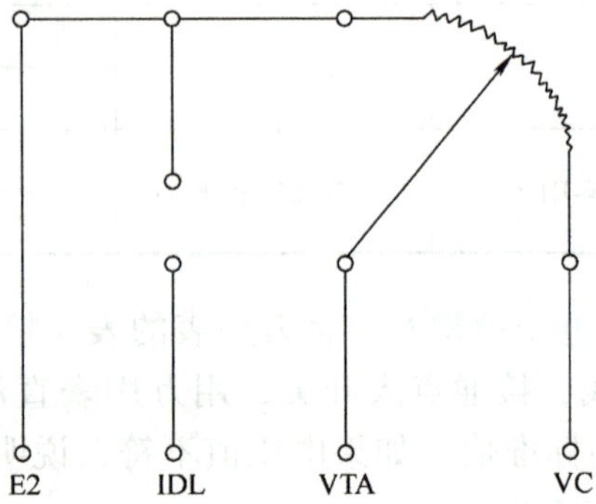


图5-32　4线式线性量节气门位置传感器电路

用塞尺控制止动杆与调整螺钉间的间隙，测量节气门体旁的节气门位置传感器电阻值，应符合表5-10的标准值。接通点火开关检查节气门位置传感器的信号电压，应符合表5-11的标准值。

表5-10　线性量节气门位置传感器的标准阻值

| 止动杆与调整螺钉间的间隙/mm | 端　子 | 标准电阻值/kΩ |
|---|---|---|
| 0 | VTA-E2 | 0.3~6.3 |
| 0.60 | IDL-E2 | 不大于2.33 |
| 1.05 | IDL-E2 | ∞ |
| 节气门全开 | VTA-E2 | 3.5~10.3 |
| — | VC-E2 | 4.25~8.25 |

表5-11　线性量节气门位置传感器的标准信号电压

| 端　子 | 条　件 | 标准电压/V | 说　明 |
|---|---|---|---|
| IDL-E2 | 节气门全闭 | 0 | 怠速触点信号 |
| | 节气门开 | 9~14 | |
| VC-E2 | — | 4.0~5.5 | 工作电压 |
| VTA-E2 | 节气门全闭 | 0.3~0.8 | 信号电压 |

### 6. 怠速空气阀的检查

（1）怠速空气阀的就车检查　检查时，对装有怠速控制阀的进气系统，应拆下该阀的线束插头，然后起动发动机，让其怠速运转。在冷车时，捏住怠速空气阀的进气软管，不让其通气。这时发动机的怠速转速应有明显下降，否则，表明空气阀堵塞。在发动机预热后将软管捏住，这时怠速转速下降量不应超过100r/min，否则，表明空气阀关闭不严。如果其他部分无故障，则应更换空气阀。

（2）怠速空气阀的检验　怠速空气阀在气温低于10℃时，应处于半开状态；当气温为20℃时，应处于约1/3开度状态。

对于电加热的怠速空气阀，如双金属片式怠速空气阀，其阀门应能逐渐关闭。当拨动阀片时，其开启、关闭应灵活。以上检查如有异常，则应更换怠速空气阀。

对于蜡式怠速空气阀，检查时将其浸入热水中并加热至80℃左右，空气阀应完全关闭，否则，应予以更换。

### 7. 怠速电控阀的检查

（1）怠速电控阀的就车检查　检查时，起动发动机并让其怠速运转。对于步进电动机式怠速电控阀，在发动机熄火后的短时间内应发出“嗡嗡”响声。对于脉冲电磁阀式怠速电控阀，在发动机怠速运转时，拆下其线束插头，这时怠速转速应有变化。当用电压表在其线束插头上测量时，应有脉冲电信号。以上检查，如有异常，表明怠速电控阀或电控部分有故障，应予以检查、排除，或更换电控阀。

（2）怠速电控阀的检查　步进电动机式怠速电控阀通常有2~4组电磁线圈，其电阻为10~30Ω。检查时，在其插座上分别用万用表测量各电磁线圈的电阻，其值均应符合规定，而且不得有短路或断路，否则，应更换电控阀。

对于步进电动机，应检查其工作是否正常。当蓄电池电源按一定的顺序接至各线圈时，阀芯应随之向相反方向移动，否则，应更换电控阀。

脉冲电磁阀式怠速电控阀只有一组电磁线圈，其电阻为10~15Ω。用万用表在其插座上测量线圈电阻，检查有无短路或断路。如有异常，则应更换电控阀。

## 四、排气净化系统的检查

### 1. 燃油蒸气回收系统电控电磁阀的检查

燃油蒸气回收系统的构成如图5-33所示。

检查时，起动发动机、预热后保持怠速运转，然后拆下蒸气回收罐上的真空软管，管内应无吸力；如果有吸力而电磁阀线束插头上无电压，则表明电磁阀有故障。当发动机转速提高到大于2000r/min时，软管内应有吸力；如果无吸力而电磁阀线束插头内电压正常，则表明电磁阀有故障。当拆下电磁阀线束插头并向电磁阀吹气时，应不通气；当将电源接至电磁阀时，应能通气。否则，说明有故障，应更换电磁阀。

### 2. 废气再循环阀的检查

电磁阀控制的废气再循环阀系统如图5-34所示。

检查时，起动发动机并让其怠速运转，拆下废气再循环阀的真空软管，接上手动真空泵。然后抽气，将真空直接加到废气再循环阀的膜片室。这时，如果发动机怠速不稳定或熄火，则表明该阀工作正常；否则，说明该阀失效，应予以更换。

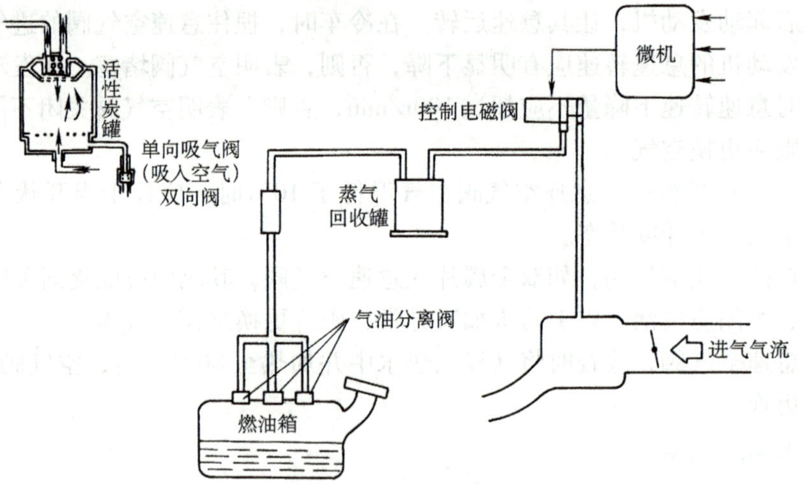

图 5-33 燃油蒸气回收系统的构成

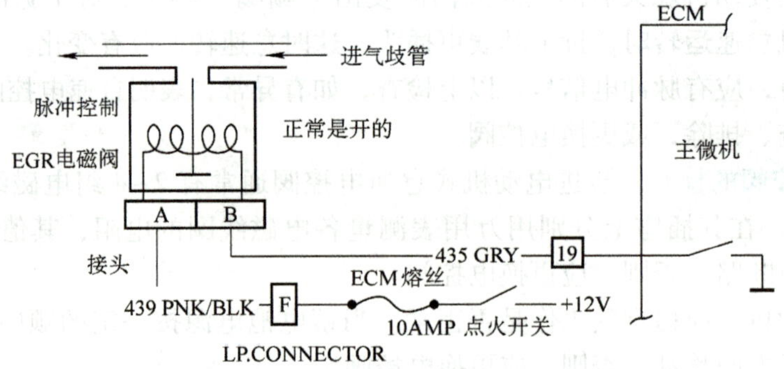

图 5-34 电磁阀控制的废气再循环阀系统

### 3. 废气再循环电控真空开关阀的检查

电控真空开关阀上有两个软管接口：一个联接真空调节阀，另一个与排气再循环阀连接。检查时，可对着管口吹气，两者应相通；通电后，对着排气再循环阀连接的管口吹气，这时两者应不相通。

检查时，应拆下真空开关阀的线束插头，在其插座上用万用表测量开关阀电磁线圈的电阻，其值应为30~40Ω。

以上检查如有异常或电磁线圈短路、断路，则应更换真空开关阀。

### 4. 废气真空调节阀的检查

废气真空调节阀上部，一侧有一个管口与电控真空开关阀相通，其对侧上、下各有一个管口与节气门处的进气管相通；阀的下部有一个管口通排气再循环阀。检查时，拆下阀体上部各管口的真空软管，用手指堵住通向进气管的两个管口，向其对侧的一个管口吹气，应畅通无阻。将通向进气管的两根真空软管装上，起动发动机。当发动机转速保持在2500r/min时，向管口吹气，应感到气流严重受阻。如有异常，应更换排气真空调节阀。

## 五、冷却系统的检查

### 1. 发动机冷却液温度传感器的检查

注意：在拆下和安装时，不要让工具触碰插接器（树脂部分）。

1）拆下发动机冷却液温度传感器。该传感器在车上的位置如图 5-35 所示。

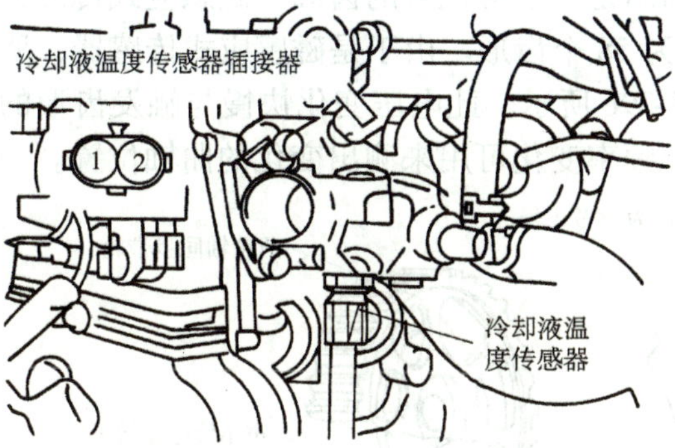

a)

b)

图 5-35　发动机冷却液温度传感器在车上的位置

2）将冷却液温度传感器的温度传感部分浸在热水中，检查电阻。温度传感器测试如图 5-36 所示。

标准值：2.1~2.7kΩ（20℃时），0.26~0.36kΩ（80℃时）。

3）如果电阻偏离标准值较多，则应更换传感器。

4）在螺纹部分涂密封胶，如图 5-37 所示。

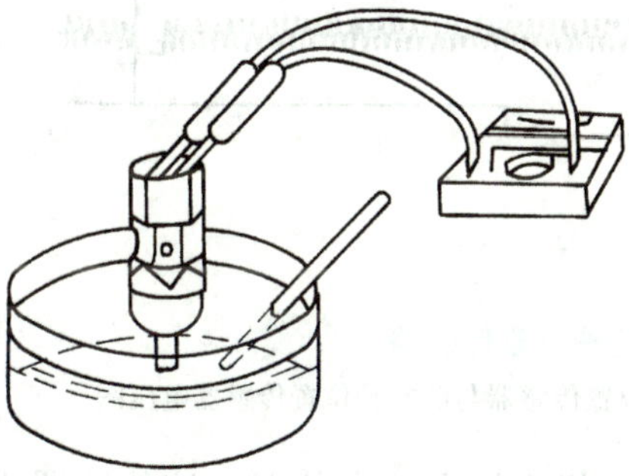

图 5-36　温度传感器测试

图 5-37　螺纹部分涂密封胶

5）安装冷却液温度传感器并紧固到规定力矩。

### 2. 电动风扇热敏开关的检查

如图 5-38 所示，将节温器浸入冷却液中（热敏开关不要与盛装冷却液的容器接触），加热冷却液，检查节温器阀门是否开启自如。应保证开启温度约 85℃，开启结束温度约为 98℃，开启行程不得少于 7mm（用塞尺进行测量）。

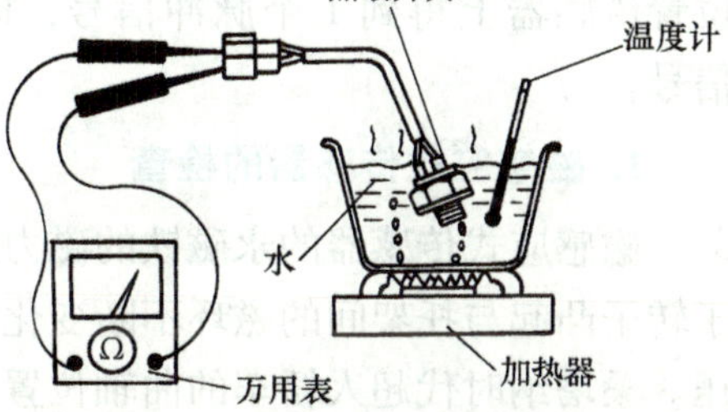


图 5-38　热敏开关的检查

## 六、曲轴位置传感器和凸轮轴位置传感器的检查

曲轴位置传感器如图 5-39a 所示。发动机 ECU 和热膜式空气流量计信号确定发动机的基本喷油持续时间和基本点火提前角。曲轴位置传感器检测到曲轴位置参考点以决定点火时刻，同时检测发动机转速并将此转速信号传给发动机 ECU。曲轴位置传感器装在发动机缸体上，传感器触发盘装在曲轴上，触发盘四周是带参考记号的齿圈。磁感应式传感器的触发盘有 60 个齿，其中 2 个齿被切掉，故实际为 58 个齿形。由于是磁感应式传感器，所以在传感上不断感应产生变化的交流电压，如图 5-39c 所示。此电压变化快慢与触发齿形的变化频率相同，所以通过频率可测出发动机转速。频率变化可用来测出变化的曲轴位置。

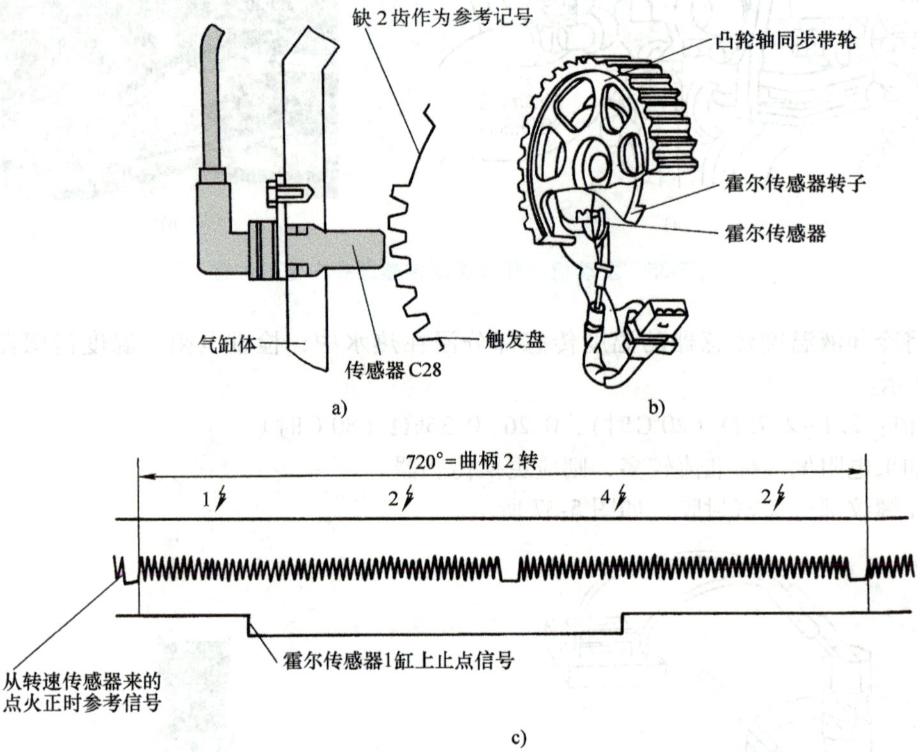


图 5-39 曲轴位置传感器和凸轮轴位置传感器

a）曲轴位置传感器 b）凸轮轴位置传感器 c）曲轴位置传感器与凸轮轴位置传感器电压图

凸轮轴位置传感器如图 5-39b 所示，用来检测发动机 1 缸上止点位置。该传感器为霍尔效应式传感器。带有 1 个触发缺口的触发转子固定在凸轮轴上，凸轮轴旋转 1 周，在凸轮轴位置传感器上得到 1 个脉冲信号，即 1 缸上止点位置的信号，ECU 得到 1 个 1 缸上止点信号。

### 1. 磁感应式传感器的检查

磁感应式传感器的永磁铁的磁力线经转子、线圈、托架构成闭环回路，转子旋转时，由于转子凸起与托架间的磁环不断变化，通过线圈的磁通不断变化，线圈中便产生交流感应电压。桑塔纳时代超人轿车的曲轴位置传感器、SGM 别克轿车的曲轴位置传感器（7X）均采用磁感应式传感器。

检测磁感应式传感器是否良好，应检查磁感应线圈电阻值与交流信号电压。磁感应线圈电阻值见表 5-12。

表 5-12　磁感应线圈电阻值

| 车　系 | 曲轴位置传感器/Ω | 凸轮轴位置传感器/Ω |
|---|---|---|
| 皇冠 3.0 | 155~240（冷机） | 155~190 |
| 雷克萨斯 LS400 | 835~1400（冷机） | 835~1400（冷机） |
| | 1060~1645（热机） | 1060~1645（热机） |
| SGM 别克 | 500~1500 | |
| 时代超人 | 480~1000 | |

仅磁感应线圈良好，信号电压不一定良好，所以还应检测交流信号电压。交流信号电压随转子转速的增加而增大。用万用表检测磁感应式传感器信号，将万用表档置于交流电压 20V 档，脱开磁感应式传感器的插接器。用万用表两根表笔接触传感器的两个端子，起动时观察有无交流电压信号。将分电器从发动机上拆下，用手快速转动分电器轴，也能测试信号电压，N 信号约为 0.08V，G 信号约为 0.04V。

### 2. 霍尔传感器的检查

霍尔传感器是依据霍尔效应的原理制成的。当一个霍尔元件置于磁场中，同时一个电流流过该霍尔元件，电流方向垂直于磁场方向时，该霍尔元件与电流方向及磁场方向垂直的横向侧边上就会产生一个微量电压，这个电压称为霍尔电压。桑塔纳时代超人轿车的凸轮轴位置传感器、SGM 别克车的曲轴位置传感器（24X）凸轮轴位置传感器均采用霍尔传感器。

霍尔传感器信号是频率调制信号，其波形是方波，所以可用直流电压档检测平均电压，以判别霍尔传感器有无信号输出。

克莱斯勒 2.5L 发动机的曲轴位置传感器（24X）与凸轮轴位置传感器（CMP）电路如图 5-40 所示。

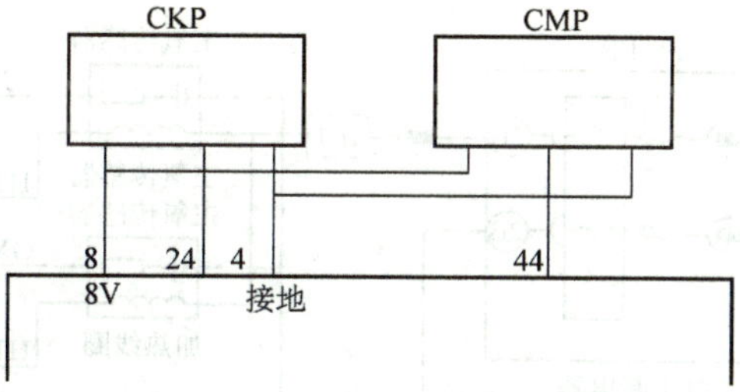


图 5-40　克莱斯勒 2.5L 发动机的曲轴位置传感器与凸轮轴位置传感器电路

曲轴位置传感器装在变速器壳前端内，通过齿圈向发动机 ECU 提供发动机转速和曲轴位置信号，发动机 ECU 据此信号确定最佳喷油和点火时刻。点火基准传感器（凸轮轴位置传感器）装在分电器中，也是霍尔式的，它用来向 ECU 提供气缸位置，以便发动机 ECU 确定适当的点火顺序。

## 七、氧传感器的检测

### 1. 氧化锆式氧传感器（示波器检测）的检测

氧化锆式氧传感器有1线式、2线式、3线式和4线式4种。1线式氧传感器电路如图5-41a所示，导线（导线编号412，紫色）是信号线，搭铁通过传感器本体搭铁。2线式

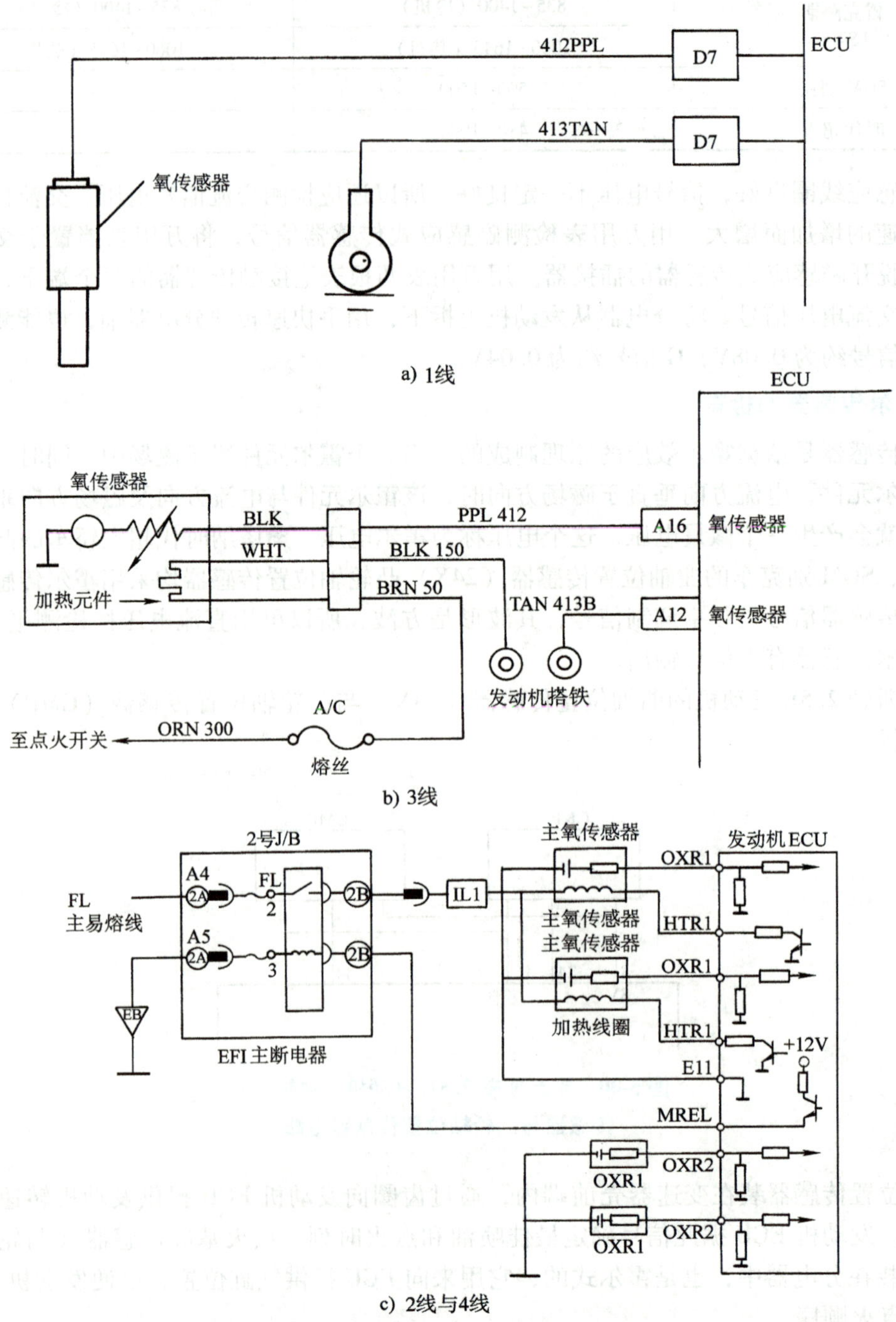


图5-41 氧传感器电路

氧传感器电路如图 5-41c 所示，两根导线分别是信号线与搭铁线。3 线式氧传感器电路如图 5-41b 所示，与单线和双线相比多了一个加热线圈。由于氧传感器输出信号的强弱与工作温度有关，输出信号在 300℃左右时最明显，所以在氧传感器内增设加热元件，以保证发动机在进气量小、排气管温度低时能输出信号。4 线式氧传感器电路如图 5-41c 所示，加热器有信号、搭铁两根线。

氧化锆式氧传感器的信号电压范围为 0. 1～0. 9V，信号电压低于 0. 45V 时，氧传感器反馈给 ECU 的信号是混合气稀；信号电压高于 0. 45V 时，反馈信号是混合气浓。

氧传感器信号断路时，发动机 ECU 设置故障码；氧传感器信号电压一直低于 0. 45V，或信号电压一直高于 0. 45V，发动机 ECU 不一定设置故障码。所以当发动机运行不良、怠速不稳、排气管冒黑烟时，必须检测氧传感器信号。

当仪表板上发动机 CHECK 灯亮或用诊断仪读取有氧传感器故障码时（有的车上没有 CHECK 灯），应检查氧传感器的信号。若是带有加热器的氧传感器，还应检查加热线圈的阻值，加热线圈的阻值一般约几十欧。氧传感器的信号电压范围为 0. 1～0. 9V，当混合气稀时，氧传感器输出信号低于 0. 45V，发动机 ECU 收到低于 0. 45V 的氧传感器信号后将增加喷油器的喷油脉宽来补偿混合气过稀的状况；当混合气浓时，氧传感器输出信号高于 0. 45V，发动机 ECU 接收到高于 0. 45V 的氧传感器信号后将减少喷油器的喷油脉宽来改变混合气过浓的状况，所以氧传感器信号应在 0. 45V 上下变动，且每 10s 内变动 4 次以上。

拔下氧传感器的插头，检测氧传感器的加热器电阻，该电阻值应为几十欧。检测氧传感器的信号电压时，万用表应置于直流电压档。氧传感器信号电压故障一般有始终低信号（低于 0. 45V）、始终高信号（高于 0. 45V）、信号断路（等于 0. 45V）和响应时间慢 4 种故障。

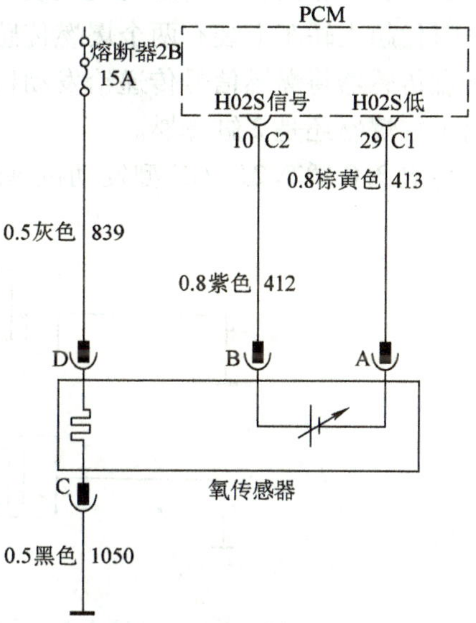


图 5-42　SGM 别克轿车氧传感器电路

SGM 别克轿车的氧传感器（其电路见图 5-42）有两个，在三元催化转化器前有一个主氧传感器，在三元催化转化器后有一个副氧传感器。

发动机控制微机（PCM）在氧传感器信号和接地电路间提供一个约 0. 45V 的偏置电压。当使用 10MΩ 内阻的数字万用表测量时，该偏置电压会低至 0. 35V。当混合气稀时，氧传感器输出信号低于 0. 45V，当 PCM 接收到低于 0. 45V 的信号后，将增加喷油器的喷油脉宽来补偿混合气过稀的状况；当 PCM 接收到高于 0. 45V 的信号后，将减少喷油器的喷油脉宽来改变混合气过浓的状况。

当氧传感器信号电压低于 0. 175V，或在混合气加浓控制操作期间，氧传感器信号电压始终低于 0. 6V，且历时达 5s，PCM 将设置故障码（PO131）。

当主氧传感器信号电压高于 0. 975V，持续时间超过 45s，或在减油模式控制操作期间，主氧传感器信号电压高于 0. 2V，持续时间超过 5s 时，PCM 将设置故障码（PO132）。

PCM 连续监视氧传感器信号 100s，在监视期间，PCM 记录从浓到稀和从稀到浓的响应次数，并完成所有转换过程的时间进行累加，利用该信号可确定每个转换过程的平均时间。若平均响应时间太长，将设置PO1330码。当氧传感器从稀（低于0.3V）向浓（高于0.6V）的平均转换时间高于0.175V，从浓（高于0.6V）向稀（低于0.3V）的平均转换时间高于0.160V时，PCM将设置故障码。

氧传感器信号不正常，不一定是氧传感器本身的故障，还应检查：燃油压力是否过高（标准为284~325kPa）；喷油器雾化状况及各缸喷油量均匀性；燃油蒸气排放炭罐是否饱和；空气流量计信号，油压调节器管路是否有燃油；节气门开度传感器信号；主氧传感器内部是否短路，表面是否污染，信号线与搭铁线是否断路；PCM接插件和线束是否断路或接触不良等。

### 2. 氧化钛式氧传感器的检测

氧化钛式氧传感器与氧化锆式氧传感器不同。氧化钛式氧传感器工作原理与发动机冷却液传感器和进气温度传感器类似——包含一个可变电阻，可变电阻值根据条件改变。与冷却液温度传感器和进气温度传感器不同的是，氧化钛式氧传感器根据周围的空燃比变化而改变电阻值，而PCM则读取电阻两端的电压降。通常PCM提供给氧化钛式氧传感器一个工作电压。大多数氧化钛式氧传感器在多点喷射系统中使用。

## 八、爆燃传感器的检测

爆燃传感器安装在缸体上，它的作用是检测发动机有无爆燃产生。它把发动机爆燃时产生的信号传递给发动机ECU，以延迟点火提前角度，消除爆燃。爆燃传感器的个数在不同发动机上各不相同，有的发动机上装1个，有的发动机上装两个。

时代超人轿车上装有两个爆燃传感器，1、2缸间装1个，3、4缸间装1个。当1、2缸的爆燃传感器将爆燃信号传递给发动机ECU后，发动机ECU根据凸轮轴信号就能正确地判断出1缸爆燃还是2缸爆燃。

皇冠3.0轿车2JZ-GE型发动机爆燃传感器与ECU的连接电路如图5-43所示。

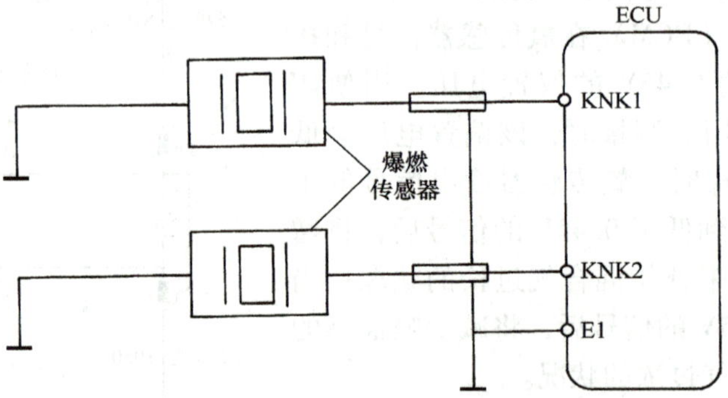


图5-43 爆燃传感器与ECU的连接电路

（1）爆燃传感器电阻检测 关闭点火开关，拔下传感器插接器插头，用万用表测量传感器的接线端子与外壳间的电阻。若为无穷大，则正常；若电阻约为零（或导通），则必须更换爆燃传感器。

（2）输出信号的检测 拔下爆燃传感器导线插接器插头，在发动机怠速时用万用表检查爆燃传感器的接线端子与搭铁间的电压，应有脉冲电压输出。否则，应更换爆燃传感器。

### 学习任务单 2

1. 目前常见的空气流量计有哪几种？其检测方法及注意事项有哪些？
2. 叙述爆燃传感器的检测方法。
3. 简述排气系统主要检测部件的工作原理。
4. 叙述冷却液温度传感器的检测方法。
5. 简述氧传感器的种类、工作原理及检测方法。
6. 简述喷油器的检查内容及方法。
7. 简述霍尔传感器的特点及工作原理。

## 任务三　认知底盘、车身检测与诊断技术

### 一、底盘与车身的检测

#### 1. 传动系统的检测

传动系统的检测内容包括电控自动变速器、传动轴、主减速器及差速器等多个总成的检测。变速器分为手动和自动两种。随着电子技术的飞速发展，现代汽车普遍采用电控自动变速器。电控自动变速器的检测与诊断是传动系统检测的重点和难点。

（1）电控自动变速器　电控自动变速器主要由液力变矩器、齿轮变速机构、换档执行机构、液压控制系统、电子控制系统等部分组成。

1）液力变矩器。液力变矩器安装在发动机与变速器之间，将发动机转矩传给变速器输入轴，相当于普通汽车上的离合器，但在传动力矩的方式上不同于普通离合器。普通离合器靠摩擦传递力矩，液力变矩器靠液力传递力矩，而且改变发动机的转矩，能实现无级变速，如图 5-44 所示。

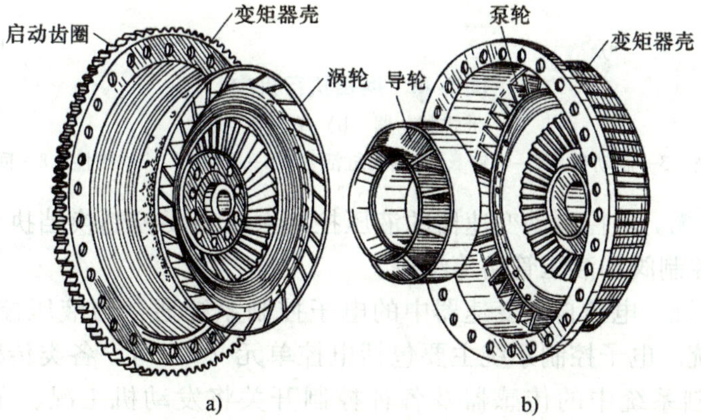


图 5-44　液力变矩器

2）齿轮变速机构。齿轮变速机构可形成不同的传动比，组合成电控自动变速器的不同档位。目前绝大多数电控自动变速器采用行星齿轮机构进行变速，也有某些车型采用普通齿轮机构。行星齿轮机构分为单排行星齿轮和双排行星齿轮组两种，如图 5-45 所示。

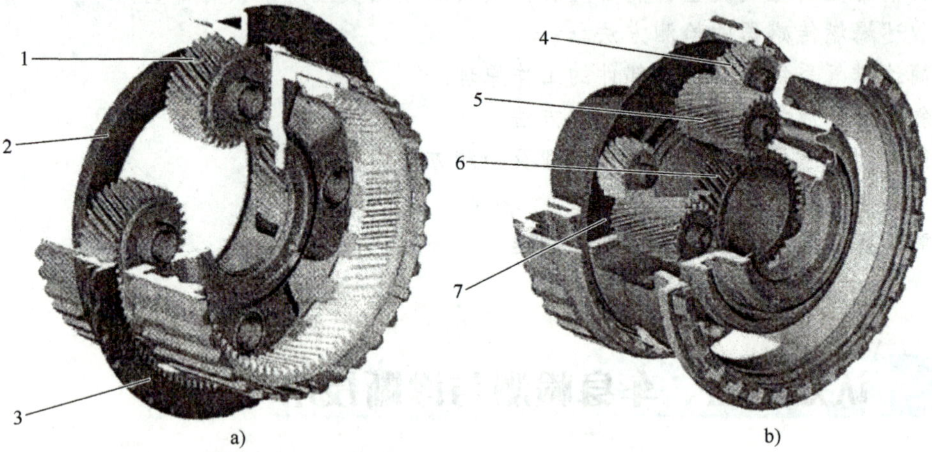


图 5-45　齿轮变速机构

a）单排行星齿轮　b）双排行星齿轮组

1—行星齿轮　2—行星架　3—齿圈　4—短行星轮　5—长行星轮　6—太阳轮　7—行星架

3）换档执行机构。电控自动变速器换档执行机构的功用和功能与普通变速器的同步器有相似之处，但电控自动变速器的换档执行机构受电液系统控制。电控自动变速器的换档执行机构有离合器、制动器和单向离合器 3 种，如图 5-46 所示。

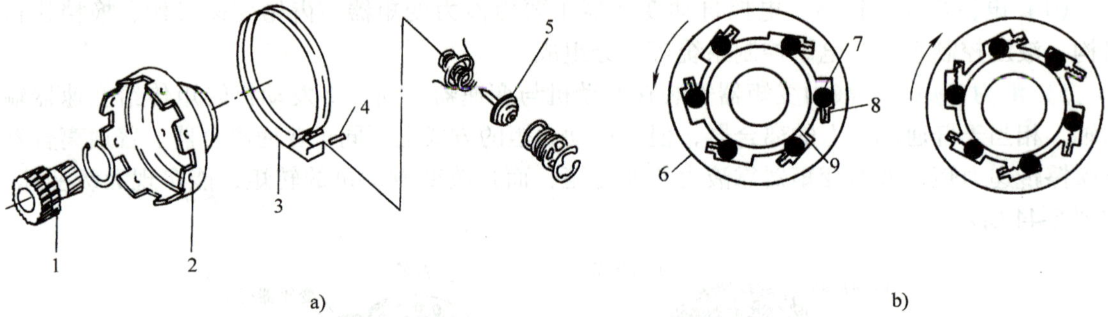


图 5-46　换档执行机构

a）带式制动器　b）单向离合器

1—太阳轮　2—制动鼓　3—制动带　4—销钉　5—制动缸活塞　6—外座圈　7—滚柱　8—回位弹簧　9—内座圈

4）液压控制系统。电控自动变速器的液压控制系统主要控制换档执行机构的工作，由液压泵及各种液压控制阀和液压管路等组成。

5）电子控制系统。电控自动变速器中的电子控制系统通常与液压控制系统配合使用，合称为电液控制系统。电子控制系统主要包括电控单元（ECU）、各类传感器、执行器及控制电路等。电子控制系统中的传感器及各种控制开关将发动机工况、车速等信号传递给 ECU，ECU 发出指令给执行器，执行器和液压系统按一定的规律控制换档执行机构工作，实现电控自动变速器自动换档。

（2）主减速器（前置发动机前轮驱动车辆）　主减速器的功用是将输入的转矩增大并相应降低转速，根据需要改变转矩的方向。在横置式发动机车辆中，发动机动力是通过变速器而不是传动轴来进行传输的。在纵置式发动机的车辆中，由于使用了传动轴，需要通过差速器将发动机转动方向改变为垂直方向。但是，在发动机横置时，不需要改变旋转的方向，所以动力是直接由变速器传至差速器，再由差速器传至驱动轴和驱动轮的。主减速器主要由主动齿轮和从动齿轮组成，如图 5-47 所示。

（3）差速器总成的结构　差速器的作用：

1）允许左、右车轮以不同的转速旋转，使车轮在地面上做纯滚动。

2）把主减速器传来的转矩平均分配给左、右半轴，使左、右驱动轮产生相等的驱动力（前置发动机前轮驱动车辆）。

在前置发动机前轮驱动车辆中，其横置发动机的差速器是与变速器结合成一体的。

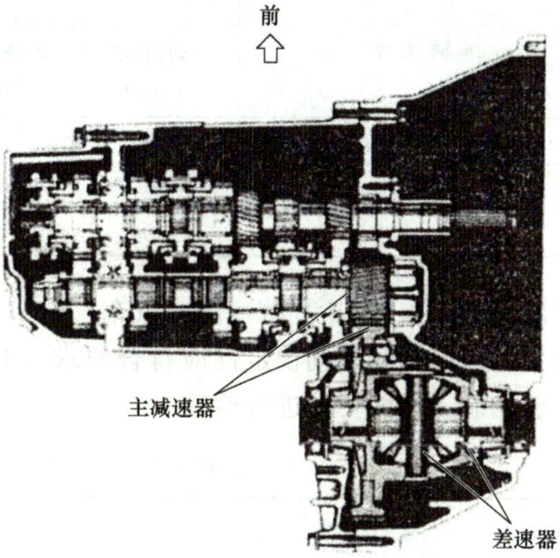

图 5-47　主减速器结构图

### 2. 制动系统的检测

汽车制动系统包括行车制动系统和驻车制动系统，其组成与分布如图 5-48 所示。行车制动器安装在车轮上，主要用于汽车行驶中减速和停车。驻车制动器通常安装在变速器或分动器之后，也有的安装在车轮上，主要用于停车后防止汽车滑行，也可以作为行车制动的辅助制动。

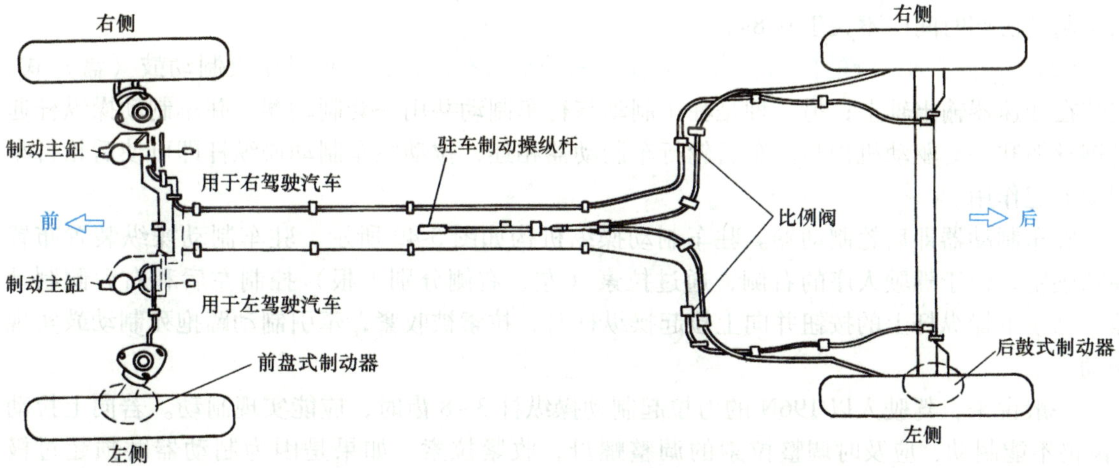

图 5-48　制动系统的组成与分布

（1）行车制动系统性能检验

1）制动距离。车辆在规定的初速度下的制动距离和制动稳定性应符合要求。对空载检验制动距离有质疑时，用表5-13中满载检验的制动性能要求进行检验。

表5-13　制动距离和制动稳定性要求

| 车辆类型 | 指标 | | | |
|---|---|---|---|---|
| | 制动初速度/(km/h) | 满载检验的制动距离/m | 空载检验的制动距离/m | 制动稳定性要求车辆任何部位不得超出的试车道宽度/m |
| 乘用车（座位数≤9的载客汽车） | 50 | ≤20 | ≤19 | 2.5 |
| 总质量≤4.5t的汽车 | 50 | ≤22 | ≤21 | 2.5 |
| 其他汽车、汽车列车 | 30 | ≤10 | ≤9 | 3.0 |

2）充分发出的平均减速度。汽车、汽车列车在规定的初速度下急踩制动踏板时充分发出的平均减速度和制动稳定性应符合要求。对空载检验制动性能有质疑时，用表5-14中满载检验的制动性能要求进行检验。

表5-14　平均减速度和制动稳定性要求

| 车辆类型 | 指标 | | | |
|---|---|---|---|---|
| | 制动初速度/(km/h) | 满载检验充分发出的平均减速度/($m/s^2$) | 空载检验充分发出的平均减速度/($m/s^2$) | 制动稳定性要求车辆任何部位不得超出的试车道宽度/m |
| 乘用车（座位数≤9的载客汽车） | 50 | ≤5.9 | ≤6.2 | 2.5 |
| 总质量≤4.5t的汽车 | 50 | ≤5.4 | ≤5.8 | 2.5 |
| 其他汽车、汽车列车 | 30 | ≤5.0 | ≤5.4 | 3.0 |

3）制动协调时间。制动协调时间指在急踩制动踏板时，从踏板开始动作至车辆减速达到规定的车辆充分发出的平均减速度的75%所需的时间。单车制动协调时间应不大于0.6s，列车制动协调时间应不大于0.8s。

（2）驻车制动系统的检测　常见的驻车制动形式有两种：一种是中央制动鼓（盘）式，安装在变速器输出轴上；另一种是驻车制动与行车制动共用一套制动器，驻车制动操纵杆通过钢丝绳和一套驱动机构与汽车后轮行车制动器相连，拉动驻车制动操纵杆即可使后轮行车制动器起作用。

驻车制动器即后轮制动器。驻车制动操纵机构如图5-49所示。驻车制动操纵装置布置在驾驶室，位于驾驶人座的右侧，通过拉索（左、右侧分别1根）控制左后和右后侧制动器。当按下操纵杆上的按钮并向上拉起操纵杆时，拉索被收紧，牵引制动蹄抱死制动鼓实现制动。

一般说来，驾驶人以196N的力拉起制动操纵杆3~8齿时，应能实现制动。若向上拉动8齿仍不能制动，应及时调整拉索的调整螺母，收紧拉索。如果是因为制动器磨损超过极限，应立即检修后轮制动器。

在空载状态下，驻车制动装置应能保证车辆的坡度为20%（总质量为整备质量的1.2倍以下的车辆为15%），轮胎与路面间的附着系数≥0.7的坡道上正、反两个方向保持固定不动的时间≥5min。

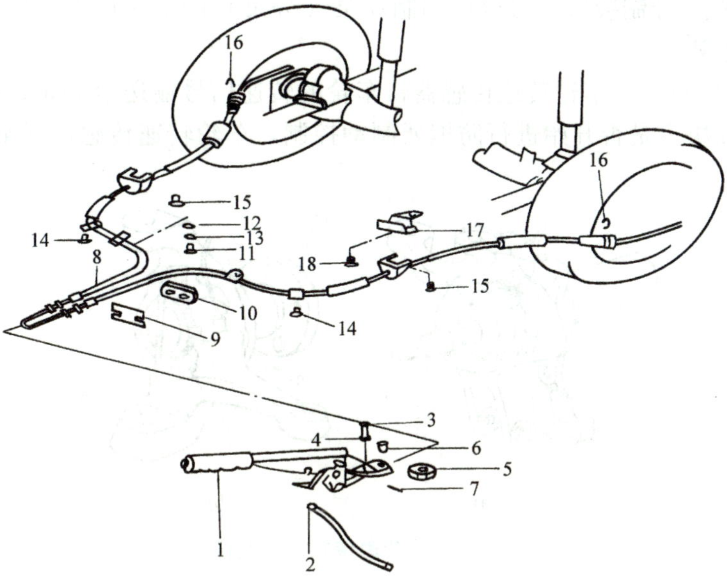


图 5-49　驻车制动操纵机构

1—操纵杆总成　2—驻车制动开关　3—螺钉　4—垫圈　5—拉索滑轮　6—销轴　7—开口销　8—拉索总成　9—拉索固定线卡　10—拉索胶套　11、12、13—螺栓组合件　14、15、18—螺栓　16—线夹　17—拉索托架

GB 7258《机动车运行安全技术条件》规定，制动力、制动距离和制动减速度 3 个指标之一符合要求，即判为合格。

（3）防抱死制动系统（ABS）　ABS 的组成如图 5-50 所示。

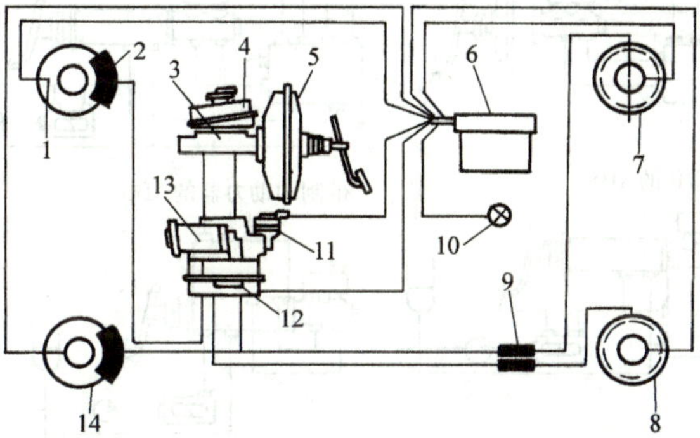


图 5-50　ABS 的组成

1—车轮转速传感器　2—右前制动器　3—制动总泵　4—储液室　5—真空助力活塞　6—电控单元　7—右后制动器　8—左后制动器　9—比例阀　10—ABS 警告灯　11—储液器　12—调压电磁阀总成　13—电动液压泵总成　14—左前制动器

ABS 由车轮转速传感器、ECU、压力调节装置和功能元件组成。车轮转速传感器将车轮的转速信号输送给 ECU。ECU 是 ABS 的控制中心，连续检测来自每个车轮转速传感器的信号，经过计算后适时发出控制指令给制动压力调节装置，同时监测系统各装置的工作状态。如果系统有故障，ECU 立即让系统停止工作，并将故障以故障码的形式储存起来。压力调

节装置是 ABS 的执行控制装置，可以控制制动泵（分泵）的液压压力迅速变大或变小，以防止车轮被完全抱死。

1）车轮转速传感器。车轮转速传感器将车轮的转速信号输送给 ECU，通过处理后判断车轮的运动状态而决定是否开始进行防抱死制动控制。车轮转速传感器通常安装在车轮处，如图 5-51 所示。

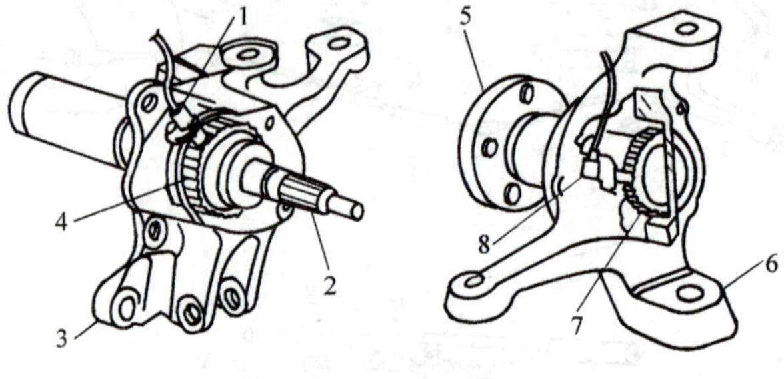


a)　　b)

图 5-51　车轮转速传感器安装位置

a）驱动车轮　b）非驱动车轮

1—电磁感应式传感器　2—半轴　3—悬架支承　4—齿圈

5—轮毂　6—万向节　7—齿圈　8—电磁感应式传感器

2）压力调节装置。制动压力调节装置可分为非整体式和整体式两种形式。非整体式的制动压力调节装置与制动总泵自成一体，如图 5-52 所示，二者通过制动管路与制动总泵或制动助力器连接在一起。

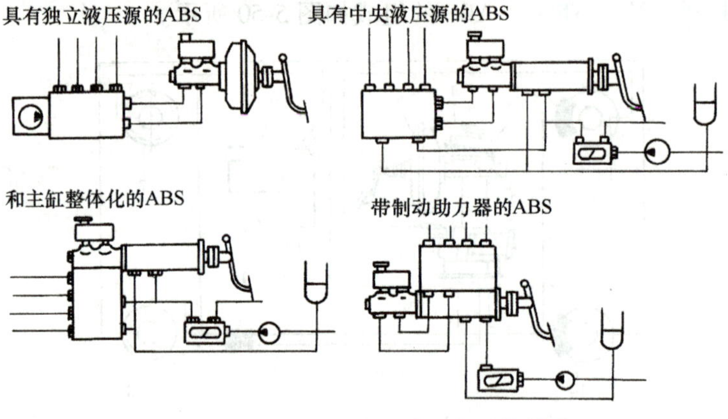


图 5-52　非整体式的制动压力调节装置

整体式制动压力调节装置将制动压力调节装置与制动总泵或制动助力器构成一个整体，如图 5-53 所示。

3）ECU。ECU 是 ABS 的控制中心，不同车系 ABS 的 ECU 的控制模式基本相同。图 5-54 所示为瓦布科 ABS 的 ECU 结构。

输入电路对 ECU 的输出信号进行预处理，滤除输入信号中的噪声，将输入的各种模拟信号转换为数字信号，输入控制微处理器和安全微处理器。在对系统检测的过程中，由微处理器发出的测试脉冲信号经输入电路传给各传感器，再由输入电路将各传感器的反馈信号处

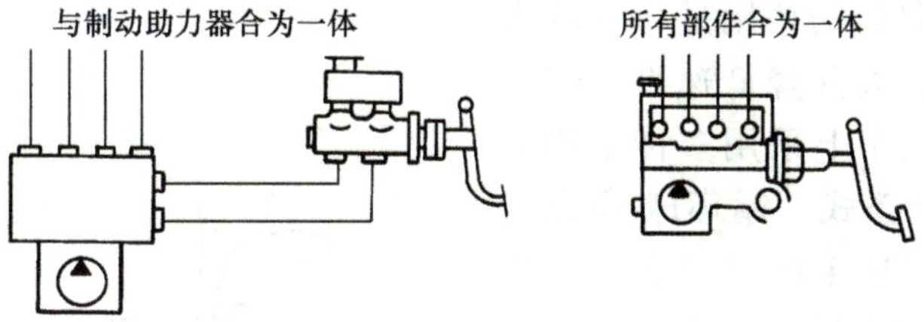


图 5-53　整体式制动压力调节装置

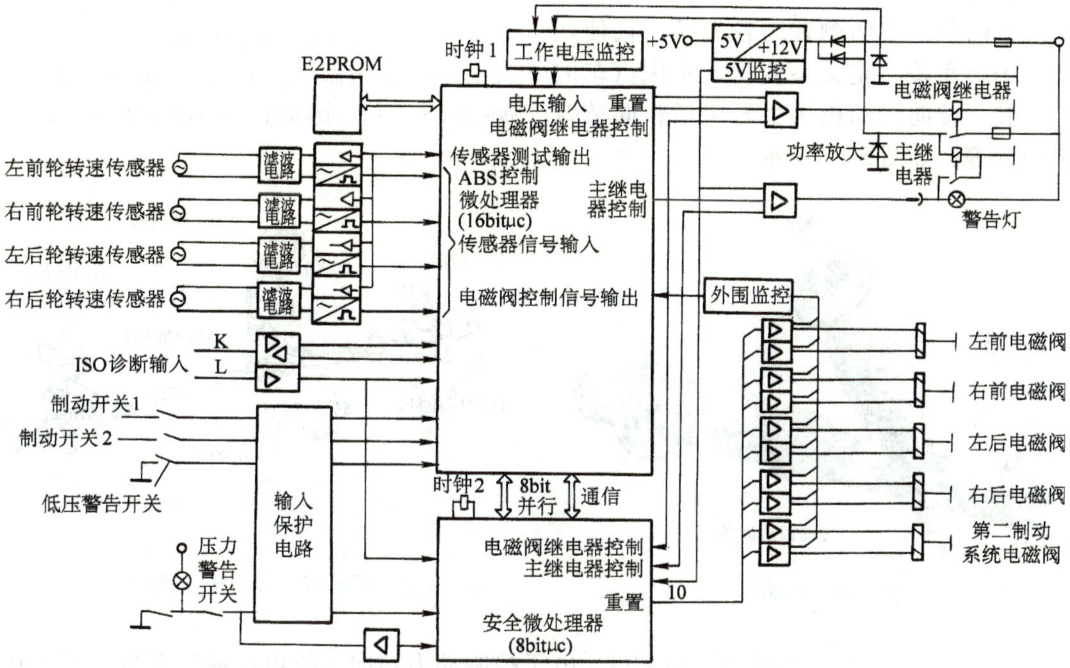


图 5-54　瓦布科 ABS 的 ECU 结构

理后输入微处理器。经过输入预处理的信号输入 16 位的控制微处理器，由控制微处理器运算和处理后生成相应的指令。为了防止因系统发生故障导致错误控制，由一个 8 位的安全微处理器与控制微处理器通过双向通信对系统进行监测。控制微处理器或安全微处理器发现系统存在影响其正常工作的故障时，可通过控制主电路和电磁阀继电器使系统退出工作状态，并将故障信息存储起来。

### 3. 转向系统的检测

汽车转向系统根据转向能源的不同可分为机械转向系统和动力转向系统两大类型。机械转向系统以驾驶人的体力作为转向能源，一般由转向操纵机构、转向器和转向传动机构组成。动力转向系统兼用驾驶人体力和发动机动力作为转向能源，并且以发动机动力作为主要能源。动力转向系统是在机械转向系统的基础上加设一套转向加力装置而成的。

（1）转向操纵机构　汽车转向操纵机构主要由转向盘、转向轴以及转向管柱等机件组成，如图 5-55 所示。

（2）转向器　转向器的功用是将驾驶人加在转向盘上的力矩放大并降低速度，然后传给转向传动机构。汽车上采用多种结构形式的转向器，如齿轮齿条式、循环球-齿条齿扇式等。现代高级轿车还采用了可变传动比齿轮齿条式转向器，如图 5-56 所示。

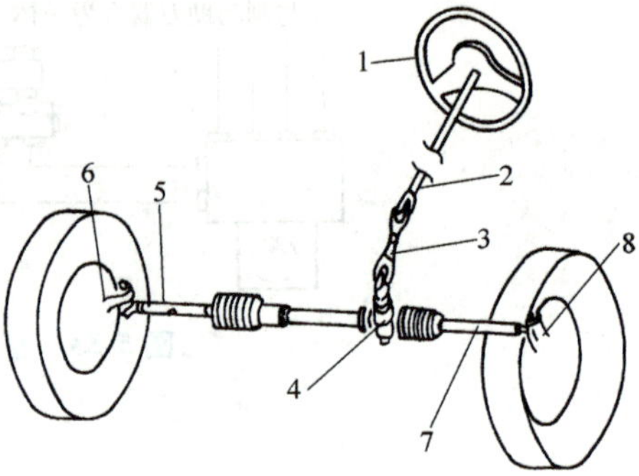


图 5-55　转向操纵机构

1—转向盘　2—转向上轴　3—转向下轴　4—齿轮齿条式转向器　5、7—转向横拉杆　6—右万向节　8—左万向节

（3）转向传动机构　转向传动机构的功用是将转向器输出的力矩放大后传到转向桥两侧的万向节，使两侧转向轮偏转，且使两转向轮偏转角按一定关系变化，实现汽车的转向行驶。转向传动机构主要包括转向节臂和横拉杆等，如图 5-57 所示。

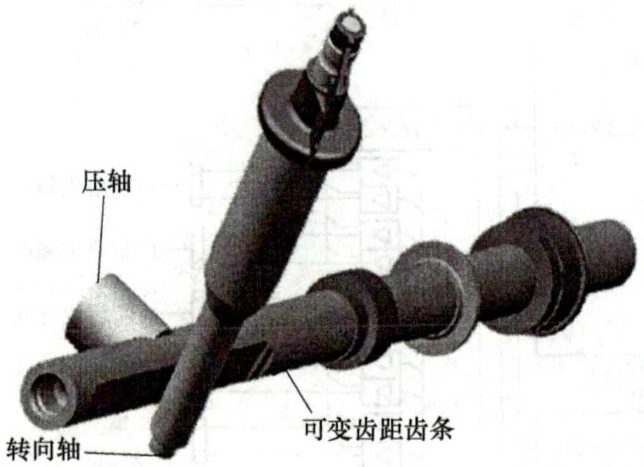


图 5-56　转向器

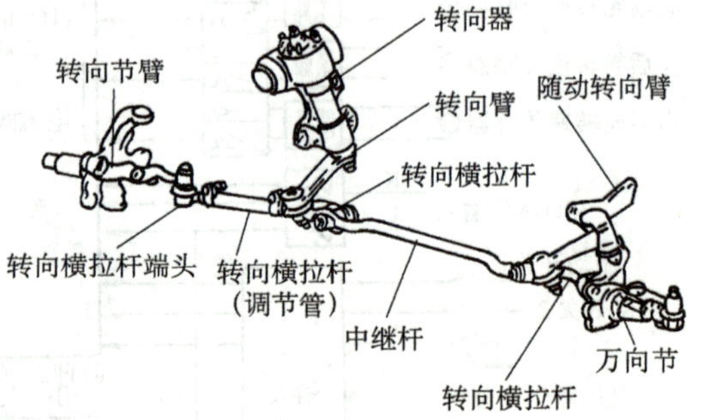


图 5-57　转向传动机构

（4）电子控制动力转向系统（EPS）　电子控制动力转向系统可以使汽车驾驶具有优越的操纵性、合适的转向力、平顺的回转性能以及工作的可靠性等。EPS 根据动力源的不同可分为液压式 EPS 和电动式 EPS。

1）液压式 EPS。液压式 EPS 按控制方式的不同可分为流量控制式、反力控制式等形式。

① 流量控制式 EPS 主要由车速传感器、电磁阀、整体式动力转向控制阀、动力转向液压泵和电控单元等组成。电磁阀安装在通向转向动力缸活塞两侧油室的油道之间，当电磁阀的阀针完全开启时，两油道就被电磁阀旁通。流量控制式 EPS 根据车速传感器的信号，控制电磁阀的开启程度，从而控制转向动力缸活塞两侧油室的旁路液压油流量，来改变转向盘上的转向力。车速越高，流过电磁阀电磁线圈的平均电流值越大，电磁阀阀针的开启程度越大，旁路液压油流量越大，而液压助力作用越小，使转动转向盘的力随之增大。图 5-58 所示为蓝鸟轿车的流量控制式 EPS。

② 反力控制式 EPS 主要由转向控制阀、分流阀、电磁阀、转向动力缸、转向液压泵、储油箱、车速传感器和 ECU 等组成。图 5-59 所示为反力控制式 EPS 的工作原理图。ECU 根据车速传感器测到车速高低线性控制电磁阀的开口面积。当车速较低时，ECU 控制电磁阀开口面积增大，此时，经分流阀分流的液压油通过电磁阀重新回到储油箱中，这样，作用于

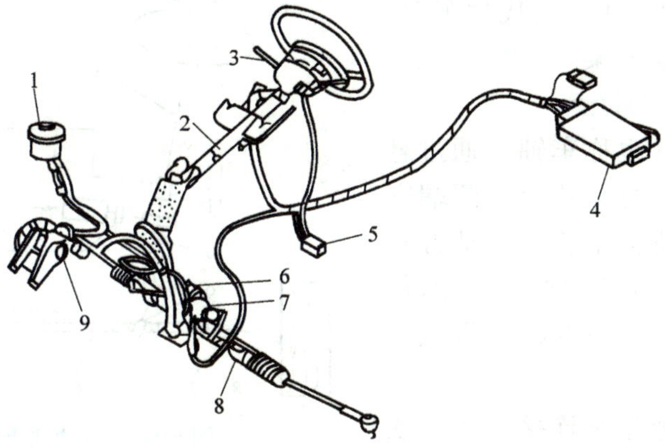


图 5-58　蓝鸟轿车的流量控制式 EPS

1—动力转向油罐　2—转向管柱　3—转向角速度传感器　4—电控单元
5—转向角速度传感器增幅器　6—旁通流量控制阀　7—电磁线圈　8—转向齿轮联动机构　9—液压泵

柱塞的背压（油压反力室压力）降低，于是柱塞推动控制阀阀杆的力（反力）较小，因此只需要较小的转向力就可使扭力杆扭转变形，使阀体与阀杆产生相对转动而实现转向助力作用。

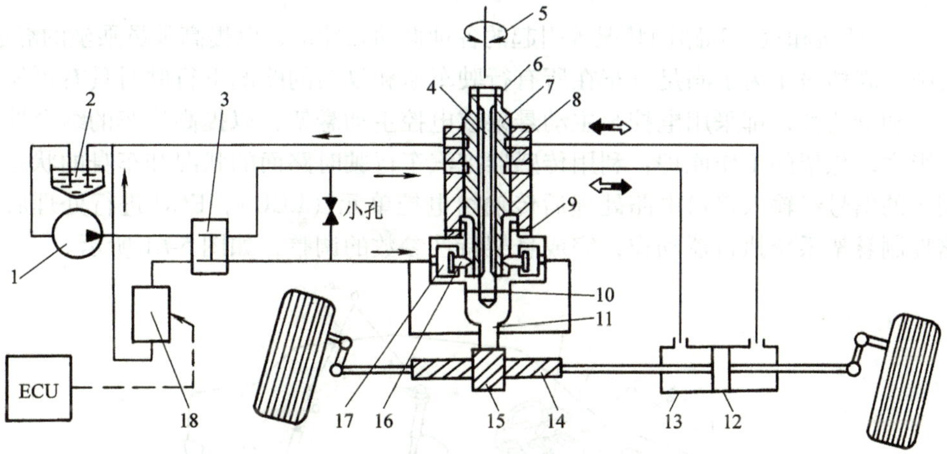


图 5-59　反力控制式 EPS 的工作原理图

1—泵　2—储油箱　3—分流阀　4—扭力杆　5—转向盘　7—转阀阀杆　8—控制阀阀体　6、9、10—销
11—小齿轮轴　12—活塞　13—转向动力缸　14—齿条　15—小齿轮　16—柱塞　17—油压反力室　18—电磁阀

2）电动式 EPS。电动式 EPS 通常由转矩传感器、电控单元、电动机和电磁离合器等组成，如图 5-60 所示。

#### 4. 行驶系统的检测

汽车作为一种交通运输工具，其行驶系统的主要功用是：支承汽车的总质量；接受由发动机经传动系统传来的力矩，通过驱动轮与地面之间的附着作用保证整车正常行驶；传递并支承路面作用于车轮上的各种反力及其所形成的力矩；尽可能地缓和不平路面对车身造成的冲击和振动，保证汽车平顺行驶。汽车行驶系统一般由车架、车桥、车轮和悬架等部分组成。现代轿车多采用承载式车身代替车架，采用断开式车桥和独立悬架。车桥和悬架是行驶系统检测与诊断的重点。

（1）车桥 车桥（也称车轴）通过悬架与车架（或承载式车身）连接，两端安装汽车车轮。按照车桥上车轮的运动方式和作用的不同，车桥分为转向桥、驱动桥、转向驱动桥和支持桥。车桥的检测重点为转向轮的定位。

（2）悬架 汽车悬架是连接车架（或承载式车身）与车桥（或车轮）的一系列传力装置。汽车悬架的作用有：

1）承载，即承受汽车各方面的载荷，这些载荷包括垂直方向、纵向和侧向的各种压力。

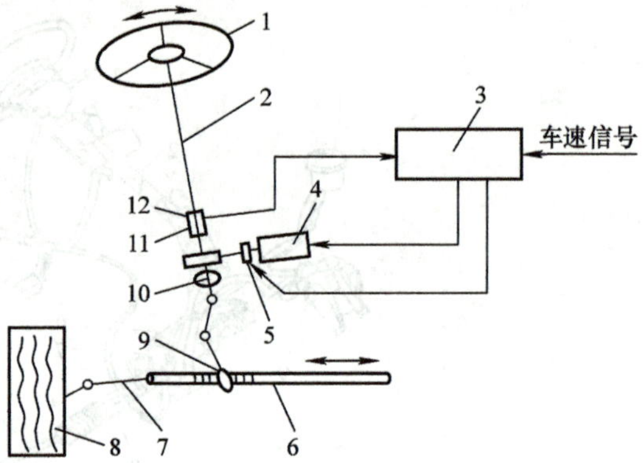


图 5-60 电动式 EPS 的组成

1—转向盘 2—输入轴 3—电控单元 4—电动机 5—电磁离合器 6—转向齿条 7—横拉杆 8—转向轮 9—输出轴 10—扭力杆 11—转矩传感器 12—转向齿轮

2）传递动力，即将车轮与路面间产生的驱动力和制动力传递给车身，使汽车向前或减速、停车。

3）缓冲，即缓和汽车和路面状况等引起的各种振动和冲击，以提高乘员乘坐的舒适性。

现代中、高档轿车为了满足汽车在所有行驶车速和复杂的路况下行驶时具有可靠的安全性、操纵性和舒适性，都采用电控半主动悬架或电控主动悬架，以提高汽车的综合性能。

电控半主动悬架的工作原理：利用传感器把汽车行驶时路面的状况和车身的状态进行检测，检测到的信号经输入接口电路处理后传输给电控单元（ECU），ECU 进行处理后，通过驱动电路控制悬架系统执行器动作，完成悬架特性参数的调整，如图 5-61 所示。

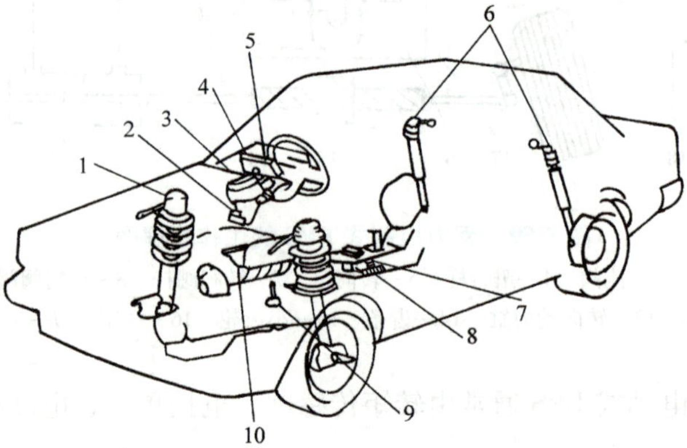


图 5-61 电控半主动悬架系统

1—执行部件 2—动力转向传感器 3—停车灯开关 4—TEMS 指示灯 5—速度传感器 6—执行部件 7—ECU 8—模式选择开关 9—空档起动开关 10—节气门位置传感器

装备电控主动悬架系统的汽车能够根据负载情况、行驶状态和路面情况等，主动调节包括悬架系统的阻尼力、汽车车身高度和行驶姿势、弹性元件的刚度在内的多项参数。这类悬架系统多采用空气弹簧或油气弹簧作为弹性元件，通过改变弹簧的空气压力或油气压力的方式来调节弹簧的刚度，使汽车的相关性能始终处于最佳状态。

### 5. 车身的检测

轿车一般采用承载式车身。承载式车身的底座地板与用来加强的短纵梁焊成一体。车身的检测除对门锁性能、车身损伤状况、车身联接部位松旷的检查外，还应进行下面各项检查：

（1）发动机罩盖和罩盖拉索　合上发动机罩盖时，检查罩盖是否完全锁牢，检查罩与左、右挡泥板的间隙，注意高度上是否有较大误差；打开发动机罩盖时，检查罩盖拉索是否能平稳地解脱，罩盖拉索状况是否正常，罩盖铰链是否留有自由行程，罩盖支撑杆是否可将罩盖支起。

（2）车门　检查车门开启时对其他部件是否有刮碰，车门能否圆滑地运动；关闭车门时，应能可靠地锁紧，门与门框的间隙应无大的误差。

（3）行李舱盖　检查其开闭动作是否顺畅，锁紧机构是否正常。

## 二、底盘与车身的检测与诊断

### 1. 传动系统的检测与诊断

（1）游动角度的检测　当传动系统各部分因磨损松旷或调整不当而产生振抖和异响时，常用的诊断方法是用手转动或晃动，凭经验做出判断，但这样很难明确故障部位、损坏情况，因此有时需要拆卸后进行检查。传动角度可以作为评价汽车传动系统技术状况的一般性综合诊断参数。利用游动角度检验仪可对各传动部分的游动角度进行检验。

（2）数字式游动角度检验仪

1）仪器的组成。该仪器检验范围为0°~30°，使用的电源为直流12V。仪器由倾角传感器和测量仪两部分组成，二者以电缆相连。倾角传感器的作用是将传感器外壳随传动轴游动的倾角转换为相应频率的电振荡。传感器外壳是一个长方形的壳体，其上部开有V形缺口并配有带卡扣的尼龙带，因而可方便地固定在传动轴上。倾角传感器的结构如图5-62所示。测量仪实际上是一台专用的数字式频率计，其作用是直接显示传感器的倾角。

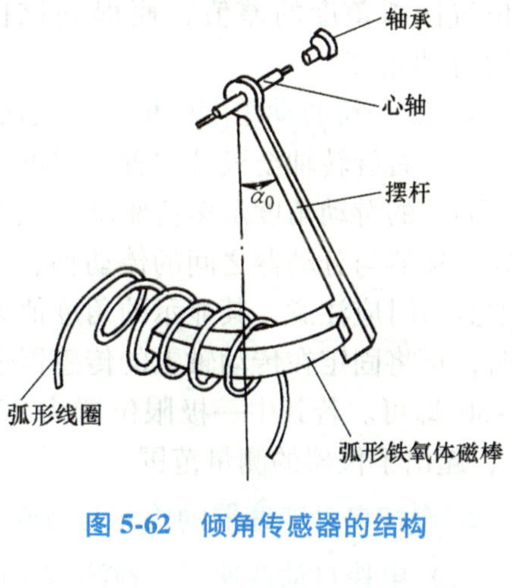

图5-62　倾角传感器的结构

2）仪器的工作原理。仪器采用PMOS数字集成电路。由传感器送来的振荡信号，经过数门进入主计数器，在集成的补数基础上累计脉冲数。计数结束后，在锁存器接收脉冲作用下，将主计数器的结果送入寄存器，并由荧光数码管将结果显示出来。使用中，将游动范围内两个极端位置的倾角读出，其差值即为游动角度。

（3）指针式游动角度检验仪　该仪器由指针、刻度盘和测量扳手组成。指针与刻度盘如图5-63所示。测量扳手上有指针和刻度盘，以便指示转动扳手的读数值，如图5-64所示。

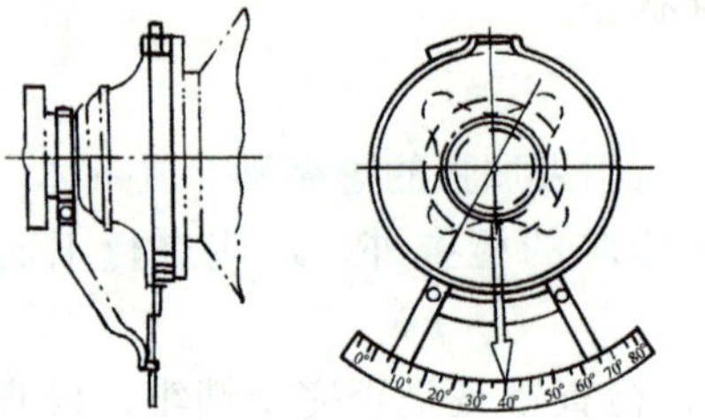

图 5-63 指针与刻度盘

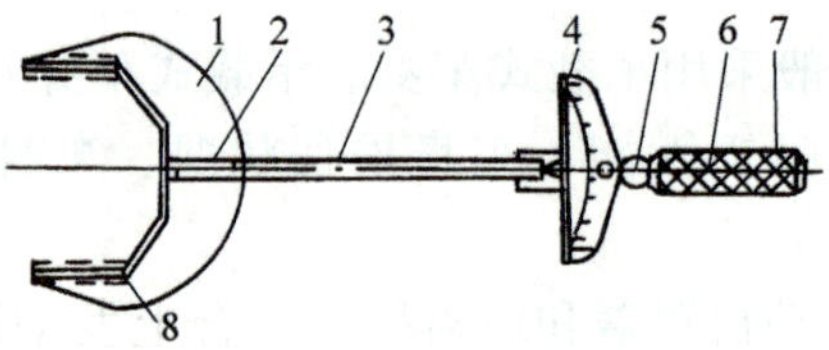


图 5-64 测量扳手

1—卡嘴 2—指针座 3—指针 4—刻度盘 5—手柄 6—手柄套筒 7—定位销 8—可换钳口

（4）用数字式游动角度检验仪检测游动角度 将测量仪接好电源，用电缆把测量仪和传感器连接好，先按仪器使用说明书的要求对仪器进行自校，再将转换开关扳到“测量”位置上，即实测。在汽车传动系统中，最便于固定倾角传感器的部位是传动轴。因此在整个检测过程中，该传感器都一直固定在传动轴上。使用数字式游动角度检验仪分段检测游动角度时，应遵循一端固定、检测另一端的原则，其方法如下：

1）将传动轴置于万向传动装置游动角度范围的中间或将驱动桥支起，拉紧驻车制动器手柄，左、右旋转至极端位置，测量仪便直接显示出固定在传动轴上的传感器的倾斜角度。两个位置的倾斜角度的差值即为万向传动装置的游动装置的游动角度。该角度不包括传动轴与驱动桥之间的万向节的游动角度。

2）离合器和变速器各档位游动角度的检测。放松驻车制动器手柄，变速器挂入选定档位，离合器处于接合状态，在传动轴置于驱动桥游动范围的中间或将驱动桥支起的情况下，左、右旋转传动轴至极端位置，测量仪便显示出传感器的倾斜角度，求出两位置倾斜角度的差值，便得到该档位下的游动角度，即为离合器与变速器在各档位下的游动角度。

3）驱动桥游动角度的检测。放松驻车制动器手柄，变速器置于空档位置，踩下制动踏板，左、右旋转轴至极端位置，即可测得驱动桥的游动角度。该角度包括传动轴与驱动桥之间万向节的游动角度。多桥驱动的汽车，当需要检测每一段的游动角度时，传感器应分别固定在变速器与分动器之间的传动轴、前桥传动轴、中桥传动轴和后桥传动轴上。在测量仪上读取数值时应注意，其显示的角度值为0°~30°时有效，大于30°时无效。出现大于30°的情况时，可将固定在传动轴上的传感器适当转过一定角度，使传动轴两极限位置所示角度值为0°~30°即可。若其中一极限位置为0°，另一极限位置超过30°，说明该段游动角度已大于30°，超出了仪器的测量范围。

**2. 电控自动变速器的检测与诊断**

（1）电控自动变速器的检测与诊断的原则

1）确定故障的部位。确定故障是自动变速器液压控制系统、电控系统、机械系统（液力变矩器或行星齿轮机构）中哪一个系统引起的。只有确定了故障部位，才能有针对性地去查找故障根源。

2）坚持先易后难、逐步深入的原则。按故障的难易程度，先从最简单、最容易检查的部位入手。

3）区分故障的性质。确定电控自动变速器故障是机械部分、液压部分、电控部分中哪一处的；是只需维护就可排除，还是需拆卸电控自动变速器彻底修理才能排除。

4）充分利用电控自动变速器各项检验项目（基础检查、手动换档试验、液压试验、失速试验、时滞试验、道路试验），为查找故障提供思路和线索。通过这些检验项目的检测，一般可发现电控自动变速器的故障所在。

5）充分利用电控自动变速器的故障自诊断功能。

（2）电控自动变速器故障检测与诊断的准备工作　现代汽车电控自动变速器都具有自诊断功能，一旦系统出现故障，在 ECU 中将存储一个相应的故障码，以便于故障的检测和诊断，通过故障码的读取，维修人员可以初步判断出故障所在。故障码的读取可用检测仪调取，也可人工读取。不同公司生产的电控自动变速器的故障码读取方法及含义不同。

在读取故障码之前，应先检查汽车蓄电池电压是否正常，然后按下述方法读取故障码。

① 将点火开关置于 ON 位置，但不要起动发动机。

② 按下变速杆上的超速档（O/D）开关，使之置于 ON 位置。

下面介绍丰田汽车电子控制自动变速器故障码的人工读取方法。

丰田轿车是以仪表板上的超速档指示灯（O/D OFF 指示灯）作为电控自动变速器控制系统故障指示灯的。超速档开关（图 5-65）置于 ON 位置时，打开点火开关或汽车行驶中仪表板上的 O/D OFF 指示灯不停地闪烁，则说明电控自动变速器控制系统有故障。在读取故障码时，不要将超速档开关置于 OFF 位置，否则，O/D OFF 指示灯将一直亮着，无法读取故障码。

③ 打开位于发动机附近的电子故障检测插座罩盖，依照罩盖内注明的各插孔名称，用一根诊断跨接线将 $TE_1$（故障自诊断触发端）和 $E_1$（接地）两孔相连接，如图 5-66 所示。

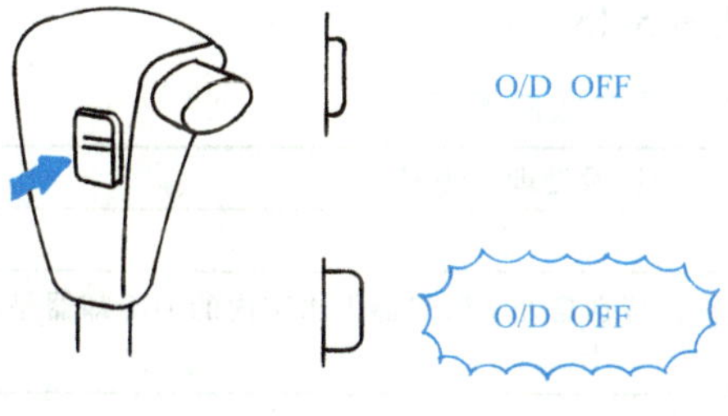


图 5-65　超速档开关（O/D）

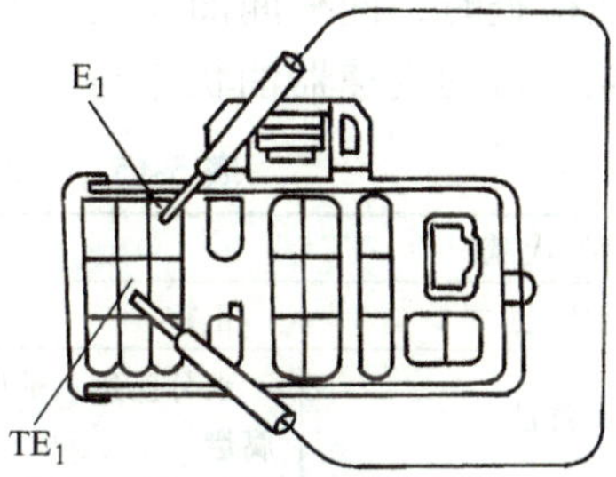


图 5-66　自动变速器诊断插座

④ 根据仪表板上的电控自动变速器故障指示灯（O/D OFF 指示灯）的闪亮规律读取故障码，如图 5-67 所示。若电控自动变速器控制系统工作正常，ECU 内没有故障码，则 O/D OFF 指示灯以 2 次/s 的频率连续闪烁；若电控自动变速器 ECU 内存有故障码，则 O/D OFF 指示灯以 1 次/s 的频率闪烁，并将两位数故障码的十位数和个位数先后用 O/D

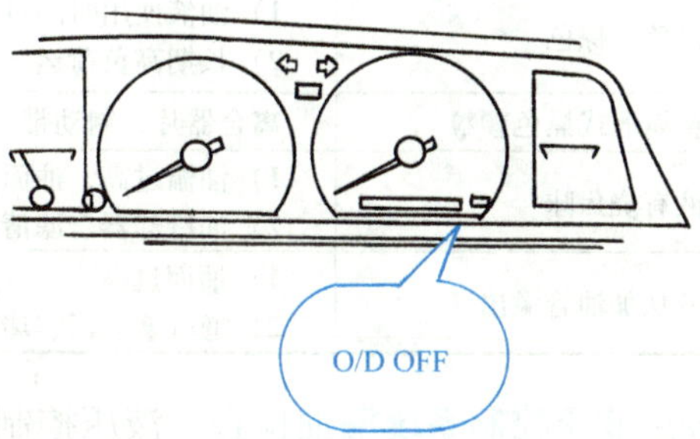


图 5-67　电控自动变速器故障指示灯

OFF 指示灯的闪亮次数表示出来。

⑤ 读取所有故障码后，从故障检测插座上拔下诊断跨接导线，将点火开关转置于 OFF 位置。

⑥ 对照故障码表确定故障原因，查看故障码表；清除记忆故障码。在点火开关置于 OFF 位置时，拆下 EFI 熔丝 10s 以上，记忆故障即被清除。

（3）电控自动变速器的性能检测　电控自动变速器的性能检测内容可分为基础检验、手动换档试验和机械试验（机械试验包括液压试验、失速试验、时滞试验、道路试验和液力变矩器试验）3 个项目。电控自动变速器性能检测的目的是发现故障的部位，以确定维修方法。

1）电控自动变速器基础检验。电控自动变速器基础检验的目的是检验电控自动变速器是否具备正常工作的能力。检验的项目包括：油面检查、油质检查、液压系统漏油检查、节气门拉索检查和调整、变速杆位置检查和调整、空档开关的检查和发动机怠速检查等。基础检查的条件是：发动机工作正常、底盘性能良好，特别是汽车制动系统正常。

2）自动变速器油面高度的检查。在做任何电控自动变速器检测或故障诊断前，首先要进行油面高度检查。其方法如下：

① 将汽车停放在水平地面上，拉紧驻车制动器手柄，让发动机怠速运转至少 1min。

② 踩住制动踏板，将变速杆拨至倒档（R 位）、前进档（D 位）、前进低档（S、L 或 2、1 位）并在每个档位上停留数秒，使液力变矩器和所有换档执行元件中都充满自动变速器油。最后，将操纵手柄拨至停车档（P 位）。

③ 从加油管内拔出油尺，擦净后插入加油管内再拔出，检查油尺上油迹的高度。

3）自动变速器油品质的检查。自动变速器油的状态可反映电控自动变速器工作状态，应经常观察自动变速器油的颜色和气味的变化，据此判断自动变速器油品质的好坏和能否继续使用。在检查时，闻一闻油尺上油液的气味，用手指蘸少许油液并在手指间互相摩擦检查是否有渣粒。自动变速器油状态与常见故障原因见表 5-15。

表 5-15　自动变速器油状态与常见故障原因

| 油液状态 | 原因及处理方法 |
| --- | --- |
| 透明、呈粉红色 | 正常 |
| 颜色发白、浑浊 | 水分已进入油中，应检查密封件，特别是处于散热器下水室内的油冷却器是否锈蚀腐烂 |
| 黑色、发稠，油尺上粘有胶质油膏 | 变速器油温过高 |
| 深褐色、棕色 | 1）油液使用时间过长，应急时更换<br>2）长期高负荷运转或某些部件打滑、损坏、引起变速器过热 |
| 有金属屑或黑色颗粒 | 离合器片、制动带、单向离合器磨损严重 |
| 油液有烧焦味 | 1）油温过高，油面过低<br>2）油冷却器、滤清器或管路堵塞 |
| 油液从加油管溢出 | 1）油面过高<br>2）通气塞脏污、堵塞 |

4）液压控制系统漏油检查。液压控制系统的各联接处都有油封和密封垫，这些部位是经常发生漏油的地方。液压控制系统漏油会引起油路压力下降及油位下降（换档打滑和延

迟的常见原因)。

5）节气门拉索的检查与调整。节气门开度影响着自动变速器的换档时间，发动机熄火后，节气门应全闭；当加速踏板踩到底时，节气门应全开。节气门拉索的索芯不应松弛，索套端和索芯上限位杆之间的距离应为0~1mm。检查与调整方法如下：

① 拉动加速踏板连杆，检查节气门是否全开，如果节气门不能全开，则应该调整加速踏板连杆。

② 将加速踏板踩到底，将调整螺母拧松。

③ 调整节气门拉索，拧动调整螺母，使索套端和索芯上限位杆之间的距离为0~1mm。

④ 拧紧调整螺母，重新检查调整情况。

6）空档起动开关的检查。发动机应只能在空档（N位）和停车档（P位）时起动，其他档位时不能起动。若有异常，应调节N位开关螺栓和开关电路。其方法如下：

① 松开N位起动开关螺栓，将变速杆置于N位。

② 将槽口对准N位基准线，定住位置并拧紧N位起动开关螺栓。

7）发动机怠速检查。发动机怠速不正常，特别是怠速过高，会使电控自动变速器工作不正常，出现换档冲击现象。检查发动机怠速时，应将电控自动变速器变速杆置于停车档（P位）或空档（N位）位置。通常装有电控自动变速器的汽车发动机怠速为750r/min，怠速过高或过低均应调整。

（4）电控自动变速器手动换档试验　为确定故障部位，区分故障是机械系统、液压控制系统还是电控系统引起的，应当进行手动换档试验。这是在读取故障码和完成基础检查之后首先要进行的试验项目。

手动换档试验是将自动变速器的所有换档电磁阀的线束插头全部脱开，由测试人员手动进行各档位的试验，此时ECU不能通过换档电磁阀来控制换档，自动变速器的档位取决于换档操纵手柄的位置。不同车型的电控自动变速器，在脱开换档电磁阀线束插头后，档位和变速杆的关系都不完全相同。手动换档试验的步骤如下：

1）脱开电控自动变速器的所有换档电磁阀线束插头。

2）起动发动机，将变速杆拨至不同位置，然后做道路试验（也可将驱动轮悬空，进行台架试验）。

3）观察发动机转速与车速的对应关系，以判断电控自动变速器所处的档位。不同档位时发动机转速与车速的关系可以查看维修资料。

4）若变速杆位于不同档位时与资料所给的关系表相同，则说明电控自动变速器的阀板及换档执行元件工作基本正常。否则，说明阀板及换档执行元件有故障。

5）试验结束后，接上所有换档电磁阀线束插头。

6）清除ECU中的故障码，防止因脱开换档电磁阀线束插头而产生的故障码储存在ECU中影响自诊断系统的工作。

若每一档动作都正常，则说明故障出在电子控制系统；若有某一档动作异常，则说明故障是机械或液压部分引起的，应进行机械试验。

（5）机械试验　电控自动变速器的机械试验内容包括油压测试、失速试验、时滞试验、道路试验等。

1）油压测试，如图5-68所示。

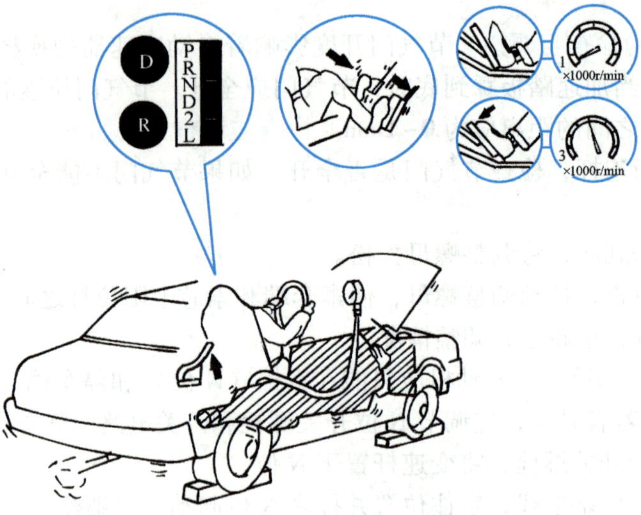


图 5-68 主油路油压测试

在测试时应做的准备工作：

① 让汽车行驶至发动机及电控自动变速器达到正常工作温度。

② 将车辆停放在水平路面上，检查发动机怠速和自动变速器油的油面高度。如果不正常，应进行调整。

③ 准备一个量程为 2MPa 的压力表。

④ 找出电控自动变速器各个油路测压孔的位置。

a. 在变速杆位于前进档或倒档时都有压力油流出，为主油路测压孔。

b. 在变速杆位于前进档时才有压力油流出，为前进档油路测压孔。

c. 在变速杆位于倒档时才有压力油流出，为倒档油路测压孔。

d. 在变速杆位于前进档并且在驱动轮转动后才有压力油流出，为调速器油路测压孔。

前进档主油路油压测试应按以下步骤进行：

① 拆下自动变速器壳体上的主油路测压孔或前进档油路测压孔螺栓，接上油压表。

② 起动发动机，将变速杆手柄拨至前进档（D）位置。

③ 读出发动机怠速时的油压，该油压即为怠速工况下的前进档主油路油压，用左脚踩住制动踏板，同时用右脚将加速踏板完全踩下，失速工况下读取油压，该油压即为失速工况下的前进档主油压。

④ 将变速杆拨至空档（N）或停车档（P）位置，让发动机怠速运转 1min 以上。

⑤ 将变速杆拨至各前进档位置。

⑥ 重复③~⑤的步骤，读出各个前进低速档在怠速工况和失速工况下的主油路油压。

倒档主油路油压测试应按以下步骤进行：

① 拆下自动变速壳体上的主油路测压孔或前进档油路测压孔螺栓，装上油压表。

② 起动发动机，将变速杆拨至倒档（R）位置，读出发动机怠速时的油压，该油压即为怠速工况下的倒档主油路油压。

③ 左脚踩住制动踏板，同时用右脚将加速踏板完全踩下，失速工况下读取油压，该油

压即为失速工况下的倒档主油压。

④ 将变速杆拨至空档（N）位置，让发动机怠速运转 1min 以上。自动变速器主油路油压不正常的原因见表 5-16。

**表 5-16　自动变速器主油路油压不正常的原因**

| 工况 | 检测结果 | 主油路油压不正常的可能原因 |
|---|---|---|
| 失速 | 稍低于标准值 | 节气门拉索或节气门位置传感器调整不当<br>油压电磁阀损坏或电路有故障<br>主油路调压阀弹簧过软或调压阀有故障 |
| | 明显低于标准值 | 油泵有故障<br>主油路泄漏 |
| 怠速 | 所有档位的主油压均太低 | 油泵有故障<br>主油路调压阀卡死<br>主油路调压阀弹簧过软<br>节气门拉索或节气门位置传感器调整不当<br>节气门阀卡滞<br>主油路泄漏 |
| | 前进档及前进低速档主油压均太低 | 前进离合器活塞漏油<br>前进档油路泄漏 |
| | D 档油路正常，但倒档主油压太低 | 倒档和高速档离合器活塞漏油<br>倒档油路泄漏 |
| | D 档油路正常，但各前进低速档主油压太低 | 1 档单向离合器或 2 档单向离合器活塞漏油<br>前进低速档油路泄漏 |
| | 所有档位的主油压均太高 | 节气门拉索或节气门位置传感器调整不当<br>主油路调压阀卡死<br>节气门阀卡滞<br>主油路调压阀弹簧过硬<br>油压电磁阀损坏或电路有故障 |

2）失速试验，如图 5-69 所示。

失速试验的准备工作：

① 让汽车行驶至发动机和自动变速器均达到正常工作温度。

② 检查汽车的踏板制动和驻车制动，确认其性能良好。

③ 检查自动变速器油面高度，应正常。

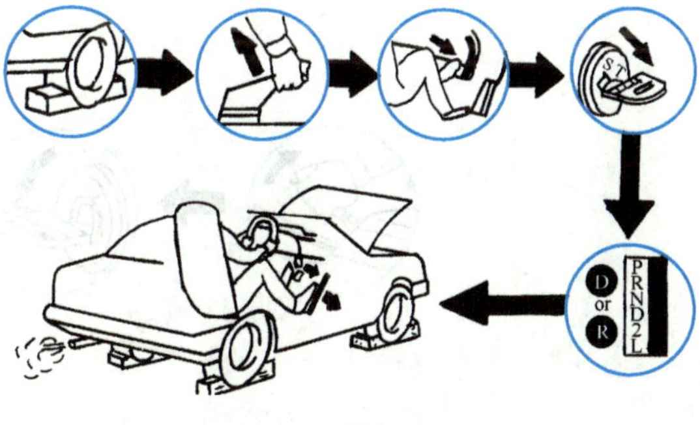

图 5-69　失速试验

失速试验应按以下步骤进行：

① 将汽车停放在宽阔的水平地面上，前、后车轮用三角木块塞住。

② 用驻车制动器或行车制动器将车辆制动。

③ 检查自动变速器的油温，应该为 50～80℃，油面高度应该正常（冷车应在试验前使

其升温)。

④ 起动发动机，将变速杆拨入前进档（D）位置。

⑤ 左脚踩住制动踏板，同时用右脚将加速踏板完全踩下，在发动机转速不再升高时，迅速读取此时的发动机转速，立即松开加速踏板。

⑥ 将变速杆拨至空档（N 位）或停车档（P 位），让发动机怠速运转 1min，以防止油温过高而变质。将变速杆拨入其他档位（R 位、S 位、L 位和 2 位、1 位），做同样的试验。

试验注意事项：

由于在失速工况下，发动机的动力全部消耗在液力变矩器内自动变速器油的内部摩擦损耗上，油温会急剧上升，因此在失速试验中，从加速踏板踩下到松开的整个过程的时间不应超过 5s，试验次数不得超过 3 次。失速转速不正常的原因见表 5-17。

表 5-17　失速转速不正常的原因

| 变速杆位置 | 失速转速 | 故障原因 | 变速杆位置 | 失速转速 | 故障原因 |
|---|---|---|---|---|---|
| 所有位置 | 过高 | 1）主油路油压过低<br>2）前进档和倒档执行元件打滑<br>3）低速档及倒档制动器打滑 | 仅在 D 位 | 过高 | 1）前进档油路油压过低<br>2）前进离合器打滑 |
| 所有位置 | 过低 | 1）发动机动力不足<br>2）液力变矩器导轮的单向超越离合器打滑 | 仅在 R 位 | 过高 | 1）倒档油路油压过低<br>2）倒档及高速档离合器打滑 |

3）时滞试验。在发动机怠速运转时将变速杆从 N 位拨至 D 位或 R 位后，需要一段短暂时间的迟滞或延长时间才能使自动变速器完成档位的接合，这一短暂的时间称为自动变速器的迟滞时间。根据迟滞时间的长短可判断主油路油压及换档执行元件的工作是否正常，如图 5-70 所示。时滞试验的步骤和方法如下：

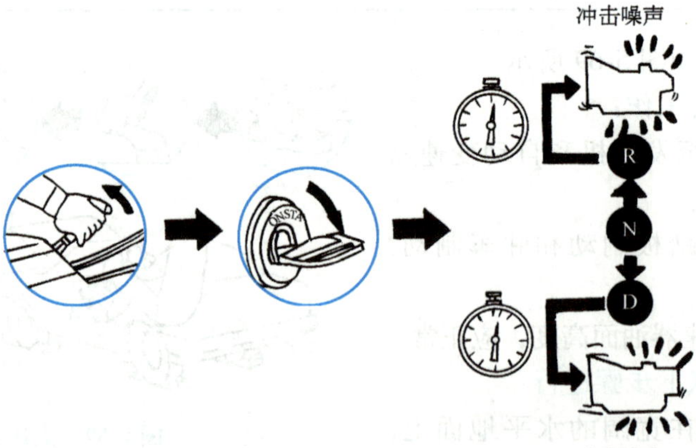


图 5-70　时滞试验

① 让汽车行驶至发动机和自动变速器均达到正常工作温度。

② 将汽车停放在水平地面上，拉紧驻车制动器操纵手柄。

③ 检查发动机怠速。如果不正常，应按标准予以调整。

④ 将变速杆从 N 位拨至 D 位，用秒表测量从拨动变速杆开始到感觉到汽车振动为止所需的时间，称为 N→D 迟滞时间。

⑤ 将变速杆拨至 N 位，让发动机怠速运转 1min 之后，重复做一次同样的试验。

⑥ 做 3 次试验，取其平均值。

⑦ 按照上述方法，将变速杆由 N 位拨至 R 位，测量 N→R 迟滞时间。

大部分自动变速器 N→D 迟滞时间为 1.0~1.2s，N→R 迟滞时间为 1.2~1.5s。若N→D 迟滞时间过长，则说明主油路油压过低、前进档离合器磨损严重或前进档单向离合器工作不良；N→R 迟滞时间过长，则说明倒档主油路油压过低，倒档离合器或倒档制动器磨损严重或工作不良。

4）道路试验。道路试验是进一步检查和分析自动变速器的故障原因，以及检验修复的自动变速器是否恢复了正常工作能力的最有效手段之一。

道路试验的准备工作：

① 汽车发动机、底盘等各总成或系统的技术状态应完好，自动变速器应已经过了各种检查和试验。

② 让汽车行驶至发动机和自动变速器均达到正常工作温度。

③ 将超速档开关置于 ON 位置，将模式开关置于标准模式位置。

④ 找到测试车型自动变速器的换档规律图或换档点表，以便加以对照检查。

试验时按以下方法进行：

① D 位的升档和降档试验。

a. 检查自动变速器是否自动地按 1 档→2 档、2 档→3 档、3 档→超速档的规律自动升档。若自动变速器不能升入高速档，说明控制系统或换档执行元件有故障。

b. 检查升档时是否出现换档冲击、打滑及振动等现象。如果有明显的换档冲击，可能是主油路的油压过高，蓄能器或单向阀不良。

c. 锁止离合器的工作状况检查。电控自动变速器升至超速位，当车速在 80km/h 稳定行驶时，踩下加速踏板，发动机转速应无明显变化。否则，说明锁止离合器没起作用，通常是锁止离合器控制系统故障。

d. 电控自动变速器降档检查。汽车从超速档→3 档、3 档→2 档、2 档→1 档降档时车速是否符合标准值。

e. 降档时有无异常的振动和噪声。

② 在 S 位（或 2 位）下试验。将变速杆置于 S 位（或 2 位），使节气门保持一定的开度，检查如下内容：

a. 电控自动变速器是否自动从 1 位→2 位，换档车速与标准值是否相符。

b. 电控自动变速器在 2 位下行驶时松开加速踏板，看有无发动机制动效果。如果无发动机制动，则说明 2 位制动器有故障。

c. 在升档和降档时，有无异常噪声和冲击。

③ 在 L 位（或 1 位）下试验。在 L 位行驶时，检查加速或减速时有无异常噪声。当突然松开加速踏板时，检查有无发动机制动作用。如果没有发动机制动作用，则说明控制系统

或前进强制离合器有故障。

④ 强制降档试验。使汽车在 D 位下中速行驶，保持节气门开度为 1/3 左右，迅速将加速踏板踩到底，检查电控自动变速器是否被强制降低一个档位（应有明显的增矩效果）。松开加速踏板，电控自动变速器回到高速档位。若踩下加速踏板后没有出现强制降档，说明强制降档功能失效。如果有强制降档作用但在降档时发动机的转速异常的高，在松开加速踏板升档过程中出现冲击，则说明换档执行元件磨损严重而打滑，应拆修电控自动变速器。

(6) 电控系统的数据流检测　电控自动变速器控制系统中的 ECU 是通过向各个电磁阀发出控制信号来完成换档控制、锁止控制、油压控制等各种控制功能的。电控工作过程的检测就是要检测 ECU 向各个电磁阀发出的控制信号是否正常。电控系统的工作状况可以用汽车电子故障检测仪来检测，只要将检测仪接在汽车上的故障检测联接插座上，就可以通过观察检测仪显示屏上的数据，检测电控自动变速器的 ECU 发出的换档控制、锁止控制、油压控制等各种控制信号是否正常。

### 3. 制动系统的检测与诊断

(1) 制动力检测原理（图 5-71）　汽车制动时制动力取决于制动力和车轮与地面间附着力中的较小者，其中制动器制动力取决于制动系统压力和车轮制动器技术状况，而车轮与地面附着力由车轮垂直载荷和轮胎与地面间的附着系数 $\varphi$ 决定。测力式制动试验台在试验台轮胎支承面高附着系数的前提下，测出制动全过程中车轮所受制动力的反作用力——轮胎对试验台支承装置的作用力，进行分析，给出制动系统技术状况的评价。

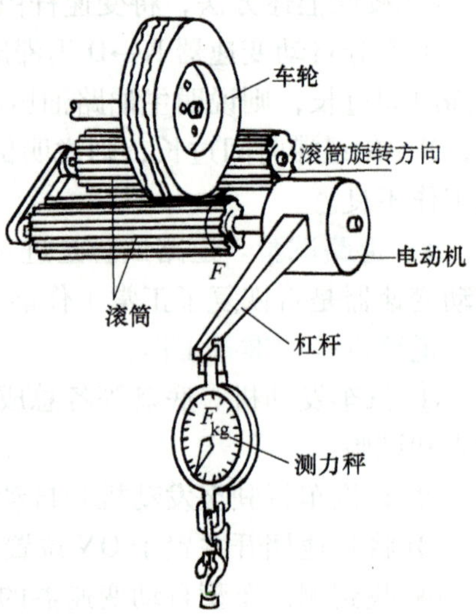

图 5-71　制动力检测原理

(2) 测力滚筒式制动试验台　测力滚筒式制动试验台有单轮式、单轴式（图 5-72）和双轴式 3 种。它由框架、驱动装置、滚筒装置、测量装置、举升装置和指示装置等组成。

1) 驱动装置。驱动装置由电动机减速器（或扭力箱）和传动链条等组成。电动机通过减速器减速增矩后驱动主动滚筒，主动滚筒通过链传动把动力传给从动滚筒。减速器与主动滚筒共用一轴，其壳体处于浮动状态。车轮制动时，该壳体能绕轴摆动，把制动力矩传给测力杠杆。

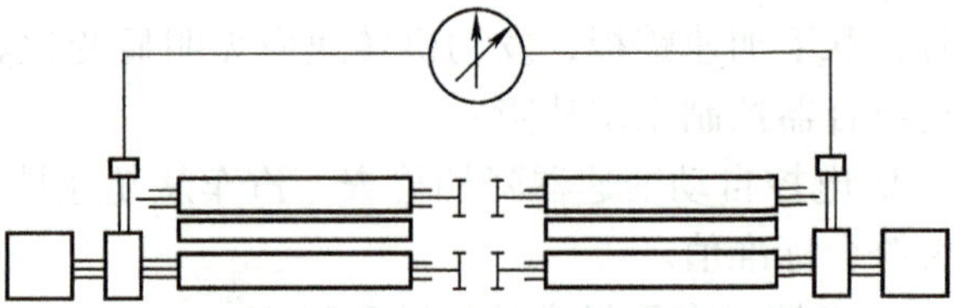
图 5-72　单轴测力滚筒式制动试验台

2) 滚筒装置。滚筒装置由 4 个滚筒组成，左、右各一对单独设置。被测车轮置于两滚筒之间，滚筒相当于一个活动路面，用来支承被检车轮并在制动时承受和传递制动力。

3) 测量装置。测量装置由测力杠杆和传感器等组成。测力杠杆一端与减速器壳体连接，另一端与传感器相连，传感器的形式很多，如油压式、自整角电机式、电位计式、差动变压器式和电阻应变片式等。传感器能把测力杠杆的移动量或受力变成电信号，送入指示与控制装置。

4）举升装置。举升装置由举升器、举升平板和控制开关等组成。汽车驶入、驶出时，举升器将举升平板托起，使汽车平稳出入两滚筒之间，减少冲击。举升器有液压式、气压式和电动式等形式。

5）指示与控制装置。指示装置有电子式和微机式两种。电子式指示装置多配以指针式仪表，这种仪表有一轴单针式和一轴双针式两种形式。单针式只指示一个车轮的制动力，左、右车轮需分别设置；双针式可同时指示左、右轮制动。微机式指示装置多配以数字式显示器，目前制动试验台多为微机式。控制装置有手动式和微机自动式两种。

汽车制动试验台微机式指示与控制装置（图 5-73）主要由放大器、模-数转换器（A-D）、数-模转换器（D-A）、继电器、微机、显示器和打印机等组成。在键盘和脚踏开关的控制下，微机控制举升装置的升降、滚筒电动机转动与停止、测力传感器信号的采集、存储和处理，它不仅能指示左、右轮制动力，还能输出左、右轮制动力的和与差值、车轮阻滞力、制动协调时间和制动释放时间，并能将检测结果与检测标准对照，做出技术状况评价。

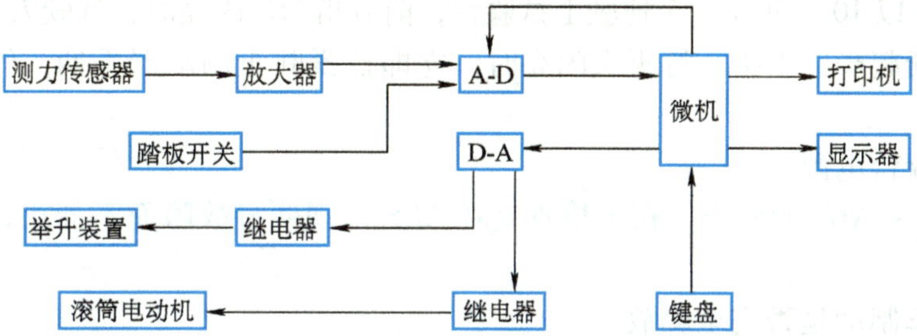


图 5-73 微机式指示与控制装置

（3）测力滚筒式制动试验台检测步骤

1）将试验台指示与控制装置上的电源开关打开，按使用说明书的要求预热至规定时间。

2）如果指示装置为指针式仪表，检查指针是否在零位，否则，应进行调整。

3）检查并清洁试验台滚筒表面。

4）核实汽车各轴荷，不能超过试验台额定轴荷。

5）检查汽车轮胎是否沾有泥、水、砂、石等杂物，如有，应进行清除。

6）检查汽车轮胎气压是否符合汽车制造厂的规定，如有，应充、放气至规定值。

7）升起试验台举升器，汽车尽可能沿垂直于滚筒的方向驶入试验台。先前轴，再后轴，使车轮处于两滚筒之间。

8）车停稳后变速杆置于空档位置、驻车制动为完全放松状态，把脚踏开关套在制动踏板上。

9）降下举升器，至轮胎与举升器完全脱离为止。

10）如果试验台带有内藏式轴重测量装置，则应在此时测出轴荷。

11）起动电动机，使滚筒带动车轮转动，先测出车轮阻滞力。

12）用力踩下制动踏板，一般试验台在 1.5~3.0s 后或第三滚筒发出信号后，滚筒自动停转，读取检测结果。

13）升起举升器，驶出已测车轴，驶入下一车轴，按上述同样方法检测制动力。

14）当与驻车制动相关的车轴在试验台上时，检测完踏板制动后应重新起动电动机，在踏板制动完全放松的情况下，用力拉紧驻车制动杆，检测驻车制动性能。

15）车辆所有的踏板制动及驻车制动性能检测完毕后，升起举升器，将汽车驶出试验台。

16）关掉试验台电源。

（4）测力平板式制动试验台检测步骤

1）将试验台指示与控制装置上的电源开关打开，按使用说明书的要求预热至规定时间。

2）检查并清洁制动试验台平板表面。

3）核实汽车各轴轴荷，不得超过试验台额定轴荷。

4）检查汽车轮胎是否有泥、水、砂、石等杂物，若有，应进行清除。

5）检查汽车轮胎是否符合要求并调整至规定值。

6）将被测车以10~15km/h车速驶上试验台，前方指示灯闪亮时，驾驶人施以紧急制动。

7）汽车重新起步，当指示灯再次闪亮时，立即拉紧驻车制动器手柄，然后起步驶离试验台。

8）关闭试验台电源。

（5）电子控制ABS的检查　初步检查是在ABS出现明显故障而不能正常工作时首先采取的检测与诊断方法，它包括：

1）检查驻车制动是否完全释放。

2）检查制动液液面是否在规定范围内。

3）检查ABS ECU导线插接器（插头、插座）的连接是否良好，连接器及导线是否损坏。

4）检查下列导线插接器以及导线的连接或接触是否良好：

① 制动压力调节器上的电磁阀插接器。

② 制动压力调节器上的主控制阀插接器。

③ 连接压力警告开关和压力控制开关的插接器。

④ 制动液液面指示开关插接器。

⑤ 轮速传感器的插接器。

⑥ 电动泵的插接器。

5）检查所有的继电器、熔断器是否完好，插座是否牢固。

6）检查蓄电池容量和电压是否在规定的范围内，检查蓄电池正、负极导线的连接是否牢靠，连接处是否清洁。

7）检验ABS ECU、制动压力调节器（即ABS执行器）等搭铁端的接触是否良好。

8）检查接触车轮胎面纹槽的深度是否符合规定，检查轮胎气压是否符合要求。

9）检查ABS各零部件有无明显损伤。

10）检查制动警告灯及故障指示灯工作是否正常。

（6）ABS的故障自诊断检查　在ABS的控制电路中设有故障自诊断功能。当ABS出现故障时，自诊断系统能对故障进行记忆，同时适时地切断ABS电路，以保证制动的安全性，并且通过故障指示灯通知驾驶人。进行故障检测与诊断时可以通过专用电子故障检测仪或将

ABS 故障检测插座相应端短接来读取故障码，具体方法参见各车型维修手册。

现代汽车 ABS 除具有故障码读取检测功能外，还具有以下检测功能。

1）初始检测功能。ABS 初始检测功能（以丰田汽车 ABS 为例）主要检查执行器的工作噪声，其步骤如下：

① 起动发动机，以超过 60km/h 的速度行驶。

② 检查能否听到执行器的工作噪声。

2）传感器检测功能（以丰田汽车 ABS 为例）。在检测传感器功能时，ABS 不能运行，制动系统应处在常规制动状态。速度传感器的检测步骤如下：

① 检查蓄电池电压是否为 12V 左右。

② 检查 ABS 故障指示灯是否闪亮。

a. 将点火开关转至 ON 位置。

b. 检查仪表板上的 ABS 故障指示灯是否持续亮 3s 后熄灭。如果不亮，则检查、维修或更换仪表板熔断器、ABS 故障指示灯灯泡或导线。

c. 将点火开关转回 OFF 位置。

d. 用诊断跨接线短接故障检测插座中的$T_c$、$E_1$和$T_s$插孔，如图 5-74 所示。

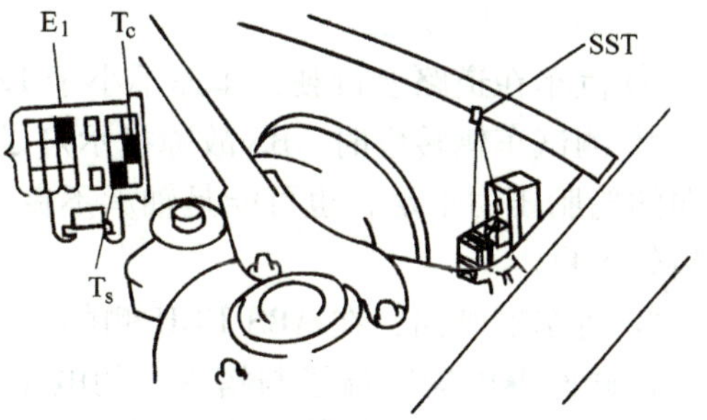

图 5-74　故障检测插座的连接

e. 固定驻车制动拉杆，起动发动机（注意：不要踩下制动踏板制动）。检查 ABS 故障指示灯是否闪烁 4 次/s。

③ 检查速度传感器的电信号。让汽车以 4~6km/h 的速度直线行驶，检查 ABS 故障指示灯是否熄灭 1s 后又变亮。如果车速不在以上指定范围内，故障指示灯变亮但不会闪烁，则应停下汽车读取故障码。若车速在 4~6km/h 的范围内 ABS 故障指示灯变亮，则检查结束。当车速超过 6km/h 时，ABS 故障指示灯开始闪烁，这说明速度传感器没有故障。

④ 检查低速时速度传感器信号的变化。同步骤③的方法检查在 45~55km/h 时速度传感器信号的变化情况。

检查高速时速度传感器信号的变化。对于两轮驱动（2WD）的汽车，用③步骤检查车速在 110~130km/h 时速度传感器信号的变化情况。对于四轮驱动（4WD）的汽车，用同样的方法检查车速在 80~90km/h 时速度传感器信号的变化情况。

⑤ 读取速度传感器故障码。停下汽车，ABS 故障指示灯将开始闪烁，根据其闪烁的次数即可得到故障码（其含义参见维修手册）。应当注意，故障自诊系统开始工作后，踩下踏板制动的次数不要超过 16 次，否则，储存在 ECU 中的故障码会被清除。

⑥ 将点火开关转至 OFF 位置，从故障检测插座上的 $T_c$、$E_1$、$T_s$ 插孔上取下诊断跨接线。

⑦ 消除故障码。

（7）ABS 故障征兆模拟测试方法　在 ABS 故障检测与诊断中，若是单纯的元件不良，可运用电路检测方式诊断。如果属于间歇性故障或相关的机械问题，则需进行模拟测试以及动态测试。

1）模拟测试法。

① 将车辆顶起，使 4 个车轮均悬空。

② 起动发动机。

③ 将变速杆拨至前进档（P 位）位置，观察仪表板上的 ABS 故障指示灯是否亮。若 ABS 故障指示灯亮，表示后轮差速器的车速传感器不良。

④ 如果 ABS 故障指示灯不亮，则转动左前轮。此时 ABS 故障指示灯亮，表示左前轮车速传感器正常；反之，ABS 故障指示灯不亮，即左前轮车速传感器不良。

⑤ 对右前轮进行测试。测试方法与左前轮相同。

该模拟测试是根据 ABS ECU 逻辑电路的车速信号差以及警示电路特性，便于检测车速传感器的故障而设置的。

2）动态测试方法。

① 汽车在道路上行驶，车速不小于 12km/h。

② 测试车辆转弯时 ABS 故障指示灯是否会亮。若某一方向 ABS 故障指示灯亮，表示该方向的轮胎压力不足，也可能是轴承不良、转向拉杆球头磨损、减振器不良或车速传感器脉冲齿轮不良。

③ 将车辆驶回，在 ABS ECU 侧的“ABS 电源”端和搭铁间的电压应为 11.7～13.5V；而“电磁阀继电器”端子与搭铁间的电压应大于 10.8V。前者是观察蓄电池电源供应情况，后者是观察电磁阀继电器的接点好坏。

### 4. 转向系统的检测与诊断

#### （1）转向盘转向力的检测

1）测量仪的组成：主要由操纵盘、主机箱、联接叉和定位杆组成，如图 5-75 所示。

操纵盘由螺栓固定在三爪底板上，经力矩传感器与联接叉相接，每个联接叉上都有一只可伸缩的活动卡爪，以便与被测转向盘相连接。主机箱是圆形结构，固定在底板中央，其内装有接口板、微机板、转角编码器、打印机和电池等，转矩传感器也装在其中。定位杆从底板下伸出，经磁力座吸附在驾驶室内的仪表盘上。定位杆的内端联接有光电装置，光电装置装在主机箱内的下部。

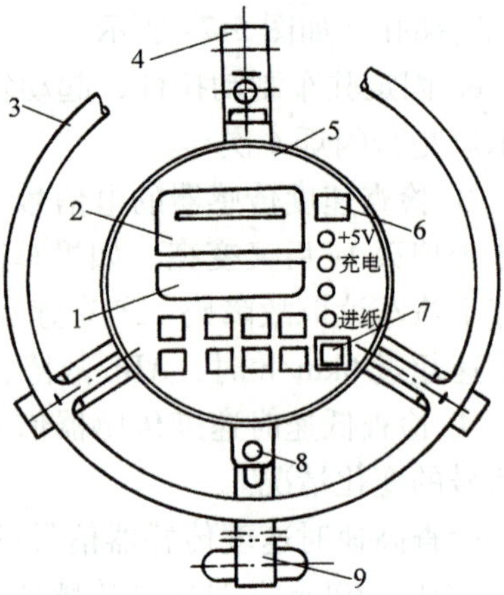


**图 5-75 ZC-2 型转向参数测量仪**

1—显示器 2—打印机 3—操纵盘 4—联接叉 5—主机箱 6—电压表 7—电源开关 8—固定螺栓 9—定位杆

2）工作原理：把转向测量仪对准被测转向盘中心，调整好 3 只活动卡爪长度与转向盘联接牢固后，转动操纵盘的转向力通过底板、转矩传感器、联接叉传递到被测转向盘上，使转向盘转动以实现汽车转向。此时，转矩传感器将转矩转变成电信号，而定位杆内端连接的光电装置则将转角的变化转变为电信号。这两种电信号由微机自动完成数据采集、转角编码、运算、分析、存储、显示和打印，因而该仪器既可测得转向力，又可测得转向盘转角，也可测得转向盘自由转动量。

3）检测方法：转向力的检测可按转向轻便性试验方法进行，一般有原地转向力试验、低速大转角（8 字行驶）转向力试验、弯道转向力试验等，可参照有关国家标准的规定进行检测。

（2）转向盘自由转动量的检测　转向盘自由转动量指汽车保持直线行驶位置不动，左右晃动转向盘时的转向盘的自由转动量（游动角度）。转向盘自由转动量是一个综合诊断参数，当其超过规定值时，说明从转向盘至转向轮的传动链中一处或几处的配合松旷。转向盘自由转动量过大时，将造成驾驶人工作紧张并影响行车安全。

转向盘自由转动量可采用专用检测仪进行测量。简易的转向盘自由转动量检测仪由刻度和指针两部分组成。刻度盘通过磁力座吸附在驾驶室仪表板或转向盘轴管上，指针固定在转向盘的周缘上。也可以反过来，即指针通过磁力座固定在仪表板或转向盘轴管上，而刻度盘固定在转向盘周缘上。使用该种检测仪时，应使汽车处于直线行驶位置不动，轻轻转动转向盘至空行程一侧的极端位置，调整指针指向刻度盘零度，再轻轻转动转向盘至空行程另一侧极端位置，指针所示刻度即为转向盘自由转动量。

前述的转向参数测量仪或转向测力仪，一般都具有测量转向盘转角的功能，因此完全可以用来检测转向盘自由转动量。当转向盘自由转动量超过规定值时，可借助汽车悬架转向系统间隙检查仪进一步检查诊断，直至查出磨损松旷的部位。将汽车前轮置于检查仪的两块测试板上，用手提灯上的开关操纵两测试板做纵向、横向运动，即可检查出汽车横拉杆、球头、转向支臂、悬架、车轮轴承等部件的间隙，从而消除隐患、确保安全。

（3）电子控制动力转向系统的检测　电子控制动力转向系统一般具有故障自诊断功能。下面介绍轿车电子控制动力转向系统检测的一般程序。

1）警告灯的检查。当点火开关置于 ON 位置时，警告灯应亮，发动机起动后警告灯熄灭为正常。警告灯不亮时，检查灯泡是否损坏，熔丝和导线是否断路。若发动机起动后，警告灯仍亮时，首先应考虑该系统是否处于保险状态（只有常规转向工作，无电动助力），并通过自诊系统作必要检查。

2）自诊断检查的操作。将万用表直流电压档的正测试笔接诊断插接器的 2 号接线柱，负测试笔接搭铁，如图 5-76 所示。接通点火开关，故障码即由小到大的顺序显示出来，然后按照故障码表进行相应的检测。

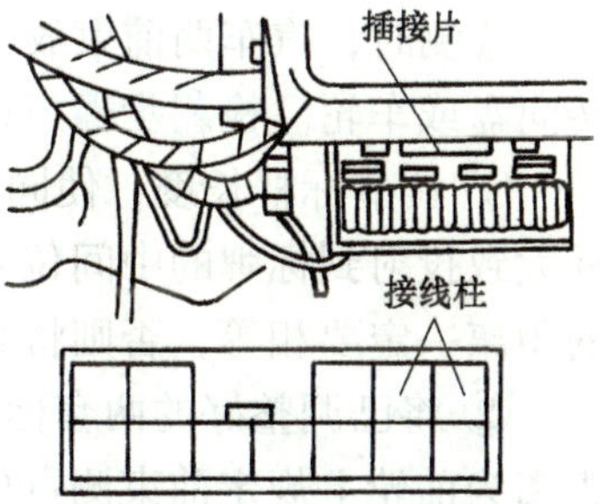

图 5-76　自诊插接器

（4）转向系统的检测与诊断标准　GB 7258《机动车运行安全技术条件》对转向系统提出了如下要求：

机动车的转向盘应转动灵活、操纵轻便、无阻滞现象。车轮转到极限位置时，不得与其他部件有干涉现象。机动车转向轮转向后应有自动回正能力，以保持机动车稳定地直线行驶。机动车转向盘的最大自由转动量从中间位置向左或向右均应≤10°（最大设计车速大于 100km/h 的机动车）或 15°（最大设计车速≤100km/h 的机动车）。机动车辆在平坦、硬实、干燥和清洁的道路上行驶，其转向盘不得有摆振、路感不灵、跑偏或其他异常现象。机动车辆在平坦、硬实、干燥和清洁的水泥路或沥青路面上，以 10km/h 的速度从直线行驶过渡到直径为 24m 的圆周行驶，其施加于转向盘外缘的最大圆周力应不大于 245N。

机动车的最小转弯直径，以前外轮轨迹中心线基线测量，其值应不大于 24m。当转弯直径为 24m 时，前转向轴和后轴的内轮差（以两内轮轨迹为中心线计）应不大于 3. 5m。转向节及臂、转向横直拉杆及球销应无裂纹和损伤，并且球销不得松旷。横、直拉杆不得拼焊。

### 5. 行驶系统的检测与诊断

#### (1) 转向轮定位的检测

1) 前轮前束值的检测。用聚光器配合标杆来检测前轮前束值的原理如图 5-77 所示。

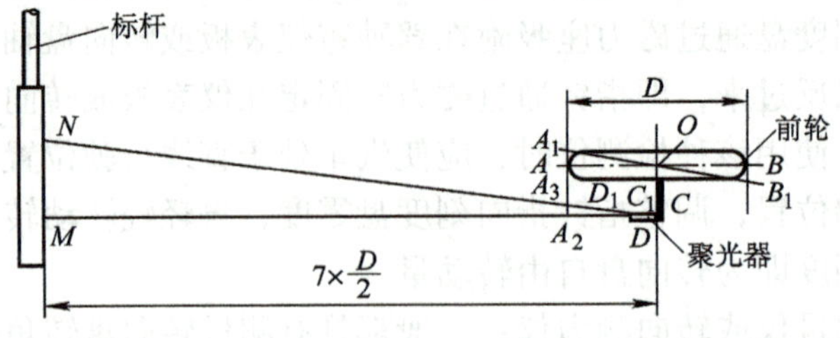


图 5-77 前束检测

当中心为 $O$ 的前轮 $AB$ 与放置在地面上的标杆垂直时，聚光器光束指针投射到标杆的 $M$ 点，光束在与 $A$ 点同一截面上的投影为 $A_2$ 点。当前轮具有前束时，$AB$ 与标杆是不垂直的，此时聚光器光束指针投射到标杆上的 $N$ 点，而在与 $A$ 点同一截面上的投影点为 $A_3$，且聚光器实际位置由原来的 $OCD$ 变为 $OC_1D_1$。由于 $CM$ 远大于 $OC$，而前束与 $CM$ 相比非常小，故可认为点 $C$ 与点 $C_1$ 重合，且 $AA_1=A_2A_3$。从图中可以看到，$A_2A_3:MN=CA_2:CM$。其中 $CA_2=OA=D/2$，$CM=7\times D/2$。所以，$A_2A_3:MN=D/2:7\times D/2=1:7$。此时，若 $AA_1=A_2A_3=1\text{mm}$，则 $MN=7\text{mm}$。在标杆的标牌上，每隔 7mm 划一刻度。这样，当前轮外圆点每偏转 1mm 时，在相距车轮中心为 7 倍于前轮半径的标杆牌上光束指针的变化为一个刻度（代表实际 1mm）。这就把前轮前束实际值放大 7 倍后显示在标杆牌上，从而提高了测量灵敏度和读数精度。

检测时，汽车两前束放于转盘上找正直线行驶位置后，在检测前束的过程中不得再转动转向盘或车轮。检测步骤为：

① 调节标杆长度，使同一标杆两标牌之间距离略大于被测轮距，并能使聚光器光束指针大致投射到标牌的中间位置，如“20”左右。两套标杆一定要调整到等长，且标牌之间的距离一定要相等，否则将影响检测结果。

② 将已调整好的两套标杆放置在被测前桥的前、后两侧并平行于该桥。两标杆之间的距离为前轮上规定前束测点处直径的 7 倍，每一标杆前轮中心的距离为前轮上规定前束测点处半径的 7 倍。前轮上规定前束测点依车型而定。有的测点在胎面中心处，有的测点在胎侧凸出处，有的测点在轮辋边缘处，检测前束前应注意查阅汽车使用说明书。

③ 先将一侧聚光器的光束投向前标杆的标牌上，使光束指针指于某一整数上，如图 5-78 所示。再将该聚光器的光束向后投射到后标杆的标牌上。然后，将另一侧聚光器分别向前标杆、后标杆投射光束，读出光束指针指示值，计算前束。若前标杆指示值为 23，后标杆指示值为 26，则前束值为后值减去前值，即 26mm−23mm=3mm；反之，若前标杆指示值为 26，后标杆指示值为 23，则前束值为 23mm−26mm=−3mm，说明被测前轮为负前束。国产 GCD—1 型光束水准车轮定位仪具有测量准确、适宜于各种测点部位测量的优点，但该仪器构件较多、安装麻烦，故检测前束较少采用，一般场合仍用顶尖式前束尺和指针式前束

尺为宜。

2）前轮外倾角度值的检测。

① 在前轮保持直线行驶位置不动的情况下，将水准仪黑箭头指示的定位销插入前轮上支架的中心孔内，使水准仪在左、右方向上大致处于水平状态。轻轻拧紧弹簧卡调节螺钉，固定住水准仪，如图 5-79 所示。

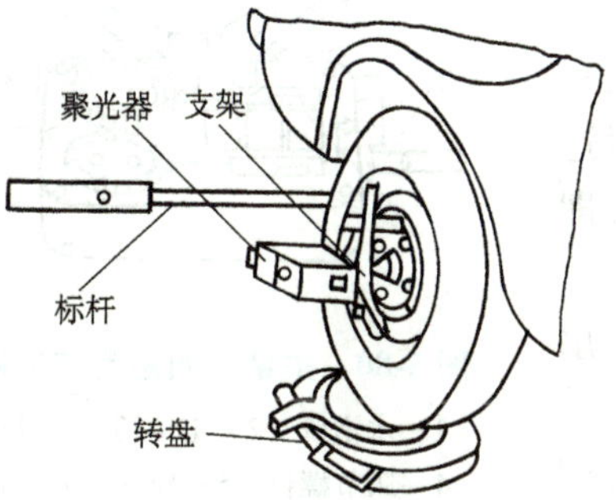


图 5-78　前轮前束检测

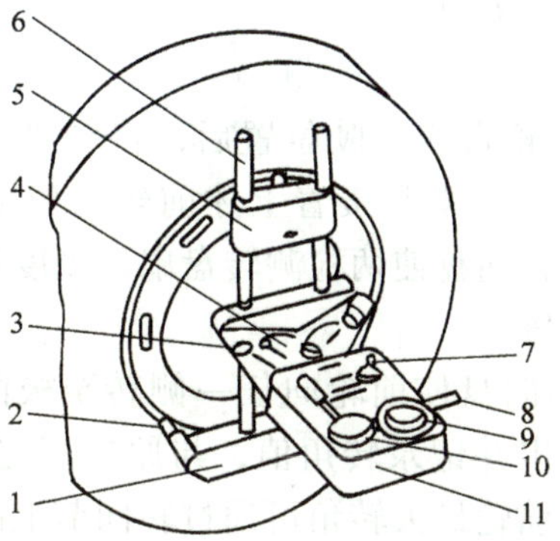


图 5-79　前轮外倾角和主销后倾角检测

1—固定支架　2—固定角　3—调节螺钉　4—调整支承　5—活动支架　6—导轨　7—旋钮　8—定位销　9—BC 调节盘　10—A 调节盘　11—水准仪

② 转动水准仪上的 A 调节盘，直到对应的气泡管内的气泡处于中间位置为止。然后，在黑刻度盘上读出 A 盘红线所指角度值，该角度值即为前轮外倾角。A 盘转动 360°/13≈27.69°代表前轮外倾角 1°，黑刻度盘把每 1°分成 6 等份，每 1 份为 10′，读数分辨率可达 1′，因而读数误差减小。

3）主销后倾角度值的检测。前轮外倾角度值测定后，不动水准仪，接着进行主销后倾角度值的检测。具体步骤为：

① 将前轮向内转 20°（对于左前轮向左转，对于右前轮向右转），松开弹簧卡调节螺钉。

② 转动水准仪上的 BC 调节盘，使其上的红线与蓝、红、黄刻度盘零线重合。调整对应气泡管的旋钮，使气泡管气泡处于中间位置。

③ 将前轮向相反方向转 40°，即转到直线行驶位置后再向外转 20°。转动 BC 盘使气泡回到中间，在蓝盘上读出 BC 盘红线所指的值，该值即为主销后倾角。BC 盘每转动 360°/19.11≈18.84°代表主销后倾角或主销内倾角 1°，刻度盘把每 1°分成 6 等份，每 1 份为 10′，读数误差减小。

4）主销内倾角度值的检测。为防止转动转向盘时前轮滚动，必须踩下踏板制动或用踏板抵压器压下踏板制动，使前轮处于制动状态。具体步骤为：

① 从支架上取下水准仪，以红黄箭头所指的定位销插入支架中心孔内，轻轻拧紧锁紧螺钉，如图 5-80 所示。将被测前轮向内转 20°，松开锁紧螺钉，使水准仪在左、右方向上大致处于水平状态，然后拧紧锁紧螺钉。

② 转动 BC 调节盘，使其红色刻度线与蓝、红、黄、刻度盘零线重合。调节气泡管的旋

钮，使气泡处于中间位置。

③ 将前轮向外转40°，即转至直线行驶位置后再向外转20°。调节BC盘使气泡管的气泡回到中间，则BC盘红线在红刻度或黄刻度盘所示之值即为主销内倾角。检测左前轮时在黄刻度盘上读数，检测右前轮时在红刻度盘上读数，简称“左黄右红”。

5）前轮最大转角的检测。

① 找正前轮直线行驶位置后，将转盘扇形刻度尺置于零位并固定。如果紧接着上述前轮定位值检测之后进行，只需转动转向盘使两检测转盘扇形刻度尺对准零位即为直线行驶位置。

② 转动转向盘使前轮向任一侧转至极限位置，从扇形刻度尺上读出并记录转角值，与原厂规定值进行对照。不符合要求的前轮最大转角可通过转向节上的限位螺钉调整，直到符合要求为止。

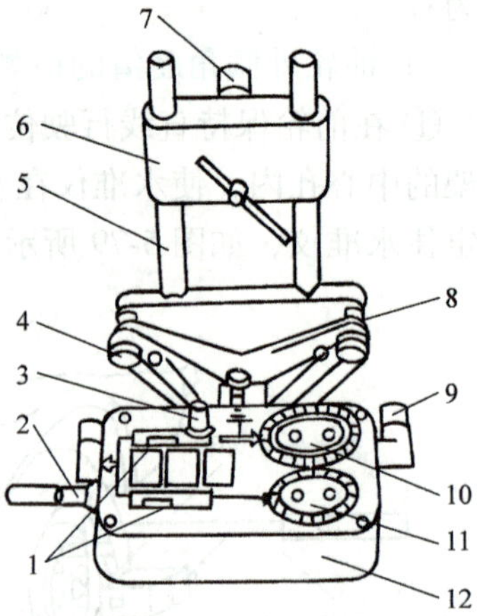


图5-80 主销内倾角度值的检测

1—水泡管 2—定位销 3—旋钮 4—调节螺钉 5—导管 6—活动支架 7、9—固定架 8—调整支架 10—BC调节盘 11—A调节盘 12—水准仪

（2）FMC汽车四轮定位仪 该定位仪的工作原理及其使用分述如下。

1）工作原理。该仪器的工作原理是利用机头的测量头上的红外线发射源与接收源，将被测车体用红外线包围起来，以红外线作为“光尺”测量各定位参数，信号通过各机头中的光敏芯片（或单片）进行数-模转换，并通过跑台上的传感器接口及信号线传入主机，经过处理后，检测员可通过微机屏幕上的界面清楚地看到各定位参数的显示，从而对车况进行诊断，对照微机屏幕上显示的定位数据调整各相应部件，使各定位数据符合标准。

2）使用前的准备工作及注意事项。

① 检查液压系统中液压油的存量，用标尺观察，油渍应在其2/3处，不能低于最低刻度线。

② 检查各输油管联接处、油缸是否漏油，尤其是看活塞与缸体之间是否漏油。

③ 举起跑台，将油缸上输油管的沉头螺栓拧下，按下DOWN键，将油管中的空气排掉，直至油缸中有油喷出。

④ 检查举升臂下的转轴以及平衡杆与联接处的润滑点是否加润滑脂润滑。

⑤ 检查气泵是否需加润滑油，将气水分离器中的水倒净。

⑥ 进行表面清洁检查。

⑦ 进行键盘检查及打印检查。

⑧ 进行机头校验。

3）FMC汽车四轮定位仪面板按钮说明。

① 电控箱上的开关操作方法。

接通电源：用手轻推电控箱左上部的开关至1，电源接通。

切断电源：用手轻推电控箱左上部的开关至0，电源切断。

举升：用手持续按住有UP提示的按钮，至所期待的高度，松开手指。

下降：用手持续按住有 DOWN 提示的按钮，至所期待的高度，松开手指。

锁定：将跑台上升或下降到某高度后，用手按住有 LOCK 提示的按钮，至跑台稳定。

② 机头上的操作按钮说明。

数字键：各窗底下的功能键代号。

帮助键：在窗口为菜单显示时，可随时按该键而能得到内部资料。

主菜单键：按此键即返回主菜单。

*键：安装新的软件时，提高软件等级键（键盘上功能）；轮辋补偿键，仅在轮辋补偿时使用（机头上功能）。

Enter 键：进入下一步骤。

暂停键：观看微机屏幕动画时，用此键予以暂停。

转页键：将微机屏幕显示翻到上（或下）一页。

#键：键盘上功能，在机头上为功能窗切换键，即在窗口底部有 8 个功能窗，4 个一组，此键用于切换两组功能窗在微机屏幕上的显示。

注：机头上*键与#键为另两个特殊功能键，它们与键盘上的*键和#键功能有所不同。

4）FMC 汽车四轮定位仪检测方法。

① 接通电源，打开 UPS 以及主机电源开关，进入定位程序。

② 根据菜单提示，选择相应定位项目，输入客户资料，选择车辆规格型号，准备工作完毕。

③ 将车辆开上跑台，车身与跑台基本对称，前轮必须在前转盘的中间位置。

④ 升起跑台至 A 平面（自锁齿响 4 下、上升 4 格位置），用锲片将后轮固定，以防车辆未拉紧驻车制动器手柄而移动造成危险。

⑤ 将机头装在轮辋上，确保其已固定紧不会滑落，接上传感器接头。

⑥ 打开气泵，使用二次举升台将车辆举至 4 轮悬空。

⑦ 松开驻车制动器，对轮胎进行轮辋变形的检查及补偿，放下车辆，用踏板抵压器顶住制动踏板，调节机头水平仪使之完全水平。

⑧ 固定转向盘至水平位置，再次调平机头。根据微机屏幕显示各定位参数，对照制造厂家的规定进行检测诊断，打印输出结果。

⑨ 若定位参数不符合规定，可参照图解调整至正常位置。

⑩ 将所有紧固件拧紧后，检测完毕，卸下机头，将车辆驶离跑台。

（3）电控悬架的检测与诊断　电控悬架系统一般设有自诊断系统，随时监测系统的工作情况。电控悬架的基本检测、诊断方法如下（以雷克萨斯 LS400 为例）：

1）注意事项。

① 用千斤顶将汽车顶起时，应将高度控制 ON/OFF 开关置于 OFF 位置。如果在高度控制开关拨到 ON 位置的情况下顶起汽车，则 ECU 中会记录一个故障码，此时务必将它清除。

② 放下千斤顶前，应将汽车下面所有的物件搬走。

③ 检查接触式空气接头，再将它重新装上。

④ 安全气囊传感器安装在空气悬架压缩机和车身高度控制阀上面，除非必要时，不要触及这个传感器。

2）功能检查。高度调整功能检查指操作高度控制开关检查汽车高度的变化。其操作步骤为：

① 检查轮胎气压是否正确。

② 检查汽车高度。

③ 起动发动机，将高度控制开关从 NORM 位置转到 HIGH 位置，检查完成高度调整所需时间和汽车高度变化量。从操作高度控制开关到压缩机起动约 2s；从压缩机起动到完成高度调整为 0~40s；调整变化量为 10~30mm。

④ 在汽车处于 HIGH 高度调整状态下起动发动机，将高度控制开关从 HIGH 位置转到 NORM 位置，检查完成高度调整所需时间和汽车高度变化量。从操作高度控制开关到压缩机起动时间约为 2s；从压缩机起动到完成高度调整为 20~40s；调整变化量为 10~30mm。

3）检查溢流阀情况。迫使压缩机工作，检查溢流阀动作：

① 将点火开关转到 ON 位置，使高度控制插接器的端子 1 与 7 连接以迫使压缩机工作。

② 压缩机工作一段时间后，检查溢流阀是否放气。

③ 点火开关转到 OFF 位置。

④ 查看故障码。

注意：当迫使压缩机工作时，ECU 中会记录一个故障码。在检查完后，务必要清除。

4）检查软管接头是否漏气。

① 将高度控制开关转到 HIGH 位置使汽车高度上升。

② 停止发动机运转。

③ 在管子和软管接头处涂肥皂水，检查是否有漏气。

（4）自诊断系统 包括指示灯检查、故障码检查和清除故障码。

1）指示灯检查。

① 将点火开关转到 ON 位置；检查 LRC（LEXUS 驾驶控制）指示灯和高度控制指示灯是否亮 2s 左右。

② 如果指示灯检查过程中出现故障，应进行相应电路的检查。

2）故障码检查。

① 将点火开关转到 ON 位置。

② 用专用检测仪将插接器的端子 $T_c$ 与 $E_1$ 连接。

③ 读取高度控制 NORM 指示灯在仪表上输出的故障码。

④ 利用故障码诊断表检查故障情况。

⑤ 检查完后，将端子 $T_c$ 与 $E_1$ 的连接断开，关闭显示器。

3）清除故障码。进行以下的任意一步均能将故障码清除：

① 在关掉点火开关的情况下，拆下 1 号接线盒中的 ECU-B 熔丝 10s 以上。

② 在关掉点火开关的情况下，用专用检测仪连接高度控制器插接器端子 8、9，同时检查插接器端子 $T_s$ 与 $E_1$ 的连接。保持这一状态 10s 以上，然后接通点火开关并脱开各端子。

### 6. 车身的检测与诊断

现代普通轿车及中档轿车广泛采用无骨架承载式车身，它没有车架，发动机和底盘各总成直接固定在车身相应部位上，汽车行驶中各种载荷均由车身承受，因此发生汽车碰撞、翻车等意外事故时，车身变形较为严重。由于承载式车身是汽车各总成安装的基础，整形后车身上各点相互之间的位置关系不仅影响外形美观，还影响车轮定位、底盘各总成相对位置、汽车左右侧轴距、操纵件运动是否干涉等一系列关键问题，因此，车身整形质量的高低直接影响汽车行驶方向的稳定性、平顺性和操纵性。传统的轿车车身整形是利用目测找出变形处，对变形处进行冷态校正，然后用拉线、直尺、角尺等简单、通用量具或较粗糙的模板进行检验，这种方法难以满足测量的精度要求。

现代轿车车身整形广泛采用车体矫正系统。这类系统除可实现整形汽车快速多点定位固定、全方位动力牵引校正外，还配有测量基准定位系统、专用量具和专用测量触头，可实现车身上各测量点的三维坐标精确测量，并备有常见车型测量基点分布图及底盘、车身数据，为提高车身整形速度和质量提供了保证。

轿车车身整形定位检测就是对已整形的轿车车身采用矫正系统提供的测量系统对车身上各测量基点的坐标参数进行测量，再将实测数据与矫正系统提供的该车型标准数据进行对比，以检查矫正质量。为保证可比性，测量时定位基准点、测量量具和检测触头必须符合矫正测量系统的规定和要求。

### 学习任务单 3

1. 数字式游动角度检验仪由哪几部分组成？
2. 电控自动变速器性能检查的内容有哪些？
3. 电控自动变速器检测与诊断的原则是什么？
4. 电控自动变速器的机械试验有哪些？
5. 测力式制动试验台检测的基本原理是什么？
6. 汽车制动性能的检测方法有哪些？
7. ABS 检测的一般程序是什么？
8. 什么是转向盘自由转动量？怎样测量？
9. 转向轮定位包括哪些项目的检测？使用的检测设备有哪些？
10. 怎样使用 FMC 四轮定位仪进行轮向定位？
11. 汽车电控悬架系统检修时应注意哪些事项？

## 任务四　认知微机控制系统检测与诊断技术

### 一、微机控制系统的检测

#### 1. CAN-BUS 系统介绍

控制区域通信网络（CAN）是电子控制模块的数字通信网络，为双线式双向通信方式，并根据优先权来传送数据。CAN 也是专用的通信语言。

CAN具有成本低、抗电子干扰能力强、插接器少、微机针脚少、线束质量小、传感器少、诊断方式良好、传送率高等优点。

W220奔驰轿车中控防盗系统采用了CAN-BUS系统，其中央遥控门锁可以选用以下方式工作：

1）无线遥控控制。

2）车内中控开关控制。

3）钥匙手动控制。

4）遥控防盗卡控制。

当压下LOCK锁门键后，所有门将锁上，ATA防盗同时进入戒备状态，所有灯闪烁；压下UNLOCK键后，所有车门开启，防盗戒备解除。利用钥匙手动控制只能使驾驶人侧车门开锁，防盗系统未解除戒备状态，此时不能起动发动机。

W220奔驰轿车中控防盗系统元件位置和结构如图5-81、图5-82所示，工作流程如图5-83所示。

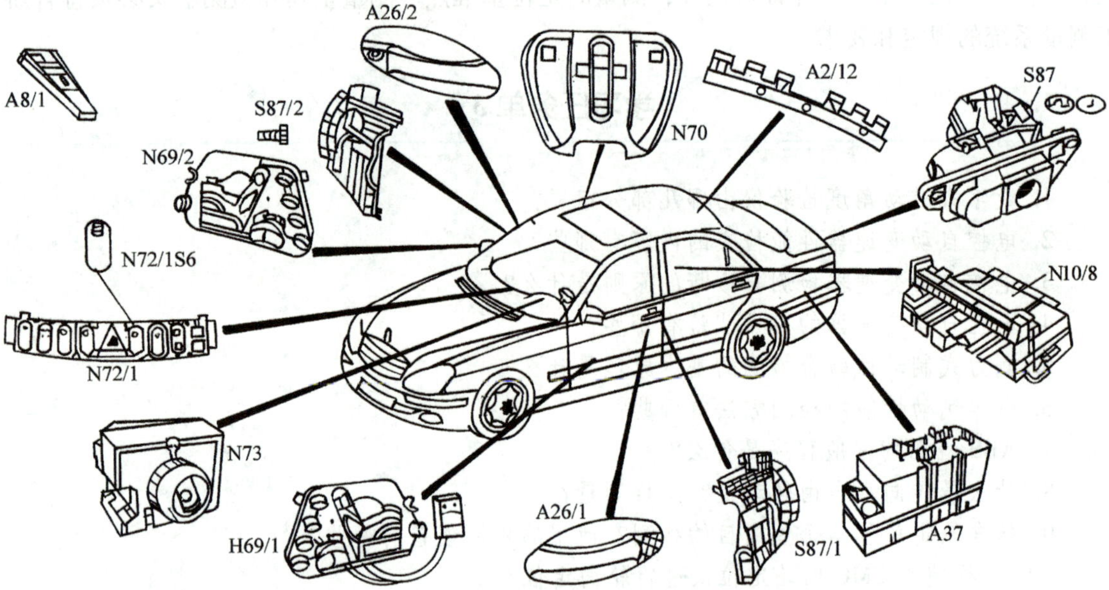


图5-81　W220奔驰轿车中控防盗系统元件位置

A2/12—后天线放大器　N73—点火开关微机　A8/1—遥控钥匙　A26/1—左前门红外线接收器　A26/2—右前门红外线接收器　S87/2—右前门开关（美规）　N72/1—仪表中央面板微机　A37—PSE气动微机　N10/8—后SAM微机　S87/1—左前门开关　S87—行李舱盖开启开关　N69/1—左前门微机　N69/2—右前门微机　N70—天窗微机　N72/1S6—中控开关

设定中控遥控钥匙的步骤如下：

① 将中控遥控钥匙插入点火开关控制微机。

② 等待约30min后，将点火开关Key-ON（15号线路导通）。

③ 90min后中控遥控钥匙设定完成。

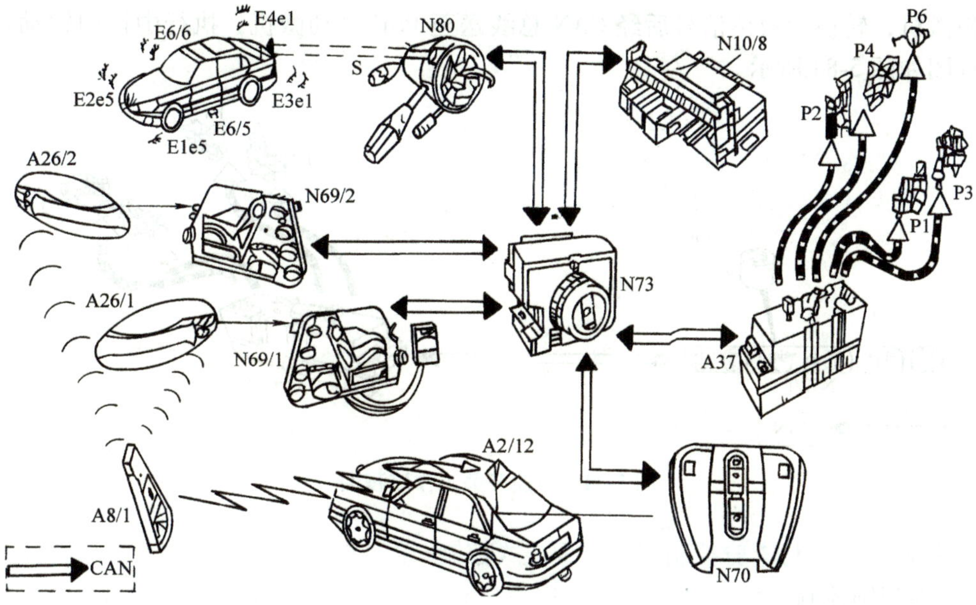


**图 5-82　W220 奔驰轿车中控防盗系统结构**

A2/12—天线放大器　A8/1—遥控钥匙　A26/1—左前门接收器　A26/2—右前门接收器　A37—PES 气动微机　CAN—数据总线　E1e5—E4e1　E3e1—E6/6 转向灯　N69/1—左前门微机　N69/2—右前门微机　N70—天窗微机　N73—点火开关微机　N80—组合开关微机　P1—气动马达左前门　P2—气动马达右前门　P3—气动马达左后门　P4—气动马达右后门　P6—气动马达油箱盖　S—转向与微机间通信　N10/8—后 SAM 微机　E2e5—E6/5

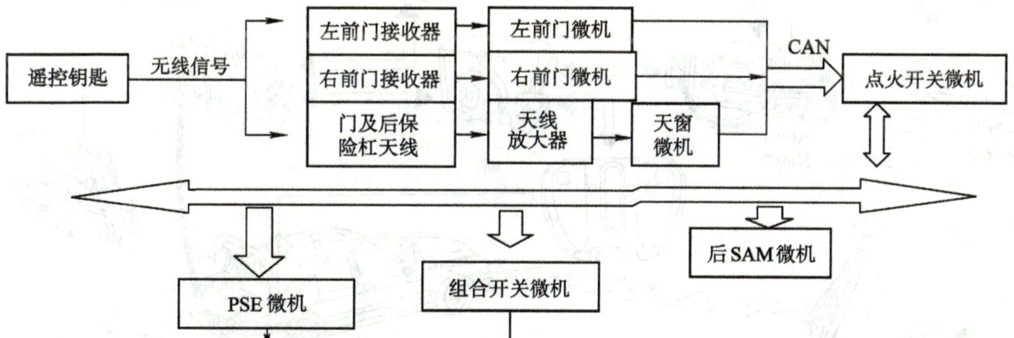


**图 5-83　W220 奔驰轿车中控防盗系统工作流程**

### 2. 中控开关工作情况

位于仪表台中央的中控开关，将门锁开门、锁门（手动）信号联接至位于面板后仪表中央面板微机，转换为数位信号后经CAN总线送至PSE气动微机，执行中控门锁动作。其工作流程图如图5-84所示。

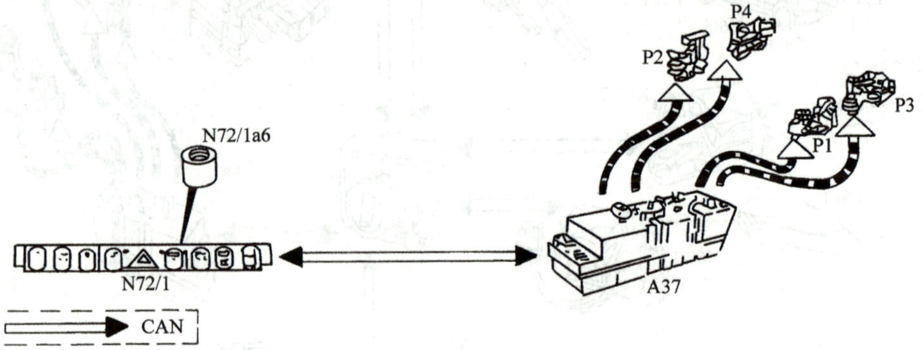


图5-84 中控开关工作流程图

(1) 控制功能 行李舱控制可用以下方式控制：

1）遥控门锁控制。

2）驾驶人侧车门组合开关上行李舱开启开关控制。

3）行李舱钥匙开关。

4）中央门锁控制。

(2) 行李舱锁工作及流程 行李舱锁控制结构如图5-85所示，控制工作流程如图5-86所示。

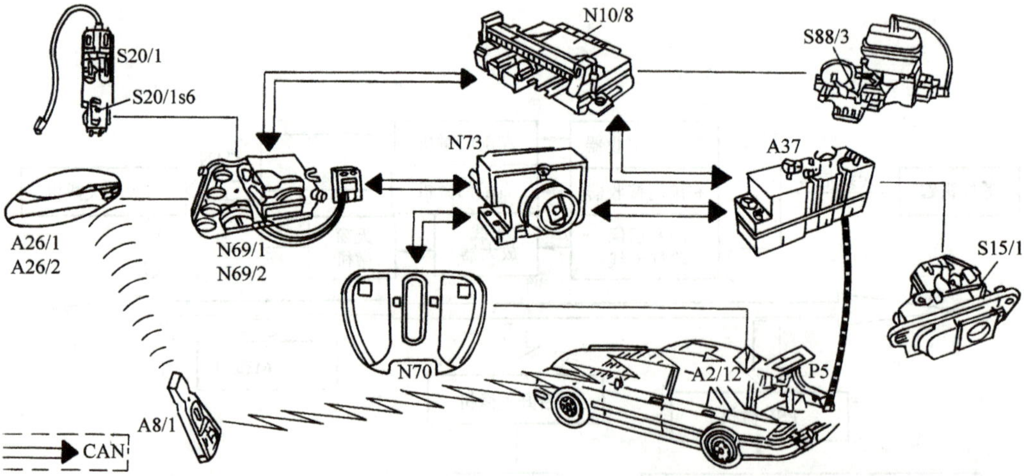


图5-85 行李舱锁控制结构

### 3. 车窗玻璃升降电动机控制

(1) 概述 压下遥控钥匙上“锁门”按键，中控门锁动作，持续按住超过1s以上，车

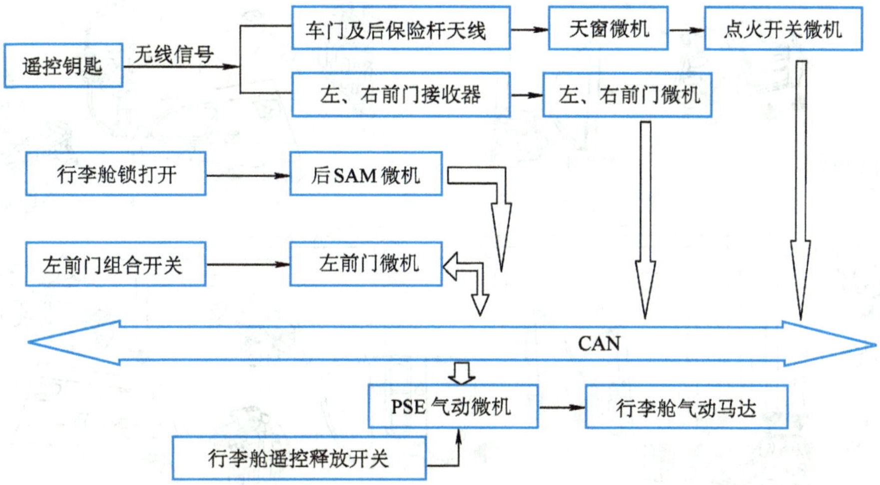


图 5-86　行李舱锁控制工作流程

窗升降玻璃关闭。压下遥控钥匙上“开门”按键，中控门锁动作。按“座椅通风设备”，可使座椅通风工作 5min。此功能在以下条件下工作：

1）电池电压正常。

2）点火开关位于 0 位置。

3）所有门关闭。

4）压下遥控钥匙 LOCK 或 UNLOCK 1s 以上。

若压下其中一个车门组合开关以及玻璃窗功能键，此信号送至门控微机，控制车窗玻璃升降电动机动作，同时经 CAN 连线传输至其他门控微机，执行车窗玻璃升降电动机动作。

（2）系统元件组成　如图 5-87、图 5-88 所示。

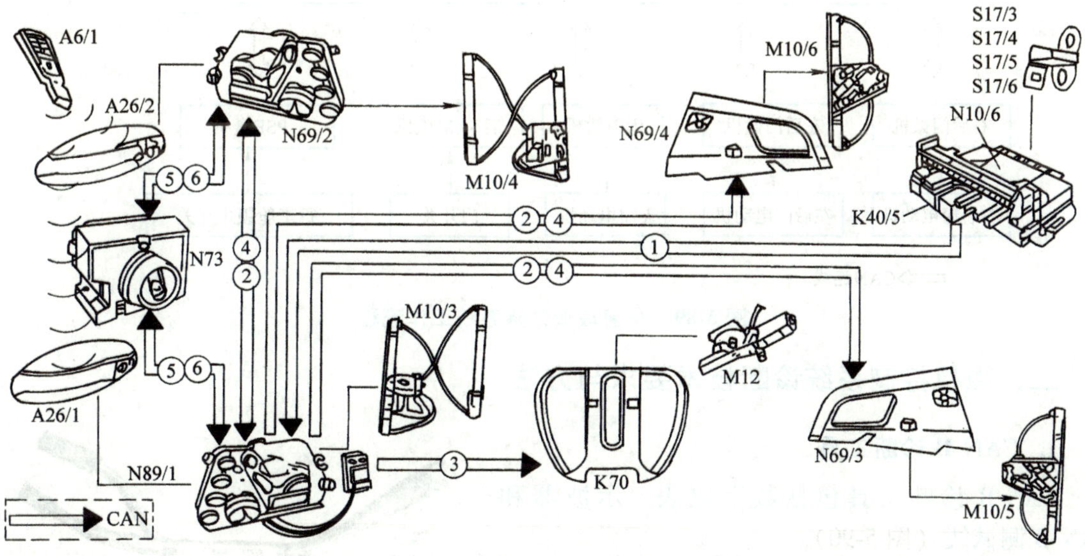


图 5-87　车窗玻璃升降结构

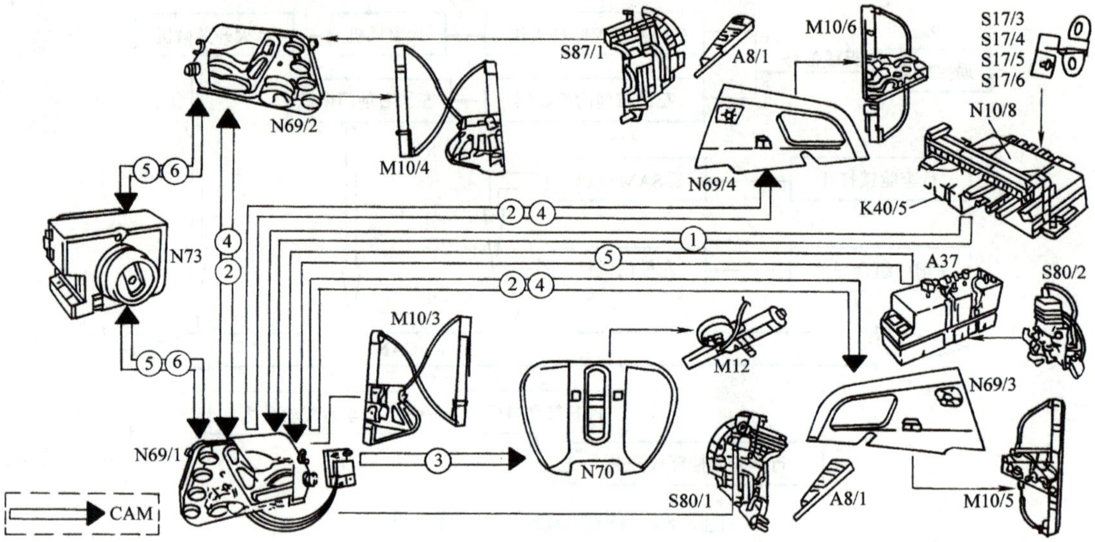


图 5-88　组合开关控制车窗玻璃升降结构图

(3) 工作流程　如图 5-89 所示。

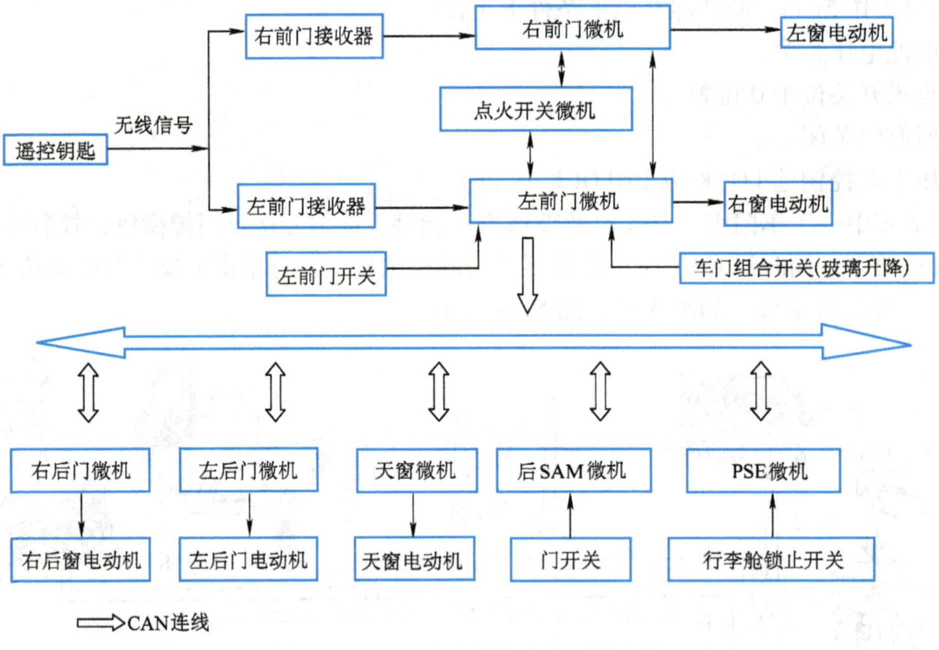


图 5-89　车窗玻璃升降系统工作流程

## 二、微机控制系统诊断技术要求与方法

### 1. CAN B 诊断工具

CAN B 诊断工具包括数字电表、示波器和 CAN B 测试线（图 5-90）。

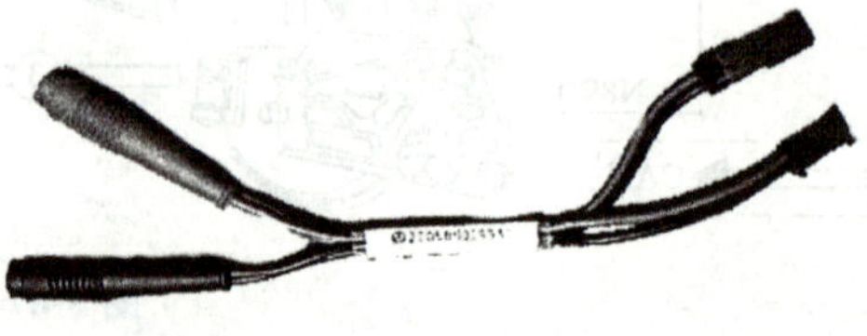

图 5-90　CAN B 测试线

### 2. CAN B 可能出现的故障

(1) CAN B 短路　如果 CAN B 的 H 和 L 线同

时对地或对电源短路，ECU 将不能通信。

短路原因主要是 ECU 短路和线束短路。

CAN B 发生子短路的确定方法：

① 测量从 EIS 点火开关微机输出的 CAN B 电压。

② 测量从 EIS 点火开关微机输出的波形。

③ 通过 DAS（SDS）读取故障码。

（2）CAN B 不激活　当将点火开关置于 0 位置时，CAN B 会进入睡眠状态，EIS 点火开关微机决定 CAN B 的激活与不激活，如果 CAN B 上的 ECU 仍然发出信号到 EIS，EIS 将不会要求 CAN B 进入睡眠状态。

确认 CAN B 没有进入睡眠状态的方法：

① 使用示波器测量 CAN B。

② 测量 CAN B 电压。

（3）不正确的 Coding 版本　通过读取故障码和数据流来确认。

### 3. 示波器测试波形分析

微机自诊与诊断仪器目前无法较准确地判断间歇性故障的故障点，因此必须配合示波器利用波型分析才能找出故障点。

### 4. 点火二次高压波形和点火一次低压波形

点火二次高压波形的显示方式有多缸直列波形、多缸平列波形和单缸二次高压波形等。

（1）多缸直列波形　多缸直列波形也称为多缸并列波形，主要用来检查点火高压、能量、短路或开路的高压线，或引起点火不良的火花塞。多缸直列波形可以提供关于各个气缸燃烧质量情况，由于点火二次高压受到各种不同的发动机、燃油系统和点火条件的影响，所以能够有效地检测出发动机机械部件和燃油系统部件以及点火系统部件对点火二次高压的影响情况。同时，多缸直列波形能比较各缸高压值，判断哪一缸点火高压有故障。

多缸直列波形从左边第一缸的高压波形开始，示波器显示屏会按照点火顺序将每个缸点火周期的波形从左到右依次显示。图 5-91 所示为 4 缸发动机点火直列波形，点火顺序是 1、4、3、2，屏幕从左边 1 缸显示点火波形，向右依次是 4 缸、3 缸和 2 缸。

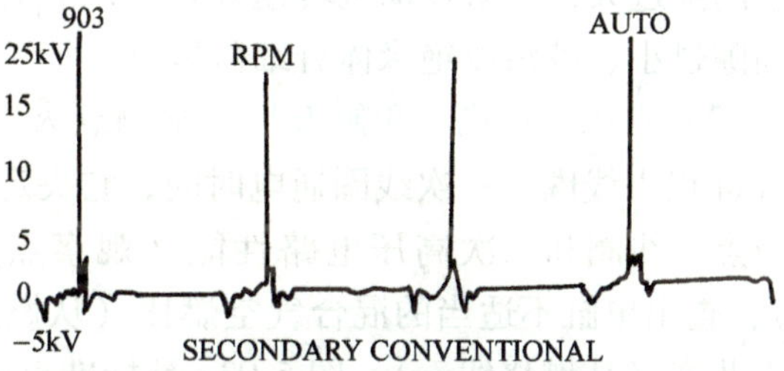


图 5-91　4 缸发动机点火直列波形

起动发动机，怠速运行，在行驶中检测多缸直列波形。如果发动机有故障，可在产生故障的条件下检测多缸直列波形。各缸的点火峰值电压（击穿电压）应该相对一致，基本相等。图 5-92 所示为 6 缸发动机的标准直列高压波形和常见故障波形。

进一步确认故障原因，可进行下列试验：

任意取下某缸火花塞上的高压线，该缸二次高压峰值电压立即升高至 20kV 以上。如取下某缸高压线后，点火高压峰值电压低于 20kV，说明点火能量太小，故障原因是点火线圈不良，分电器、高压线或火头有漏电。

将发动机转速升至 2500r/min，如果各缸点火高压峰值电压一致减少，但可保持在 5kV

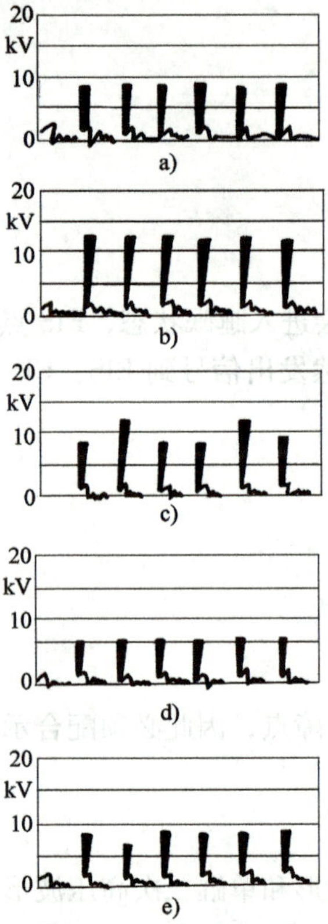


6 缸发动机标准直列波形

故障波形：各缸高压都高
故障原因：中央高压线断路，中央高压线未插好；各缸火花塞间隙过大、烧坏或积油；混合气过稀；各气缸压缩压力过低

故障波形：个别缸高压高
故障原因：高压线断路或未插好，火花塞间隙过大、烧坏或积油造成高压线路高电阻；气缸压缩压力低

故障波形：各缸高压都低
故障原因：蓄电池电压不足；低压电路故障使低压电流过小；电容容量小；点火线圈故障；中央高压线短路；分电器盖漏电；分火头漏电；各缸火花塞间隙过小或积炭；混合气过浓

故障波形：个别缸点火高压低
故障原因：分缸高压线短路、漏电；火花塞间隙过小或积炭，火花塞型号不对

图 5-92　6 缸发动机的标准直列高压波形和常见故障波形

以上，说明点火系统可在高速时正常工作。如果各缸高压峰值都减少至 5kV 以下，说明点火线圈不良；如果发动机转速升高后，个别缸点火高压峰值电压高于其他各缸，说明该缸火花塞间隙过大；如果发动机转速升高后，个别缸点火高压峰值电压低于 5kV，说明该缸火花塞间隙过小、脏污或绝缘体有细微裂纹。

（2）点火二次高压单缸波形　检测点火二次高压单缸波形可以分析单个缸的点火闭合角（即点火线圈、一次线圈通电时间，它决定断开电流 $I_k$ 的大小，$I_k$ 大，则二次高压高）；分析点火线圈和二次高压电路性能（观察点火高压击穿电压值、燃烧电压值、点火时间等）；查出单缸不适当的混合气空燃比（从燃烧线看）；分析电容性能；查出造成气缸失火的火花塞（从燃烧线看）。图 5-93a 是标准点火二次高压单缸波形，图 5-93b 是该波形的放

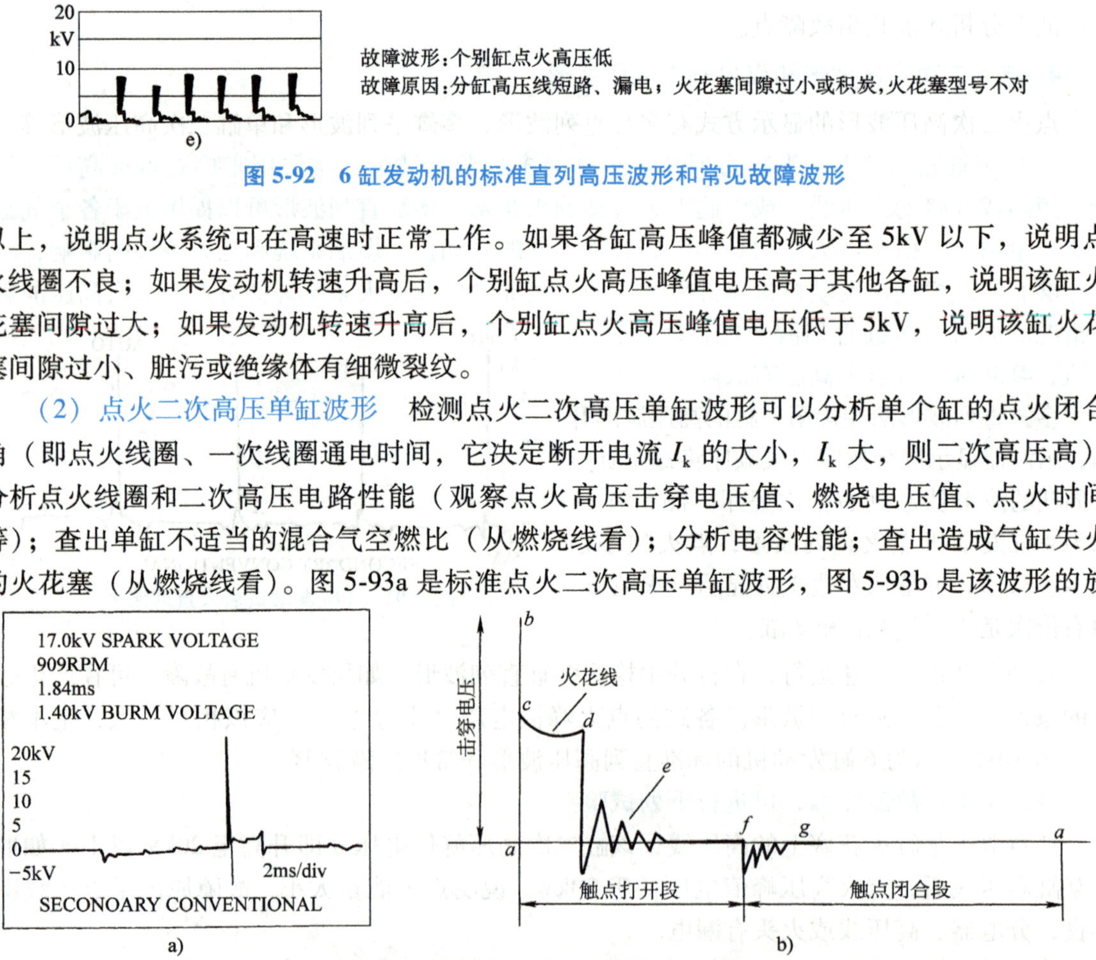


图 5-93　标准点火二次高压单缸波形

a）标准实际显示波形　b）放大后的波形

大图。点火二次高压（单缸）常见故障波形如图 5-94 所示。

图 5-93b 中各点的含义如下：

*a*——断电器触点打开，二次高压急剧上升；

*ab*——击穿电压，一般约 10kV；

*bc*——电容放电，放电电流几十安培，放电时间约 1μs；

*cd*——电感放电，称为火花线或燃烧电压，电压约 600V，放电电流约几十毫安，放电时间约几毫秒；

*e*——第一次振荡，火花消失后剩余磁场能维持的衰减振荡，振荡波最少两个，最好 3～5 个，但不能过多；

*f*——断电器触点闭合；

*g*——第二次振荡，断电器触点闭合，一次线圈产生低压电流对二次线圈产生感应电动势而引起的少许振荡；

*fa*——触点闭合的时间，可读出闭合角；

*af*——触点打开的时间。

*f* 点表示断电器触点开始闭合，一次线圈开始通入低压电流，*fa* 是触点闭合时间，从而可看出闭合角是否正常。如果各缸触点闭合时间一致，说明各缸闭合角相等，如果各缸闭合角不一致，说明凸轮磨损或分电器小轴松动等。

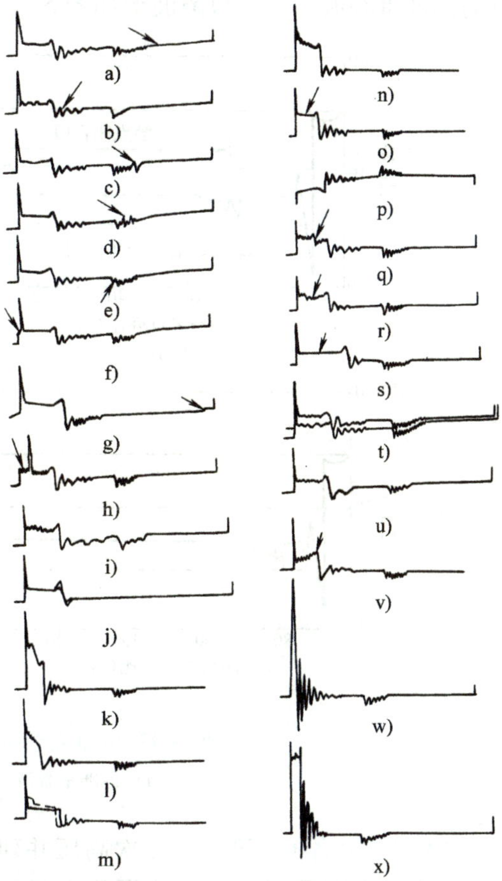


图 5-94　点火二次高压（单缸）常见故障波形

*ab* 是击穿电压。如果击穿电压过高，表明该缸高压电路中存在着高电阻，常见的故障原因是分缸高压线断路、未插好或火花塞间隙过大。如果击穿电压过低，表示该缸高压电路电阻低于正常值，常见的故障原因是高压线漏电或火花线间隙过小或污浊、破裂。

*cd* 是燃烧电压，即火花塞产生的火花燃烧混合气时的电压。各缸燃烧电压保持相对一致，说明火花塞工作和各缸空燃比一致，如果混合气稀，燃烧电压值就会降低。

*cd* 对应的时间是火花塞火花燃烧混合气的时间。燃烧图上不能有过多的杂波，如果杂波过多，表示该缸点火不良，其原因是点火过早、火花塞脏污或其他原因。燃烧时间长短表明气缸的混合比情况，燃烧线过长（超过 2.4ms）表示混合气浓，燃烧线过短（少于 0.75ms）表示混合气稀。

*e* 的振荡波最好为 3～5 个，振荡波过多或过少表明点火线圈或电容器不良。

（3）二次高压重叠波　将多缸发动机各缸二次电压的曲线重叠在同一图形上，即为重叠波。利用重叠波可诊断出分电器凸轮磨损情况和断电器触点闭合角的大小。标准重叠波中，断电器触点闭合段应占的比例：4 缸发动机为 45%～50%，6 缸发动机为 63%～70%，8 缸发动机为 64%～71%。此外，要求闭合段波形的变化范围不超过波段长度的 5%。6 缸发动机的标准重叠波与常见故障波形如图 5-95 所示。

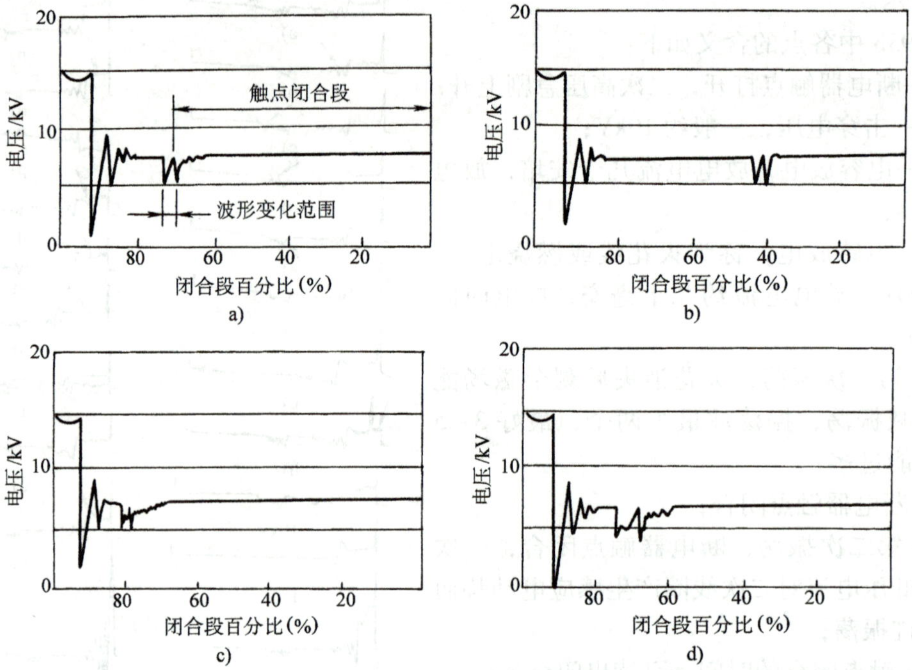


图 5-95　6 缸发动机的标准重叠波与常见故障波形

a）标准重叠波　b）、c）、d）常见故障波形

（4）二次高压并列波　二次高压并列波是将多缸发动机二次电压波形并列在一个图形上显示，可观察各缸高压情况及闭合角，如图 5-96 所示。

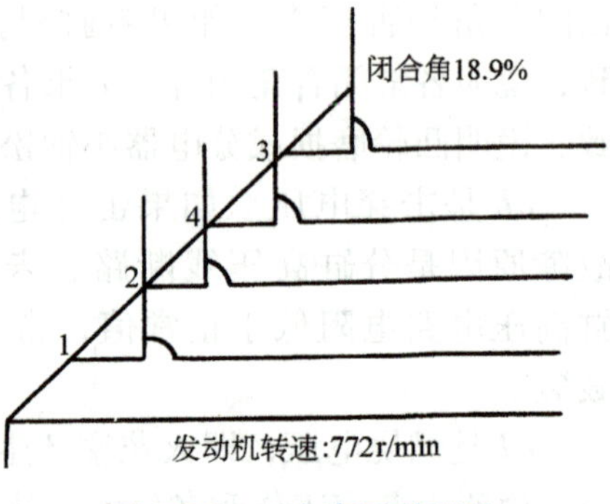


图 5-96　二次高压并列波

（5）点火一次低压波形　由于点火一次线圈和二次线圈有互感作用，当继电器触点断开时，二次线圈感应出高压；在点火二次电路发生跳火状态时会反馈给一次电路，如图 5-97 所示。点火一次闭合角测试是一次低压波形中的一个重要数据。一次点火闭合角显示主要用于：分析单个气缸的点火闭合角（一次线圈通电时间）；确定平均闭合角的度数或毫秒数；分析点火一次线圈电路性能；分析电容性能。

汽车示波器在显示屏上可以用数字显示出波形的特征值。

检测点火一次低压波形，先使发动机怠速运转，再加速发动机，或按照行驶性能出现故障或点火不良发生的条件下起动发动机或驾驶汽车，密切注意当发动机负荷和转速变化时闭合角的变化情况，核实一次点火闭合角是否在标准范围内。闭合角测试波形如图 5-98 所示。

（6）普通电子点火信号发生器信号波形　普通电子点火信号发生器有磁感应式、霍尔式和光电式 3 种类型。

磁感应信号与霍尔信号分别是正弦波与方波，如图 5-99 所示。

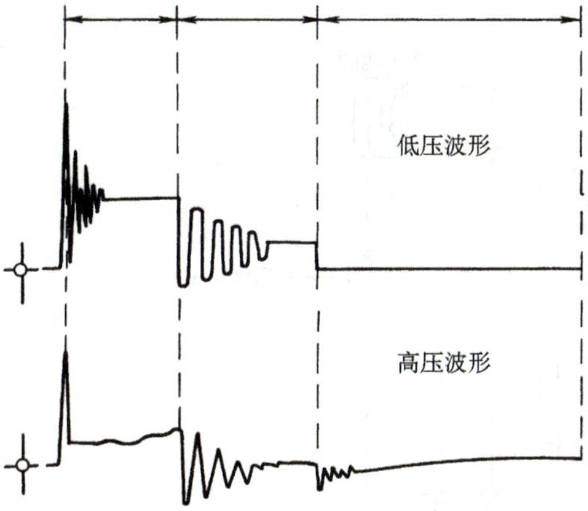


图 5-97　点火一次低压波形

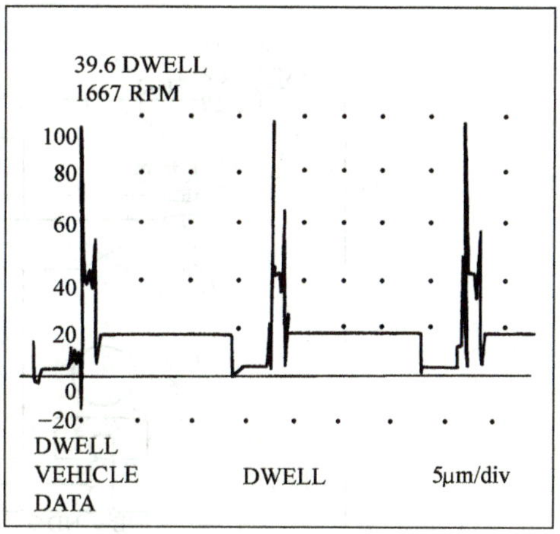


图 5-98　闭合角测试波形

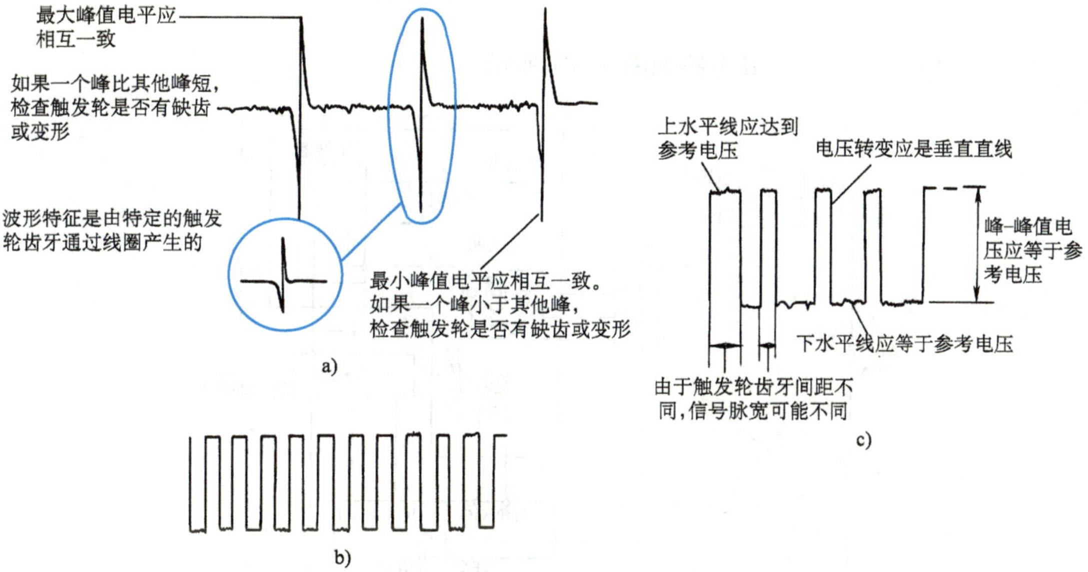


图 5-99　信号波形

a）磁感应式　b）霍尔式　c）光电式

### 5. 点火控制系统的检测

点火系统分为分电盘点火系统与直接点火系统两种类型，见表 5-18。

（1）2TZ-FZE 点火系统　其电路如图 5-100 所示。

表 5-18　丰田、雷克萨斯车系的微机点火系统一览表

| | | | |
|---|---|---|---|
| 分电盘点火 | 2TZ-FZE（4 缸） | 直接点火 | 1MZ-FE |
| | 3RZ-FE（4 缸） | | |
| | 所有 4 缸发动机 | | |
| | 所有 6 缸发动机 | | 2JZ-GTE |
| | 所有 8 缸发动机 | | |

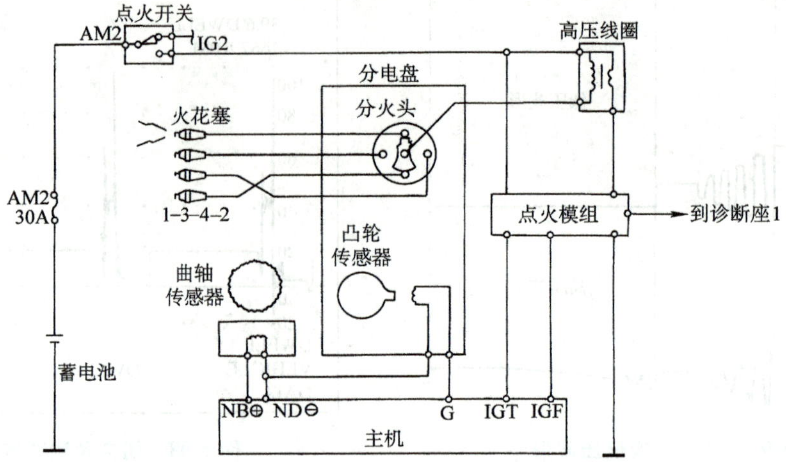


图 5-100 2TZ-FZE 点火系统电路

（2）3RZ-FE 点火系统　其电路如图 5-101 所示。

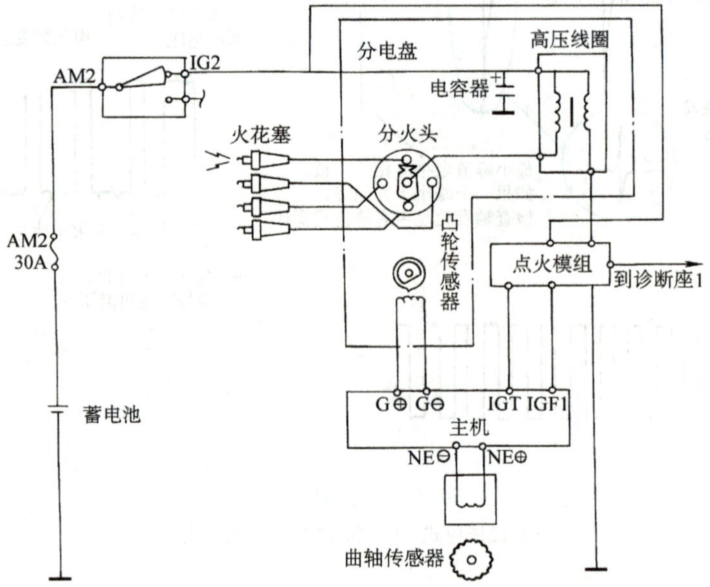


图 5-101 3RZ-FE 点火系统电路

2TZ-FZE 及 3RZ-FE 凸轮轴传感器与曲轴传感器电阻值技术规格：

1）G 与 NE−或 G+与 G−为凸轮传感器，电阻值：冷车时为 135~220Ω，热车时为 175~255Ω。

2）NE+与 NE−为曲轴传感器，电阻值：冷车时为 1630~2740Ω，热车时为 2100~3300Ω。

（3）丰田车系 4 缸发动机所采用的点火系统　其电路如图 5-102 所示。

2TZ-FZE 及 3RZ-FE 不适用此电路。

凸轮传感器与曲轴传感器电阻值技术规格：

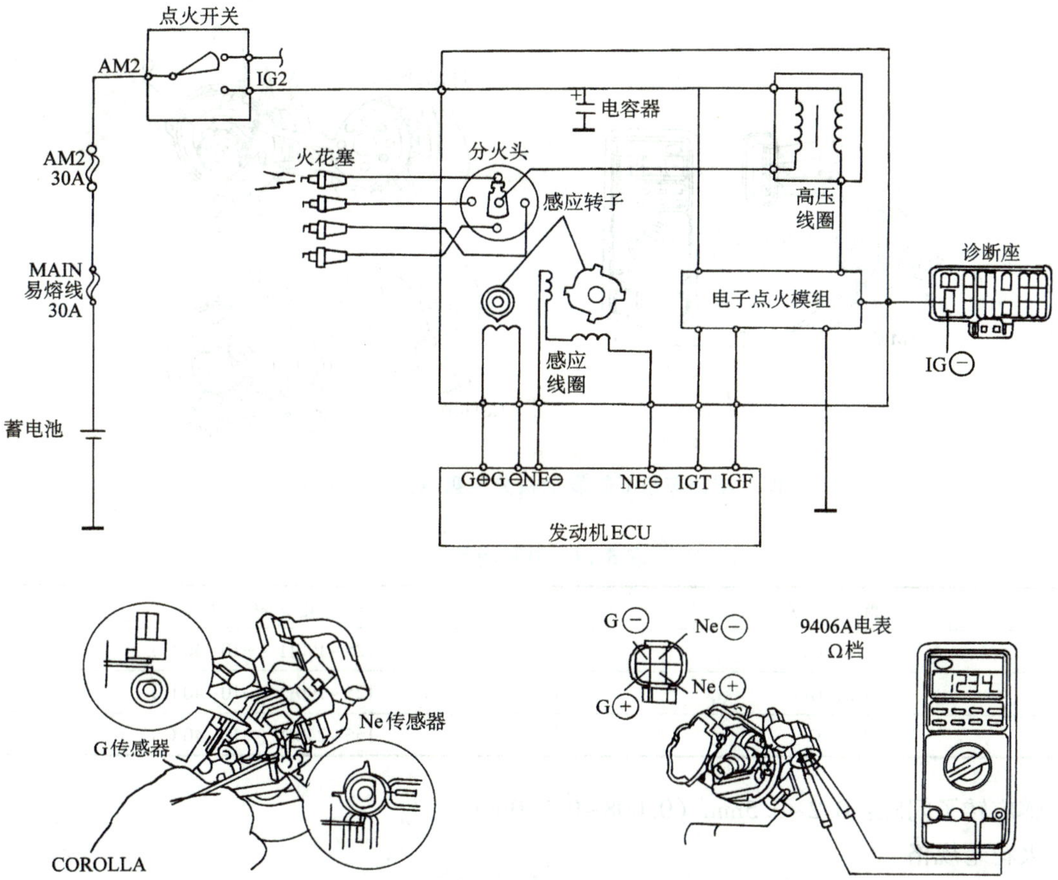

图 5-102 丰田车系 4 缸发动机点火系统电路

1）G+与 G-为凸轮传感器，电阻值：冷车时为 185~275Ω，热车时为 240~325Ω。

2）NE+与 NE-为曲轴传感器，电阻值为：冷车时 370~550Ω；热车时 475~650Ω。

（4）丰田车系 6 缸发动机采用的分电盘点火系统 其电路如图 5-103 所示，其电阻测量值见表 5-19。

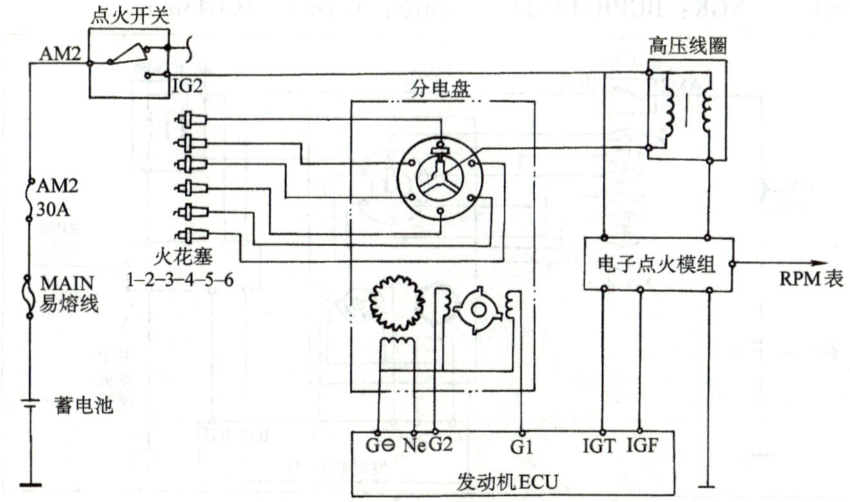

图 5-103 丰田车系 6 缸发动机分电盘点火系统电路

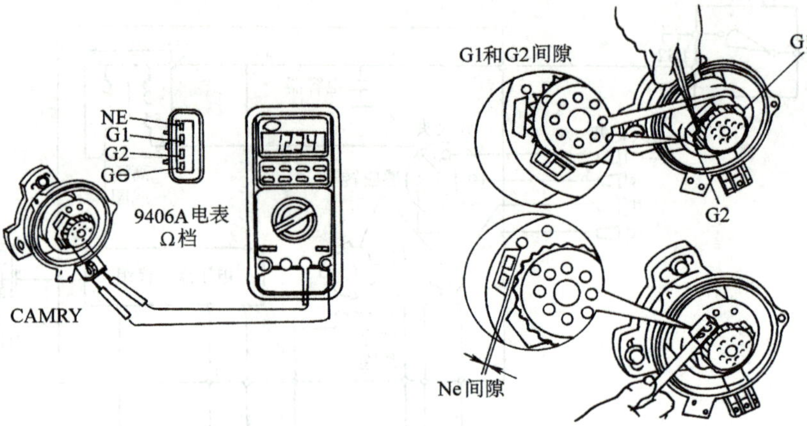


图 5-103　丰田车系 6 缸发动机分电盘点火系统电路（续）

表 5-19　电阻测量值

| 测　量　点 | 电　阻　值 |
| --- | --- |
| G1，G⊖ | 125～190Ω（-10～40℃） |
| G2，G⊖ | 125～190Ω（-10～40℃） |
| NE，G⊖ | 155～240Ω（-10～40℃） |

感应转子间隙：0.2～0.5mm（0.008～0.020in）。

火花塞规格

ND：PQ20R　　NGK：BCPR6EP-11　　间隙：1.1mm（0.043in）

（5）丰田雷克萨斯 ES250 发动机采用的分电盘点火系统　其电路如图 5-104 所示，其电阻测量值见表 5-20。

感应转子间隙：0.2～0.4mm（0.008～0.016in）。

火花塞规格

ND：PQ20R　　NGK：BCPR6EP-11　　间隙：1.1mm（0.043in）

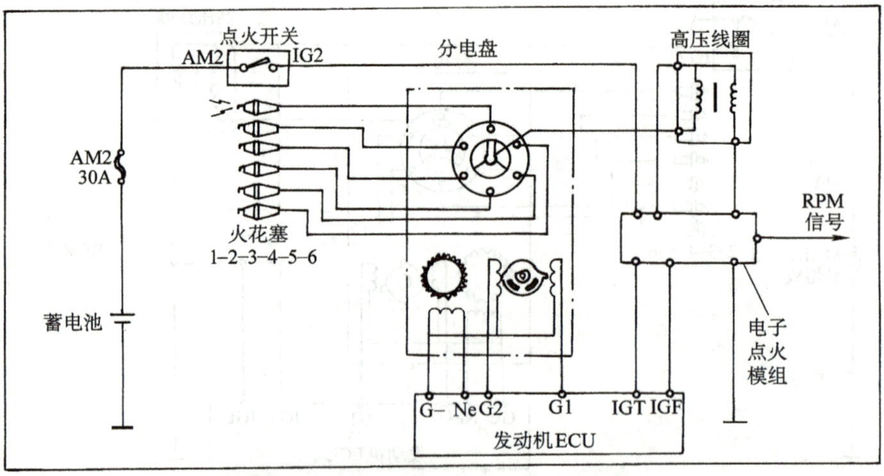


图 5-104　丰田雷克萨斯 ES250 发动机点火系统电路

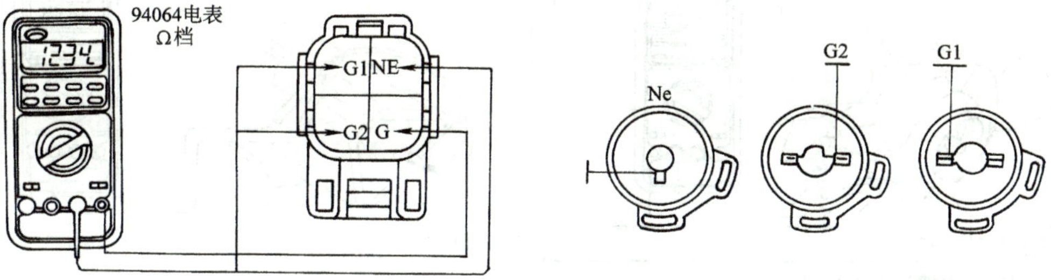


图 5-104　丰田雷克萨斯 ES250 发动机点火系统电路（续）

表 5-20　电阻测量值

| 测　量　点 | 电　阻　值 |
|---|---|
| G1，G⊖ | 205～255Ω |
| G2，G⊖ | 205～255Ω |
| NE，G⊖ | 205～255Ω |

（6）丰田车系 8 缸发动机采用的分电盘点火系统　丰田 8 缸发动机点火系统电路图如图 5-105 所示，其电阻测量值见表 5-21。

（7）丰田 1MZ-FE 直接点火系统　其电路如图 5-106 所示。

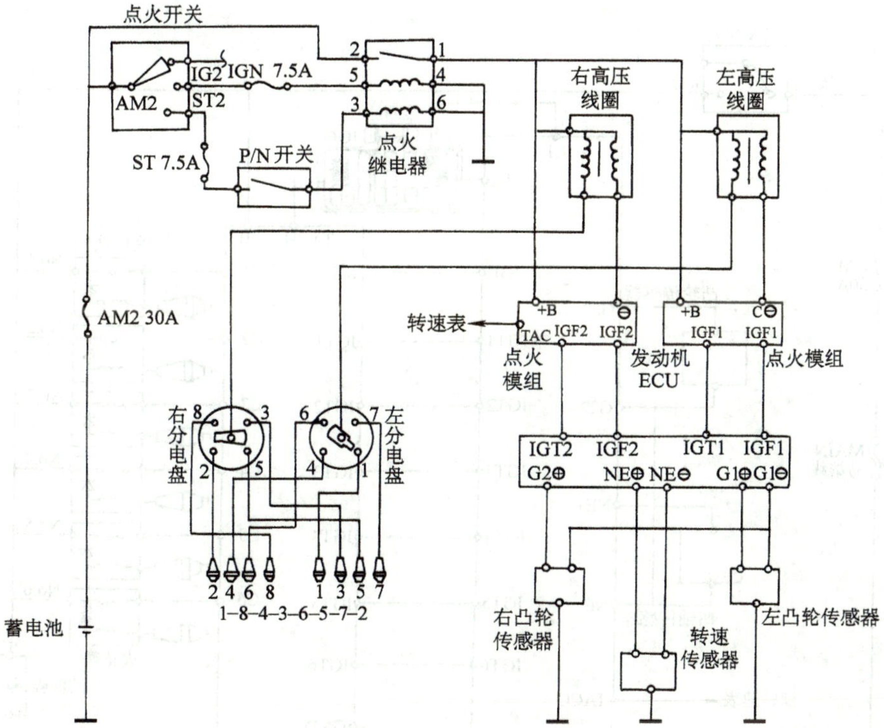


图 5-105　丰田车系 8 缸发动机点火系统电路

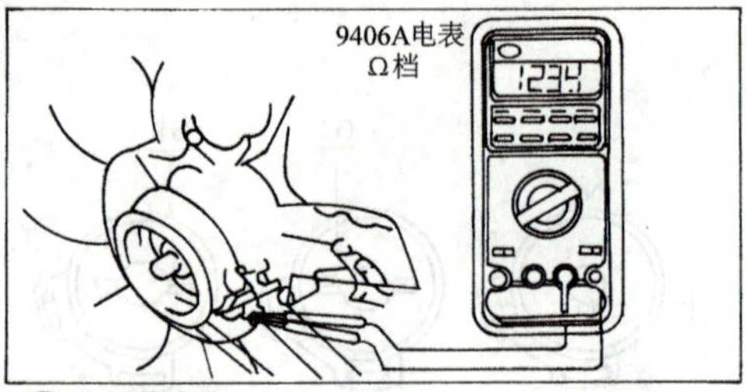


◎RPM传感器

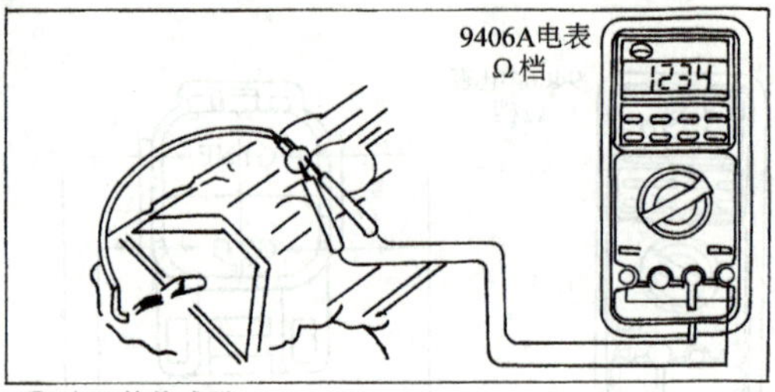


◎右凸轮传感器

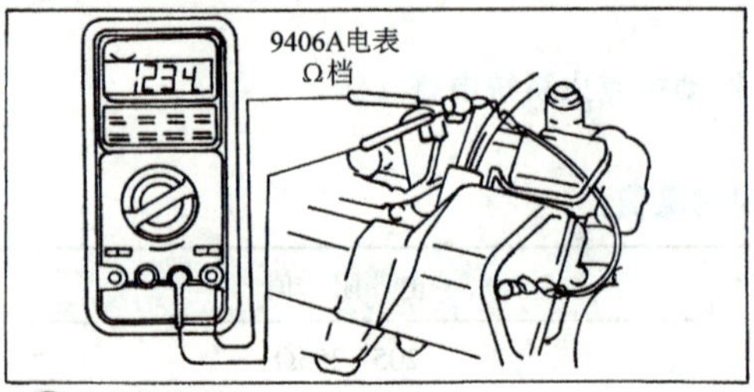


◎左凸轮传感器

图 5-105　丰田车系 8 缸发动机点火系统电路（续）

表 5-21　电阻测量值

| 测　量　点 | 电阻值/Ω |
|---|---|
| 左凸轮传感器 | 950～1250 |
| 右凸轮传感器 | 950～1250 |
| 转速传感器 | 950～1250 |

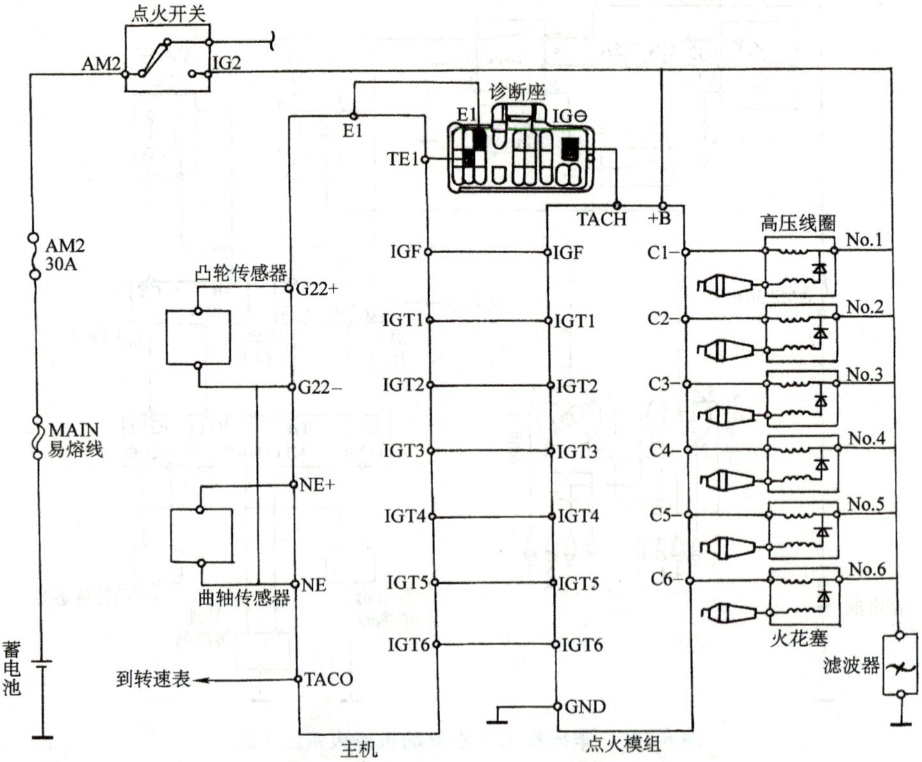


图 5-106　丰田 1MZ-FE 直接点火系统电路

（8）丰田 2JZ-GTE 直接点火系统　其电路如图 5-107 所示。

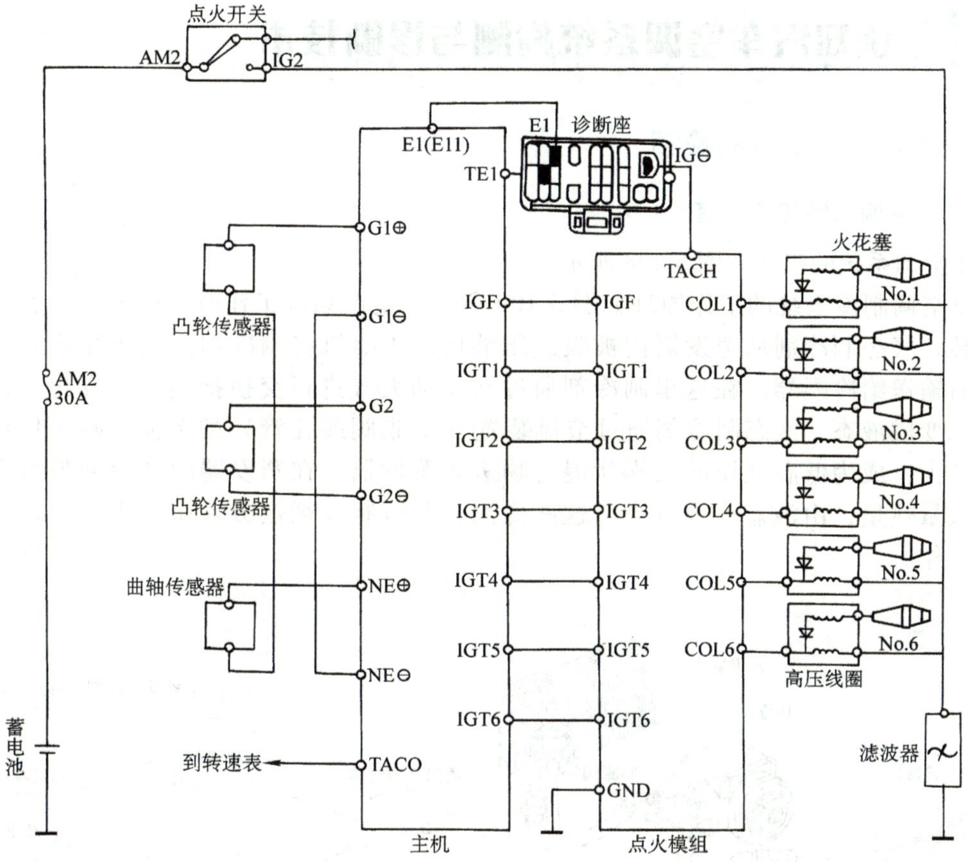


图 5-107　丰田 2JZ-GTE 直接点火系统电路

凸轮传感器与曲轴传感器电阻值技术规格：

1）凸轮传感器电阻值 G22+与 G22-（或 G1+、或 G1-、或 G2+、或 G2-）：冷车时为 835~1400Ω，热车时为 1060~1640Ω。

2）曲轴传感器电阻值 NE+与 NE-：1MZ-FE 冷车时为 1630~2740Ω，热车时为 2065~3220Ω；2JZ-GTE 冷车时为 835~1400Ω，热车时为 985~1600Ω。

## 学习任务单 4

1. 叙述 CAN-BUS 系统的概念及其优点。
2. 奔驰 W220 的中控门锁有哪些工作方式？
3. 诊断 CAN-BUS 需要哪些工具？其常见故障的解决方法有哪些？
4. 点火二次高压波形的显示方式有哪几种？
5. 简述点火二次高压（单缸）点火波形的含义。

# 任务五　认知汽车空调系统检测与诊断技术

## 一、汽车空调系统的检测

### 1. 汽车空调系统工作原理

汽车空调系统的组成如图 5-108 所示。

汽车空调制冷系统的工作原理如图 5-109 所示。空调系统工作时，压缩机在发动机驱动下旋转，气态制冷剂从蒸发器内被吸进压缩机，压缩机将制冷剂蒸气压缩成高温高压的气体后输送给冷凝器。在这里制冷剂通过与流动大气进行交换把热量散发出去，制冷剂由气态变成液态。液态制冷剂通过节流装置（膨胀阀或孔管）的节流、减压作用，体积突然变大，成为低温低压的液雾状混合物进入蒸发器。在蒸发器内制冷剂吸收周围空气中的大量热量，由液态变成气态。这些低温、低压制冷剂被吸入压缩机，开始下一个循环的工作。

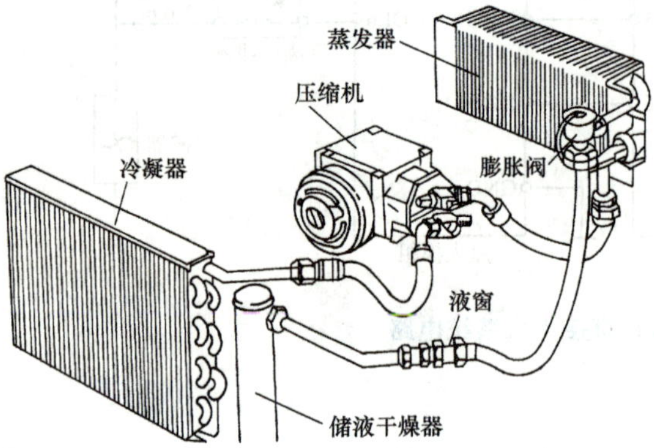

图 5-108　汽车空调系统的组成

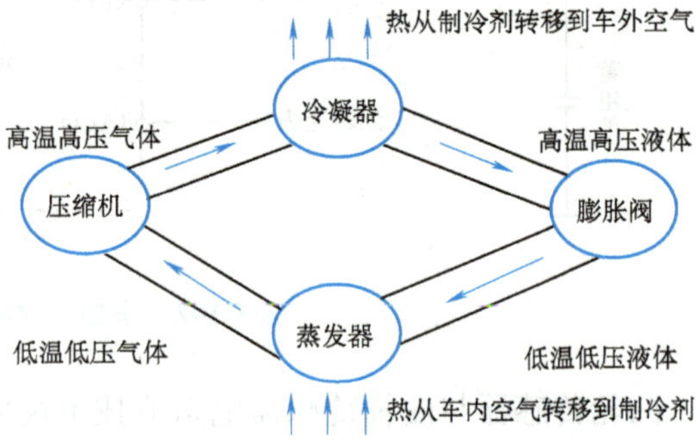

图 5-109　汽车空调制冷系统的工作原理

压缩机：压缩机通过高速旋转将制冷剂抽吸、压缩，将吸入的低温低压气体变成高温高压气体。

冷凝器：制冷剂在一定的压力下冷凝放热，将热量自动地释放给车外的空气，制冷剂从高温高压气体变成高温高压液体。

膨胀阀：制冷剂经过膨胀阀被节流膨胀，高温高压液体变成低温低压液体。

蒸发器：制冷剂在一定的压力下汽化吸热，自动吸取周围空气中的热量，低温低压液体变成低温低压气体。

制冷剂中的热量，在蒸发器中的吸取和冷凝器中的释放都借助于风机。

### 2. 汽车空调系统分类

汽车空调系统一般分为两类：循环离合器系统和蒸发器压力控制系统。这两类空调系统都可以装置热力膨胀阀，区别在于低压装置部件：如果装有 STV（吸气节流阀）和 POA

（绝对压力阀）就是蒸发器压力控制系统；如果装有积累器又用恒温开关或压力开关控制蒸发器温度就是循环离合器控制系统。

（1）循环离合器控制系统　循环离合器控制系统分为循环离合器膨胀阀系统和循环离合器孔管（CCOT）系统，二者的主要区别是储液干燥器位置和节流装置不相同。

1）循环离合器孔管（CCOT）系统。该系统常用恒温开关控制，如图5-110所示。蒸发器温度上升，恒温开关触点闭合，从而接通压缩机离合器至蓄电池电路，压缩机运转，开始制冷。当蒸发器温度下降时，恒温开关触点断开，截断离合器电路，压缩机停转，停止制冷。如此往复循环。

CCOT系统也可以用压力开关来控制。压力开关装在积累器上，利用压力开关控制压缩机的开、停，控制制冷系统工作。

压力开关内有一个膜片和触点相连。作用在膜片上的压力低到一定程度时，触点断开，离合器电路断开，压缩机停止工作。作用在膜片上的压力高到一定程度时，触点闭合，离合器电路接通，压缩机工作。

2）循环离合器膨胀阀系统。该系统的膨胀阀只能控制蒸发器过热情况，不能保证蒸发器不结冰。因此，需要将恒温开关装在蒸发器上或风箱内，用以控制压缩机的起动和停止，如图5-111所示。

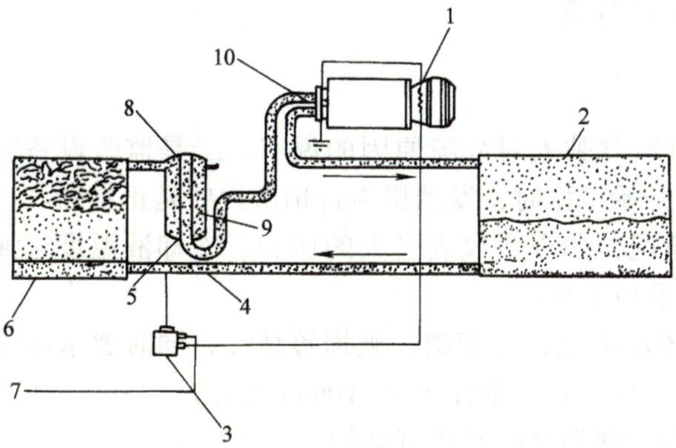


图5-110　恒温开关的CCOT系统

1—压缩机离合器　2—冷凝器　3—恒温开关　4—孔管　5—回油管　6—蒸发器　7—接蓄电池　8—积累器　9—干燥剂　10—压缩机高压侧低压开关

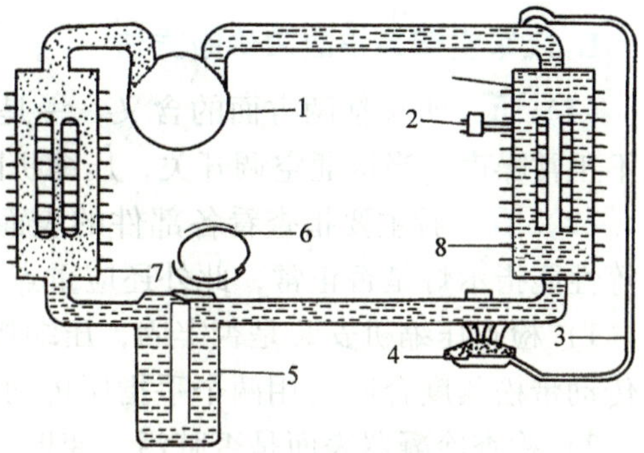


图5-111　循环离合器膨胀阀系统

1—压缩机　2—恒温开关　3—毛细管　4—膨胀阀　5—储液干燥器　6—视液窗　7—冷凝器　8—蒸发器

（2）蒸发器压力控制系统　蒸发器压力控制系统也称传统温度控制系统。只要选定空调功能，该系统就连续运行。

1）吸气节流阀（STV）系统和绝对压力阀（POA）系统。用STV或先导阀操作的POA控制蒸发器温度防止其结冰，用膨胀阀作为节流降压装置，储液干燥器装在高压侧，STV或POA装在低压侧，如图5-112所示。

2）阀罐VIR系统。用VIR控制蒸发器温度，把膨胀阀和POA都集中装在储液干燥器的上部，三者构成一个部件，如图5-113所示。

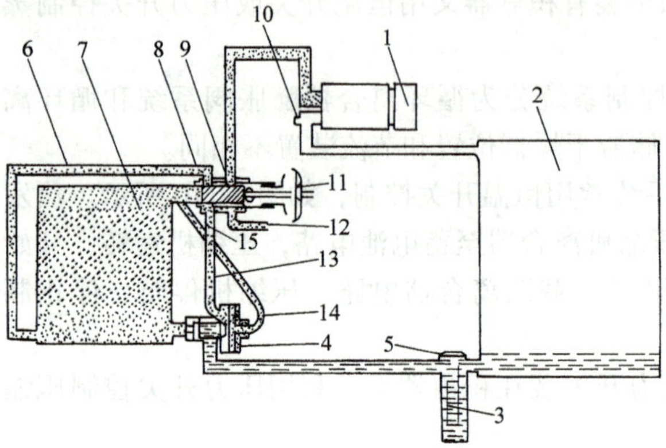

图 5-112　装用 STV 的蒸发器压力控制系统

1—压缩机　2—冷凝器　3—储液干燥器　4—热力膨胀阀　5—视液窗　6—回油管　7—蒸发器　8—回液阀　9—吸气节流阀　10—排气压力表接口　11—发动机歧管真空　12—STV 压力检测接口　13—外平衡管　14—毛细管　15—感温包

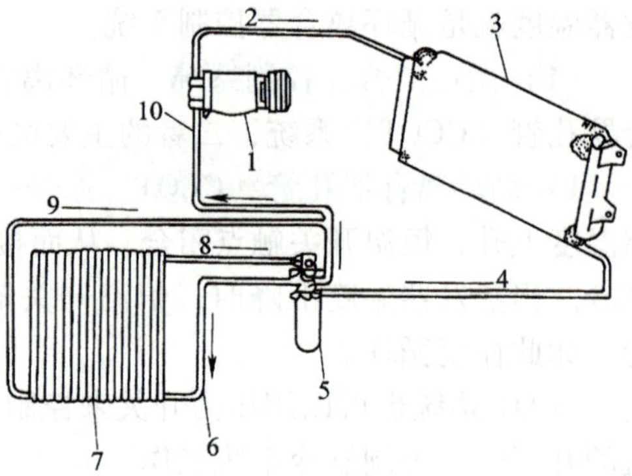

图 5-113　装用 VIR 的蒸发器压力控制系统

1—压缩机　2—高压高温排气　3—冷凝器　4—液态 R12 管路　5—VIR 阀罐　6—液态 R12 管路　7—蒸发器　8—吸气管路　9—回油管　10—低压低温回气

## 二、汽车空调系统的诊断技术要求与方法

### 1. 汽车空调系统故障诊断方法

（1）听　听包括两方面的含义，一是听取驾驶人对故障原因的说明，二是监听设备有无不正常噪声。当接通空调开关，压缩机刚开始工作时，发动机声音稍微大些是正常的。

（2）看　看主要指查看各部件的表面情况，如观察仪表盘上的压力、冷却液温度、油压等性能指示灯是否正常，此外还应重点查看以下部位：

1）检查压缩机安装是否牢固，压缩机传动带是否有歪斜、破损等情况，同时要求压缩机传动带松紧度合适（用两个手指压传动带中间部位，能压下 7~10mm 为宜）。

2）检查冷凝器表面是否脏污、变形，与散热器之间是否有杂物。

3）检查蒸发器和空气过滤网是否干净且通风良好。

4）检查制冷系统管路、接头及组件表面有无油迹（如有油迹，一般是制冷剂出现渗漏），制冷管路是否有擦伤或变形等。

5）查看制冷剂的数量和工作状态。

（3）摸　摸主要指用手触摸零件的温度，来判断空调系统工作是否正常。打开空调开关，使压缩机运转 15~20min 后，进行如下操作：

1）利用手感比较车厢冷气栅格吹出的冷风凉度及风量大小。

2）用手触摸压缩机的进、排气管的温度，两者应有明显的温差。

3）利用手感比较冷凝器的进水管和出水管温度。若后者温度低于前者为正常，若两者温度相差不大，甚至相同，说明冷凝器有故障。

4）用手触摸干燥过滤器前、后管道的温度。若两者温度一致为正常，否则，说明干燥过滤器存在堵塞现象。

5）膨胀阀前面的管道与出口应有很大的温差，否则，说明膨胀阀出现故障。

（4）测　测主要指借助压力表对系统的高、低侧进行压力的测量，对于自动空调还可以利用自诊断对制冷系统进行测试，来确定故障部位、原因。

### 2. 汽车空调系统工作压力的测试

（1）检测仪器　检测汽车空调系统工作压力时需要一套压力表组，分高、低压力表，低压表既用于显示真空度，也用于显示压力，量程应不小于 1.5MPa；高压表量程应不小于 3MPa。两支表都装在表座上，表座的两侧各有一个手动阀。压力表组的功能有：

1）检测高、低侧压力。

2）从系统内排出空气、湿气和被污染的制冷液。

3）系统充注制冷液。

当要检测压力时，须关闭手动阀；当要充注制冷液时，须关闭一个手动阀，打开一个手动阀，且用软管接中间接口。检测仪器主要是歧管压力表，如图 5-114 所示。

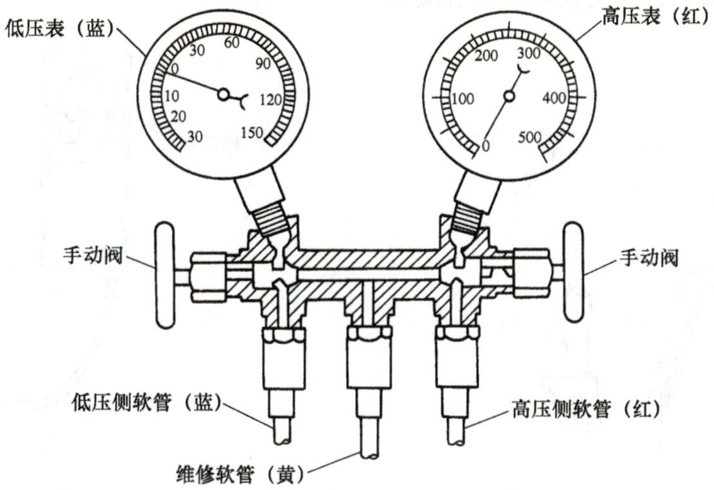


图 5-114　歧管压力表

（2）检测方法和标准　汽车空调系统的压力受到外界诸种因素的影响，因此压力的标准是在一定的条件下、一定的范围内的标准。通过对压力的测试，能发现汽车空调系统是否处于正常状态，同时能判断出系统故障的原因和故障部位。

1）检测方法：将高压表软管接入高压维修阀接头，将低压表软管接到蒸发器至空调压缩机管路上的低压维修阀接头上，关闭高、低压表的手动阀。

2）标准：起动空调系统，观察高、低压表的读数是否在标准范围内。

### 3. 汽车空调系统密封性测试

（1）检测仪器　包括真空泵、电子检漏仪和卤素检漏灯。

1）真空泵。常用的真空泵以油作密封的有滑片式和旋转刮片式；以水作密封的有水环式。滑片式真空泵的真空度可高达 1.33Pa，刮片式真空泵的效率高，真空度可达 0.067Pa。目前常用的真空泵由定子、转子、排气阀和刮片组成。

2）电子检漏仪。其原理是空间有氟利昂制冷蒸气通过带电的铂丝电极时，立刻会引起电阻值变化，从而导致电路电流相应发生变化。

3）卤素检漏灯。卤素检漏灯是一种丙烷液化燃烧喷灯，如图5-115所示。其原理是当泄漏的氟利昂气体遇到卤素灯的火焰时，分解出氟氯元素与铜化合生成卤素铜的化合物，使火焰颜色由绿到蓝直至紫色变化。不同的火焰颜色表明氟利昂泄漏量不同。

（2）空调系统密封性测试方法 空调系统的泄漏检查有很多种方法，这里只介绍几种方法。

1）电子检漏仪（图5-116）检漏。应遵照制造厂家有关规定进行检查。检查步骤如下：

① 转动控制器敏感性旋钮至断开OFF或0位置，将电子检漏仪接通电源（厂家规定电压），应有10min的升温期（除电池供电外）。

② 升温期结束后，探头放置在被怀疑泄漏处，调整控制器和敏感性旋钮，直至检漏仪有新反应为止。移动探头，反应应当停止；若继续反应，则是敏感性调整得过高。

③ 移动导漏软管，依次在各接头、密封件和控制装置处进行检查。

④ 断开和系统连接的真空软管，检查各真空软管接头处有无制冷剂蒸气。

⑤ 如果发现漏点，检漏仪就会出现反应，发出警报。

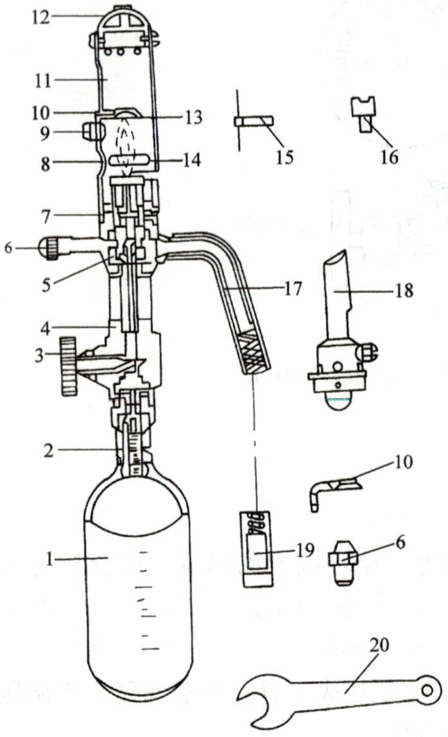


图5-115 卤素检漏灯

1—检漏灯储气瓶 2—检漏灯主体 3—吸气管 4—滤清器 5—燃烧筒支架 6、17—喷嘴 7—火焰分离器 8—点火孔 9—反应板螺钉 10—反应板 11—燃烧筒 12—燃烧筒盖 13—栓盖 14—调节把手 15—火焰长度（上限） 16—火焰长度（下限） 18—喷嘴清洁器 19—接头 20—扳手

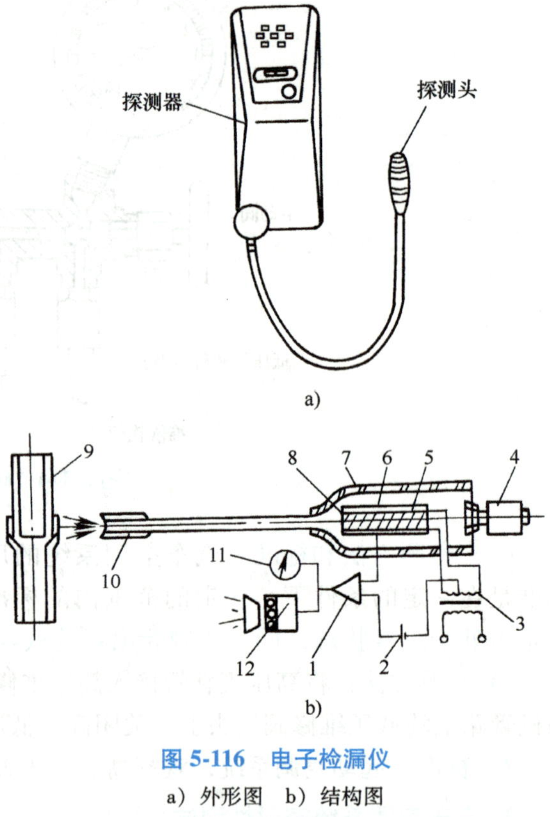


图5-116 电子检漏仪

a）外形图 b）结构图

1—电流计 2—阳极电源 3—变压器 4—风扇 5—阳极 6—阴极 7—外壳 8—电热器 9—管通 10—吸嘴 11—放大器 12—音程振荡器

注意事项：

① 探头和制冷剂的接触时间不应过长，不要把制冷剂气流或严重泄漏的地方对准探头，否则，会损坏探测仪敏感元件。

② 根据制冷系统制冷剂的种类，选择合适类型的电子检漏仪或开关的档位。

③ 由于制冷剂比空气的相对密度大，用电子检漏仪检漏时，吸管口应对准有可能泄漏部位的下方。

2）皂泡检漏。有些漏点局部凹陷，检漏仪很难进入，要确定泄漏的确切位置，可用皂泡检漏。首先，调好皂泡溶液（用肥皂粉加水即可），溶液的浓度要黏稠到用刷子一抹就可形成气泡的程度；然后，将全部接头或可疑区段抹上皂液，观察皂泡出现的情况，皂泡形成处就是漏点所在。

3）染料检漏。把黄色或红色的颜料溶液引入空调系统，可以确定制冷漏点和压力漏点，也就是染料检漏。在漏点周围有红色或黄色染料积存，显示出漏点准确位置。具体的操作过程如下：

① 准备工作。将压力表组接入系统，放掉系统中的制冷剂；拆下表座中间软管换接长152mm、两端带坡口螺母的铜管；铜管的另一端和染料容器相接，中间软管的一端也接在染料容器上，另一端和制冷剂罐接通。

② 染料进入系统。起动发动机并怠速运转，调整控制器到最凉位置；缓慢地打开低压侧截止阀，使染料进入系统；向系统充注制冷剂，应为实际量的一半。让发动机连续运行15min，然后关闭发动机和空调系统。

③ 观察系统。观察软管和接头是否有染料溶液泄漏现象。如果发现漏点，按要求修理。染料可以保留在系统内，对系统无害。

还有一些其他的检漏方法，但须注意的是尽量不用火焰检漏仪进行系统的泄漏检查，防止制冷剂被点燃引起火灾，使人、车遭受损失。

4）卤素检漏灯检漏。其操作步骤如下：

① 使用之前，检查弹形储气瓶内的液态炳烷质量是否足够。

② 在卤素检漏灯主体下边安装弹形储气瓶。安装时，应朝顺时针方向拧到底。

③ 将点燃的火柴插入检漏灯点火孔内，按逆时针方向慢慢旋转调节手柄，让丙烷气体溢出，与火点燃。

④ 将火焰调节到尽量小，火焰越小，灵敏度越高。

⑤ 把吸入管末端靠近有可能泄漏的地方。

⑥ 细心观察火焰的颜色，与表5-22相比较，判断制冷剂泄漏情况。

表 5-22　制冷剂的泄漏量与火焰的颜色

| 序　号 | R12 漏气量 | | 火焰颜色 |
|---|---|---|---|
| | 体积/（$mm^3$/月） | 质量/（mg/月） | |
| 1 | 4 | 0.13 | 不能检出 |
| 2 | 24 | 1.85 | 微绿色 |
| 3 | 32 | 2.47 | 淡绿色 |
| 4 | 42 | 3.23 | 深绿色 |
| 5 | 114 | 8.78 | 绿紫色 |

（续）

| 序　号 | R12 漏气量 | | 火焰颜色 |
|---|---|---|---|
| | 体积/（$mm^3$/月） | 质量/（mg/月） | |
| 6 | 163 | 12.57 | 绿紫色呈暗紫 |
| 7 | 500 | 38.5 | 绿紫色呈浓紫 |
| 8 | 1400 | 10.80 | 紫色，具有气体分解迹象 |

注意：

① 要经常刮去卤素检漏灯反应器铜板上的氧化层，以增加其灵敏度。

② 由于燃烧后的制冷剂有毒，检查时不要吸入燃烧的制冷剂蒸气，以免中毒。

**4. 汽车空调装置的故障检测与诊断**

（1）汽车空调装置故障检测与诊断程序　以制冷系统降温慢、冷量不足为例，汽车空调装置故障检测与诊断程序如下：

1）风量不足。

① 鼓风机可以转动。运转正常时，若蒸发器散热片堵塞，应清洗蒸发器；若蒸发器结冰，应更换热敏电阻；空气导管移位，将其修理到位。转速缓慢时，检查蓄电池，看是否蓄电池电压低；检查蓄电池接线端子是否松脱或锈蚀；若鼓风机电动机故障，应更换或修理。

② 鼓风机不转动。高速时能转动，但中低速时不转动，为调速电阻故障，应更换；高速、中速、低速均不转动，检查鼓风机电动机是否有故障，应修理或更换；若鼓风机开关故障，应更换；若鼓风机继电器故障，应更换；若布线不当或接线脱落，应修理。

2）风量正常。

① 压缩机运转异常。若压缩机故障，应检修或更换；若电磁离合器故障，应检修或更换；若传动带打滑，应修理或更换。

② 压缩机运转正常。

a. 压力正常。外部空气渗入车内，即外循环，转换风口循环；若温控系统故障，应检修更换。

b. 压力异常。若高压压力过高，冷凝器散热片阻塞，应查出原因后修理或更换。若低压压力过低，制冷剂不足或系统中有堵塞，应修理。高压压力正常、低压过高：膨胀阀开度过大，蒸发器进口温度过高，压缩机故障。高压稍低、低压过低：制冷剂不足。高、低压力均过高：制冷剂过多，制冷循环系统内有空气。冷凝器散热不良。

（2）汽车空调装置故障检测与诊断的方法　对汽车空调装置进行检测的方法很多，其常规故障一般可以通过看、听、摸检测出来。

1）汽车空调装置运行后，看：

① 制冷剂观察镜中制冷剂流动情况。均匀透明的流体流动为正常，其余为不正常。

② 低压回气管的结露情况。表面结露有露珠为正常。

③ 制冷系统中各个管路接头处的渗油情况。干燥无油渍为正常。

④ 压缩机磁力线圈工作是否正常。能将压缩机转轴吸合后转动，无异常响声为正常。

⑤ 蒸发器淌水情况。一般空调运行 8min 左右有水从蒸发器接水盘中淌出为正常。

⑥ 冷凝器电子扇运行是否正常。

2）汽车空调装置运行后，听：

① 压缩机运转时无杂声或撞击声，若有，则为不正常。

② 蒸发器鼓风机、冷凝器电子扇、电动机等运转时是否有杂音，若有，则为不正常。

3）汽车空调装置运行后，摸：

① 制冷系统的高、低压管。高压管烫手、低压管冷或冰手为正常。

② 冷凝器（或称散热片）。热为正常。

③ 干燥过滤器温热，且进、出口无明显温差为正常。

### 5. 汽车空调系统的性能检测方法

汽车空调简单的性能测试方法是使用表阀测量其高、低压压力值，用温度计测量汽车空调吹出的空气温度。

1）如图 5-117 所示，将表阀和空调制冷系统压缩机吸、排气维修阀连接。连接时，先关紧高、低压手动阀，在接好后将胶管内的空气挤出，否则，管内空气会进入制冷系统内。

2）起动发动机，使压缩机的转速保持在 2000r/min；将空调控制板上的功能选择键置于 MAX（或 A/C）位置，温度键置于 Cool 位置，风扇键置于 High 位置，打开车窗、门，用大风扇对准冷凝器吹风。

3）将玻璃温度计放进中风门空调出风口，将干湿温度计放在车内空气循环进气口处，湿温度计的球部要覆盖饱蘸水的棉花。

4）空调系统正常工作 15min 后，进行测试工作，记录数据。空调的正常值要达到如下要求。

① 对 CCOT 系统，如图 5-118 所示。

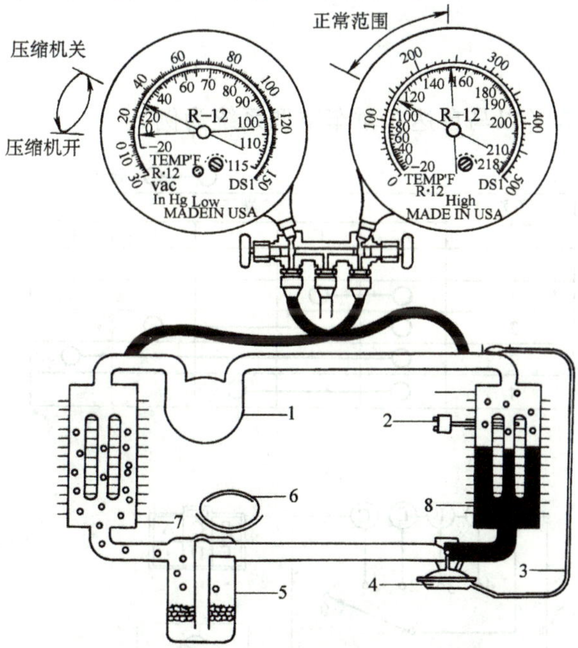


图 5-117　检查空调制冷系统高、低压力值

1—压缩机　2—恒温器　3—温包毛细管

4—膨胀阀　5—储液干燥器　6—液镜

7—冷凝器　8—蒸发器

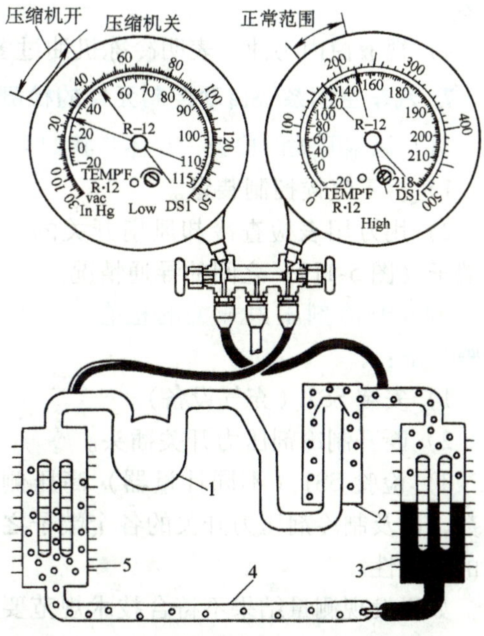


图 5-118　CCOT 系统高、低压力测试

1—压缩机　2—积累器　3—蒸发器

4—孔管　5—冷凝器

环境温度：21~32℃。

高压表值：1.01~1.55MPa。

低压表值：压缩机起动后，低压压力开始下降，降至约0.118MPa时恒温器切断离合器电路，压缩机停止工作。这时，低压表压力上升0.207~0.217MPa，恒温开关接通离合器，压缩机开始工作，低压表压力下降，周而复始循环。

空调冷风温度：1~10℃。

② 其他循环离合器制冷系统。

环境温度和高压表值与CCOT系统相同。

低压表值：压缩机运行时，低压表值开始下降，在0.103MPa时，压缩机停止工作。随后，低压表指针开始回升，回升到0.207~0.217MPa时压缩机开始工作，低压表压力下降，周而复始循环。

空调冷风温度：1~10℃。

### 6. 制冷剂、冷冻机油状态的检查方法

1）汽车空调系统起动初始，视液窗内有气泡流动，片刻之后气泡消失，表明系统正常。

2）视液窗内有气泡或泡沫，蒸发器表面结霜，表明制冷剂不足。如果蒸发器表面不结霜，储液干燥器中水分饱和，可从冷凝器出口处取出储液干燥器，将之烘干后重新装入。

3）汽车空调系统起动后，向冷凝器上洒水，如果视液窗内无气泡出现，表明制冷剂过多。

4）视液窗内污浊，表明冷冻机油过多。

### 7. 汽车空调系统自动控制元件的检测方法（以马自达6轿车空调系统为例）

（1）风扇开关的检查　具体步骤如下：

1）拆下气候控制装置。

2）用万用表检查冷却风扇开关的各个端子（图5-119）之间的导通情况。

（2）制冷剂压力开关的检查　具体步骤如下：

1）安装SST（充气设备）。

2）断开制冷剂压力开关插头。

3）检验SST（不同计量器）高压侧读数，以及制冷剂压力开关的各个端子之间的导通性。

如果发现测量结果不符合技术规范要求，则更换制冷剂压力开关。制冷剂压力开关类型如图5-120所示。

（3）蒸发器温度传感器的检查　具体步骤如下：

○—○：导通

| 开关位置 | 端子 A | C | D | E | F |
|---|---|---|---|---|---|
| 0 | | | | | |
| 1 | ○ | ○ | | | |
| 2 | ○ | | | ○ | |
| 3 | ○ | | | | ○ |
| 4 | ○ | | ○ | | |

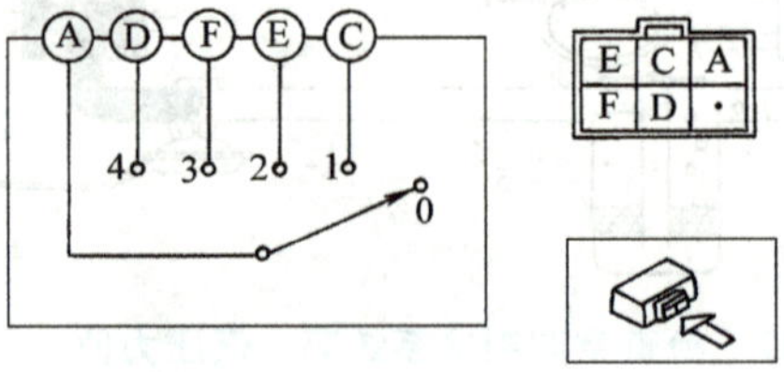


图5-119　冷却风扇开关的各个端子

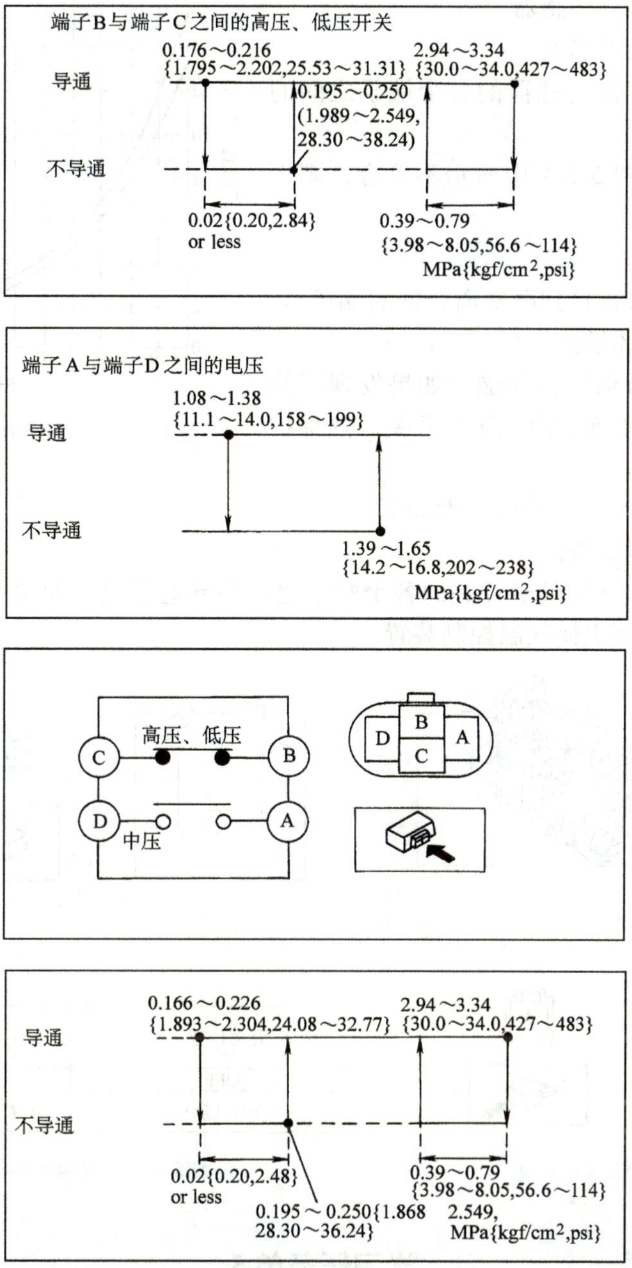


图 5-120　制冷剂压力开关

1）起动自动（AUTO）开关。

2）将温度控制设置为最冷（MAX COLD）（左旋）。

3）旋转空调开关。

4）设置为内循环模式（RECIRCULATE）。

5）关闭所有的门窗。

6）等待 5min。

7）断开蒸发器温度传感器。

8）测量送风口处的温度。

9）测量蒸发器温度传感器的各个端子之间的电阻。

如果测量结果与图5-121中所示不符合，则更换蒸发器温度传感器。

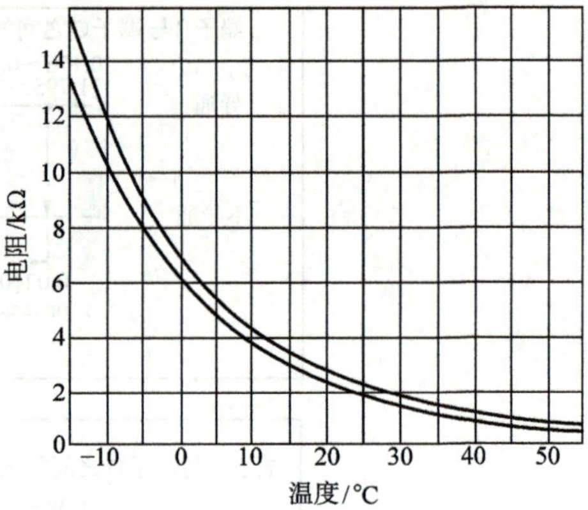


图5-121　温度与电阻之间关系曲线

**（4）电磁离合器的检查　具体步骤如下：**

1）将蓄电池正极连接到电磁离合器的端子A，同时，将空调压缩机体搭铁。

2）检验电磁离合器运行性能。如果发现不符合技术规范要求，则更换制冷剂压力开关。热保护装置如图5-122所示。

**（5）除霜开关的检查　具体步骤如下：**

1）拆下气温控制装置。

2）用万用表检查冷却风扇开关的各个端子之间的导通情况，如图5-123所示。如果不符合技术规范要求，则更换气温控制装置。

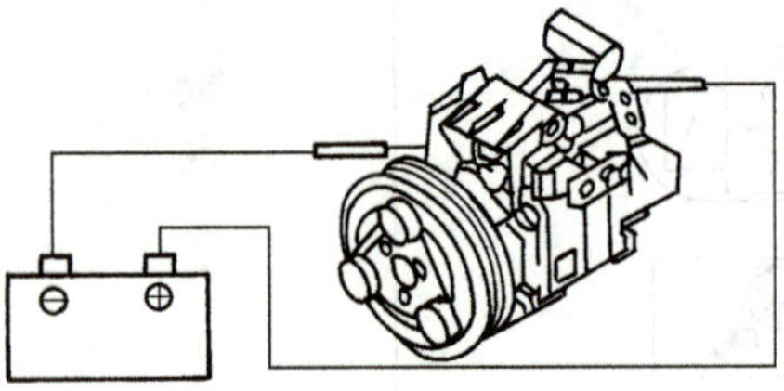

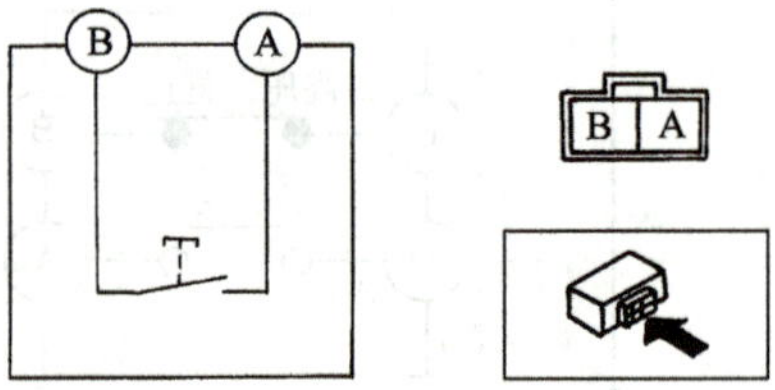


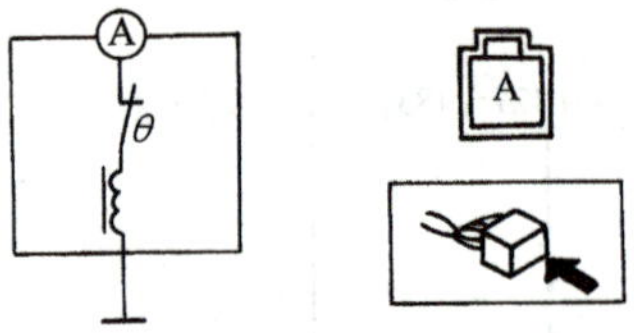


图5-122　热保护装置

○—○：导通

| 开关位置 | 端子 | |
|---|---|---|
| | A | B |
| OFF | | |
| ON(开启) | ○— | —○ |

图5-123　气温控制装置

## 学习任务单5

1. 空调系统的故障诊断从哪几方面入手、分析？
2. 空调系统不制冷的故障现象、原因有哪些？
3. 怎样对汽车空调系统进行检漏？
4. 怎样检查制冷剂数量和冷冻机油数量？
5. 如何用压力表来判断、分析汽车空调系统的故障？

## 职业素养拓展训练

### 模拟真实情景的四轮定位检查与调整实操训练

#### 一、训练要求

学生分别扮演不同的角色进行客户接待、四轮定位检查与调整等完整的工作流程。

#### 二、训练组织

1）对于检修流程及安全操作规程等相关内容，学生容易忽视，教师进行重点讲解强调。

2）明确工作流程后，教师进行指导，学生自行制订工作计划和方案。

3）分小组活动，学生分别扮演不同的角色进行四轮定位检查与调整的完整工作，教师提出安全要求、指导学生选择工具，进行操作步骤的指导。

#### 三、训练效果

模拟真实情景的实操训练可以调动学生的积极性和参与度，激发自身创造力，提升学生的团队协作及沟通能力，通过认真观察和操作，认真记录实训数据，也可培养诚实劳动的精神，弘扬精益求精的工匠精神。

# 项目六

# 汽车维修质量问题的评定与处理

**学习目标**

在汽车维修过程中，由于维修质量问题常常会出现纠纷，从事汽车维修的相关工作者要在保证汽车维修质量的前提下，依据国家的有关规定处理纠纷。本项目要求学习贯彻《汽车维修质量纠纷调解办法》的精神，掌握汽车维修质量问题的认定、处理纠纷的程序和方法。

## 任务一 认知汽车维修质量问题的评定

随着汽车保有量的迅猛增加和现代科学技术的应用，维修企业数量越来越多，维修企业的质检人员应该了解、掌握维修质量问题的种类和责任认定知识，保护承、托修双方的合法权益。

### 一、汽车维修质量纠纷的特征

汽车维修质量纠纷指在车辆维修出厂后质量保证期内或汽车维修合同约定期内，因车辆出现机件事故，承、托修双方对此事故是否由维修质量问题引起而出现的严重意见分歧。汽车维修质量纠纷虽然是在维修经营过程中发生，包含着服务质量承诺履行的法律责任问题，可以用法律手段来仲裁解决，要真正处理得当，需要对车辆机件事故进行科学鉴定，使事故责任能得到合理划分。

汽车是一个复杂的机电一体的有高新技术含量的现代化道路运输设备，对于它的机件事故划分是一个复杂的技术案例分析过程。同时，因事故与车辆曾经维修过有关，在事故分析的过程中还包含着对承、托修双方在车辆维修经营和技术管理过程中行为规范的核查。因此，对汽车维修质量纠纷不能按简单的法律程序来解决，必须通过技术的、行业管理的手段来使矛盾得以化解。

### 二、汽车维修质量纠纷调解的职能和要求

为使汽车维修质量纠纷在行业内得到及时化解，保障承、托修双方当事人的合法权益，有效地维护汽车维修业的正常秩序，促进汽车维修质量的不断提高，树立行业良好的社会形象，交通运输部依据《中华人民共和国质量法》和《机动车维修管理规定》等行业管理规

章，组织制定了《汽车维修质量纠纷调解办法》（以下简称《调解办法》），于 1998 年 6 月发布，自 1998 年 9 月 1 日起实施。

此《调解办法》规定，行业内汽车维修质量纠纷调解由政府道路运政管理机构（即汽车维修行业主管部门）负责，并指出汽车维修质量纠纷调解应坚持自愿、公平的原则，明确纠纷调解申请和受理过程、对纠纷的技术分析与鉴定和质量事故责任认定等原则要求，并强调纠纷调解协议履行的法律责任等。《调解办法》的颁布，进一步明确汽车维修质量纠纷调解是行业管理部门的重要职责，是进行汽车维修质量管理的不可忽视的一部分。

## 三、汽车维修质量问题的认定

对于汽车在维修过程中出现的维修质量问题，要通过技术分析和鉴定予以确认。这种技术分析和鉴定必须由各级道路运政机构组织有关人员或委托有质量鉴定资格的汽车综合性能检测站进行。参与技术分析和鉴定工作的人员必须经道路运政机构审定并聘用。参加鉴定的人员不得少于两人。

技术分析和鉴定人员应依据现场拆检记录、汽车维修原始记录和汽车维修合同、车辆使用情况以及其他有关证据，分析原因，做出结论，填写汽车现场拆检记录（表 6-1）与技术分析和鉴定意见书（表 6-2）。

**表 6-1　汽车现场拆检记录**

| | | | |
|---|---|---|---|
| 拆检目的 | | | |
| 参加人员（签名） | | 申请拆检人 | |
| 受理拆检单位 | | | |
| 时间 | | 地点 | |
| 拆检照片及其他证明资料 | | | |
| | | | |
| 记录 | 拆检部位、机械损害情况、发现异常情况、拆检情况和结论记录： | | |
| | | | 受理拆检单位公章<br>负责人（签字）<br>年　月　日 |

按照《调解办法》规定，技术分析和鉴定是进行纠纷调解的基本依据，出具技术分析和鉴定部门应对所做的结论负责。技术分析和鉴定的费用按照国家有关规定执行。需要做专项实验分析鉴定的，其费用按当地物价部门规定的收费标准执行。承、托修方的责任认定应遵守下列规定要求：承修方不按技术标准、有关技术资料和维修操作工艺规程维修车辆，或不按使用说明规定选用配件、油料所引起的质量问题由承修方负责；承修方在进行总成大修、小修和二级维护作业时，未对所装（拆）配件进行鉴定，或虽发现相关配件质量不符合技术要求但未与托修方签订责任协议，在质量保证期内因该零部

件质量引起的质量事故由承修方负责；汽车维修合同中另有约定的按合同规定的责任确定；因托修方违反驾驶操作和车辆使用、维护规定而引起的质量责任，由托修方负责。

**表 6-2　技术分析和鉴定意见书**

| | | | | | |
|---|---|---|---|---|---|
| 组织鉴定单位 | | | | | |
| 鉴定要求及目的 | | | | | |
| 鉴定意见 | | | | 鉴定技术负责人<br>年　月　日 | |
| 鉴定人员名单 | 姓　名 | 工作单位 | 从事职业 | 职称、职务 | 签　名 |
| | | | | | |
| | | | | | |
| | | | | | |
| | | | | | |
| | | | | | |
| | | | | | |

## 四、维修质量问题纠纷的解决程序

当发生车辆维修质量问题时，一般采取纠纷调解的办法。纠纷调解的范围是在汽车维修质量保证期内或汽车维修合同约定期内当事人双方所发生的争执。在质量保证期内，托修方遇有汽车维修质量问题或者发生机件事故，应首先与承修方协商解决；不愿协商或协商不成时，当事人各方可向当地道路运政机构申请调解。

在申请调解时应提供下列资料：

1）申请调解方（当事单位或人）的名称，法定代表人的姓名、单位、地址、电话。

2）当事人的名称、单位、地址、电话。

3）纠纷的详细经过及申请调解的理由与要求的书面报告。

4）汽车维修合同、车辆竣工出厂合格证、汽车维修费用结算凭证等其他必要的资料。

申请调解方（当事人）应如实填写汽车维修质量纠纷调解申请书（表 6-3）。

道路运政机构应在接到申请书后的 5 个工作日内根据规定做出是否同意受理的答复意见。同意受理的，道路运政机构应将汽车维修质量纠纷调解申请书自接到申请书后 10 个工作日内转送另一当事方。另一方同意调解的，应在自送达之日起 5 个工作日内就申请书涉及的内容写出书面答辩材料，并做好参加调解准备；另一当事方不同意调解的，应及时表明态度，道路运政机构按不予受理的程序处理。

道路运政机构不受理调解的，应在自接到申请书后或另一当事人不愿调解的答复后的 5 个工作日内通知申请方。

参加调解纠纷的双方当事人均有举证责任并对举证事实负责；纠纷双方当事人均有保护当事车辆原始状态的义务。拆检车辆有关部位时，当事双方必须同时在场，一致证实拆检情况。若托修方或驾驶操作人员认为维修质量造成车辆异常，应保护好车辆原始状态并找承修方进行拆检。承修方拒绝派人或事故现场不在本地的，托修方可向车辆停驶地道路运政机构提出拆检申请。车辆停驶地道路运政机构接到拆检申请后，应及时组织拆检，填好汽车现场拆检记录，及时将车辆现场拆检记录与有关证据送达承修方所在地道路运政机构。

**表 6-3　汽车维修质量纠纷调解申请书**

| | | | | | |
|---|---|---|---|---|---|
| 申请单位（人） | | | | | |
| 地　址 | | | 电话 | | |
| 另一方当事单位（人） | | | | | |
| 地址 | | | 电　话 | | |
| 维修车型厂牌 | | 送修人 | | 接车人 | |
| 进厂日期 | 年　月　日 | | 出厂日期 | 年　月　日 | |
| 出厂行驶里程或时间 | | | | | |
| 维修类别及主要项目 | | | | | |
| 修理费用 | | | 车辆进出厂有关手续 | | |
| 工时费 | 材料费用 | 其他费用 | 汽车维修合同编号 | 竣工出厂合格证编号 | 质保期限 |
| 申请调解纠纷主要问题及有关证明材料 | | | | | |
| | | | | | |
| | | | | 申请单位（人）签字<br>年　月　日 | |

如版面不够，请另附纸张。（后同）　　　　记录人：

注：1. 此表由投诉方填写。

2. 此表一式 3 份，其中 1 份由道路运政机构负责在 5 个工作日内送达另一方当事人。

进行纠纷调解的一般程序是由道路运政机构熟悉业务、实事求是、公正廉洁的专业技术人员担任调解员，并且在公开方式下进行调解。

当事人各方应对调解过程中出示的证据进行质证。调解员根据有关技术标准和资料、技术分析和鉴定意见书及当事方的陈诉、质证、辩论，分析事故原因，确定双方应负责任、承担的经济损失。经济损失应由责任人按过失比例承担。不能修复或没有修复价值的零部件按车辆折旧率和市场价格计算价值。

经济损失主要指直接经济损失，包括在质量事故中直接损失的机件、燃料、润料及其他车用液体、气体、材料，还有返修工时费、材料费、材料管理费、辅助材料费、委外加工费、检测费。

在调解过程中，如遇到下列情形之一，道路运政机构应向当事人双方宣布终止调解：当事人双方对技术分析和鉴定存在异议；受条件所限，不能出具技术分析和鉴定意见书；案件已由仲裁机构或法院受理。

在向道路运政机构申请调解的质量纠纷，如果当事人中途不愿调解的，应向道路运政机构递交撤销调解的书面申请，并通知对方当事人，调解随即终止。

经调解达成协议时，道路运政机构应填写汽车维修质量纠纷调解协议书（表 6-4）。调解协议书由双方当事人共同签字并经道路运政机构盖印确认，调解协议书交当事人各持 1 份，道路运政机构留存 1 份，调解即告结束。

表 6-4 汽车维修质量纠纷调解协议书

<table>
<tr><td>调查鉴定结果</td><td colspan="3">鉴定人员（签名）：<br>年 月 日</td></tr>
<tr><td>调解意见</td><td colspan="3">双方经协商议定（内容包括车辆返修时限、经济损失承担兑现时间、方式）并一致同意自本协议签字之日起 日内互相结清。承修方要积极创造条件使车辆早日运行。<br>调解单位：道路运政机构公章<br>负责人（签字）<br>年 月 日</td></tr>
<tr><td>当事单位意见</td><td>负责人（签字）<br>年 月 日</td><td>另一方当事单位意见</td><td>负责人（签字）<br>年 月 日</td></tr>
</table>

注：此表一式 3 份，纠纷双方、道路运政机构各持 1 份。

汽车维修质量纠纷调解过程中拆检、技术分析和鉴定的费用，责任方按照责任比例承担。若质量纠纷已经受理并在调解过程中，一方提出不愿调解时，应由其承担调解过程中已发生的全部费用。

当调解达成协议时，当事人各方应当自动履行。达成协议后，当事人反悔或逾期不履行协议的，视为调解不成。

如果经调解不能达成协议或调解达成协议后一方不履行协议，有关当事方可依法请仲裁机构或向人民法院提起民事诉讼。调解结束后，负责调解人员应对处理纠纷过程中的有关资料进行整理，由道路运政机构归档。

## 任务二 认知汽车维修质量问题的处理方法

汽车维修质量问题是一个社会性问题，如何解决好在汽车维修过程中存在的质量问题，对于汽车维修行业的发展起着不可忽视的作用。在解决和预防汽车维修质量问题方面，有不少的维修企业根据国家的相关法律法规，结合本企业的实际情况创造一些好的做法，既保护了企业的利益，又保护了汽车维修与使用消费者的合法权益。

### 一、坚持解决汽车维修质量投诉的三原则

解决汽车维修质量问题的过程应按照以下 3 个原则办理。

#### 1. 实事求是的原则

汽车车主应对实际存在的质量和服务问题进行投诉并提出相应的要求，仅仅对存在的问题进行埋怨不利于问题的解决。被投诉方在获悉投诉内容后，要尽快进行调查，了解

事实真相，按照实事求是的原则及时化解矛盾，而不能敷衍塞责、把过错都推到车主身上。

**2. 解决问题的原则**

以解决问题的初衷来看待投诉，车主投诉的目的是尽快解决问题，而不是刁难汽车维修企业，所以车主在遇到汽车质量与服务方面的问题时应直接填写投诉表格。

作为厂家或是商家，在接到投诉之后，要尽职尽责地满足车主的合理要求，弥补工作中存在的过失或疏漏，避免矛盾激化。

**3. 换位思维的原则**

随着汽车社会保有量的增加，出现质量及服务问题的几率相应增大，对于厂家来说，可能出现问题的百分比很小，但对于具体的车主而言就是100%。所以，在接到车主的投诉后，企业应认真对待，尽快解决，以避免给车主带来更大的麻烦。在解决问题时，还需要多从消费者的角度出发，尽可能地协商解决车主的合理要求。

## 二、解决汽车维修质量问题要坚持四化一回措施

**1. 受理投诉专业化**

受理汽车维修质量问题投诉既涉及多方面的专业技术问题，也涉及多项政策法规，是一项政策性、技术性很强的工作。专业化是指要组织一支强大的专家队伍，在受理及处理企业对投诉的回复和遇到相关法律技术问题时，都可以及时地向汽车专家、法律专家、统计专家请教。

**2. 解决投诉网络化**

在接到车主投诉后，应及时与车主核实并以电子邮件的方式传达给企业，由企业的相关部门与车主联系，给予解决。同时，要求企业将解决结果通过电子邮件的方式告知负责投诉的部门。负责投诉的部门在接到企业的回复后，再次与车主联系，核实处理情况。对于企业不科学的回复，负责投诉的部门请教专家后，将专家意见反馈给企业并要求企业重新考虑处理意见。

**3. 分析投诉数据化**

科学管理要用数据加以佐证，要对投诉单进行分析编码，在数据统计的基础上，量化地说明投诉中存在的问题。通过对投诉数据的分析可以找出存在的技术问题、投诉情况和维修情况，可分析负责投诉的部门工作的进程和投诉的解决情况。

**4. 使用提示科学化**

有些投诉是因为车主对汽车知识了解不多而引起的。例如耗油量的问题，有些车主提出自己的车实际油耗大于标定油耗，产生疑问，为此应该请专家就新车油耗高是不是就有质量问题加以说明，告诉车主车辆油耗为什么和制造厂提供的数据不符，为什么油耗总是高于制造厂提供的数据，该怎样判断油耗偏高是否是由于质量问题引发的等相关知识。在澄清了车主投诉中存在的误区的同时，向车主普及相关汽车知识，进行汽车使用科学指导。

**5. 要求企业解决投诉定期回复的措施**

投诉负责部门将收到的投诉以电子邮件的方式发给企业相关部门，企业给予收到回复。

在规定发出邮件的工作日内，企业就处理结果由有关部门给予回复。如规定工作日投诉案仍在处理中，亦应给予回复，说明处理进展情况。如无特殊情况，应有最终处理结果。投诉解决定期回复可以说明企业对车主投诉的重视程度，也可随时就投诉处理问题与投诉负责部门进行沟通。

## 三、汽车维修质量管理应适应新时期的需要

长期以来，为了维护行业形象、保证汽车维修质量，汽车维修行业主管部门采取建立健全质量管理制度和管理体系，明确质量管理责任和考核指标，建立维修质量监督检验站，加强人员技术培训等维修质量管理手段，取得了良好的效果，促进了行业的健康发展。

汽车维修质量纠纷的增多对维修质量提高有促进作用。每处理好一件质量纠纷案例，无论最后的事故责任在何方，对承、托修双方都是一次很现实的质量意识教育和法制教育，也是对企业和车主进行现场技术指导、宣传行业法规，充分体现行业管理部门的权威性、指导性和服务功能的极好机会。通过质量纠纷调解工作的不断深入，对促进汽车维修质量的不断提高、推动行业技术进步、提高行业形象都有着积极的影响。一是能有效促进汽车维修企业增强质量意识，使其从事故责任的技术分析和事故赔偿的经济损失中吸取教训，真正认识到“质量是企业生命”的深刻含义，并努力提高维修技术水平，严格汽车维修质量管理；二是对于车主，能通过质量纠纷调解，从质量纠纷得到公正调解后感觉到自身合法利益得到保护，同时通过亲历纠纷调解过程，进一步深入了解自己在车辆使用过程中应尽的责任，这对维护车辆使用性能、杜绝使用责任事故的发生起到很好的促进作用；三是对提高行业管理部门自身素质有很大的促进，因为每处理一起维修质量纠纷，对行业管理人员在管理知识和业务技术水平上都是一次考核。

为有效促进行业健康发展，各级行业管理部门应该将维修质量纠纷调解工作列入重要议事日程，除明确质量纠纷调解的机构、工作要求，认真处理好每例案件之外，还应对纠纷处理过程中发现的，在检测维修技术、质量管理、人员素质、使用操作、配件质量等方面带有的普遍性问题，及时组织分析研究，不断充实、完善行业管理的具体措施，帮助和指导企业进一步提高技术水平、提高维修质量。

要做到科学有据、公正合理地处理好汽车维修质量纠纷，并不是一件轻而易举的事情。往往对一件小小的案例，要组织现场拆检，要找当事人了解发动机大修的过程和出厂后走合期的使用状况，要查找相关技术标准，要对事故原因进行综合技术分析，必要时还须对有关部件或燃、润料送检化验，进行材质分析，所得出的事故结论要经得起承、托修双方站在各自角度的辩驳，最后得出更科学合理的、公正的、能使双方都信服的事故责任鉴定和纠纷调解协议书。行业管理部门要承担起汽车维修质量纠纷调解的重任，首先要努力提高行业人员的思想素质和业务素质。

## 四、强化企业质量管理，减少质量纠纷

在加强对企业人员培训的同时，在企业经营过程中，应进一步发挥行业管理部门的技术质量方面的指导作用，积极引导他们树立新观念、强化为用户服务的质量意识、管理意识和服务意识，落实企业质量管理制度，保证优质服务，提高市场竞争力。

根据对新时期汽车及维修技术发展的特点，车辆维修质量控制的内涵发生变化，其质量监督管理的控制方式也有所变化，要从以下几个方面进行改进：

1）质量检验标准应做相应修改。根据汽车不同的技术装置及性能，应制订相应的汽车维修竣工技术检验标准和质量保证期，便于指导生产和实施质量监督管理。

2）质量管理的重点应有所调整。随着汽车技术和市场经济的发展，汽车更新速度加快，大拆大卸式的大修作业已越来越少，大量维修工作是车辆定期维护和小修（故障排除）。因此，应将维修质量管理的重点及时转移到对汽车维护和日常修理的质量控制方面，并针对其管理需要修改、完善现有维护工艺、检验标准的质量保证期等各项技术管理标准。

3）维修质量管理方式应更加适应市场经济发展的需要。一是应强调维修质量现场管理，由行业主管部门派人到企业进行维修质量现场管理的质量抽查，不仅能方便企业缩短送修车的修理时间，更能通过现场管理真正发现问题，使质量管理落到实处。二是应随着国家对环保和安全等方面的强化管理，制定行业在这些方面相应的管理措施，落实到企业生产技术管理过程当中。三是为了适应行业技术进步的需要，可将质量管理与技术培训紧密结合起来，对在维修质量管理监督中发现的行业普遍存在的问题，可以不定期地举办专题技术培训班，组织那些质量管理意识薄弱、技术水平低的企业派人参加学习，促进行业整体水平不断提高。

## 五、案例处理分析

### 1. 一起发动机漏水质量纠纷的调解

（1）纠纷概况　一辆柴油汽车，因发动机窜机油的现象越来越严重，驾驶人于某将车送到马某的汽车修理点修理。经拆解检查，确定该机窜机油是缸套与活塞副磨损严重引起的。更换气缸套、活塞与活塞环等后，发动机窜机油的问题解决了。

该车出厂后，刚使用了几天，发动机油底壳内油面升高，驾驶人于某找到原承修者。马某检查后，发现 3 缸气缸套漏水。马某说："这不属于我们修理的责任，是你的发动机原来有问题。"驾驶人于某说："进厂时，我的发动机并不漏水，是经你修理后才漏水的，你要负责赔偿，而且要赔偿我 1 个多月的误工损失。"经过双方争执，问题未得解决。于是"官司"打到了运管所维修办。

（2）调查与分析　维修办的人员在听取了纠纷案例双方的陈述后，让修理厂配合对发动机进行拆解检查。当拆下 3 缸气缸套后，发现该气缸套座孔有裂纹。为分析判断此裂纹产生的原因，维修办的人员仔细调查了该厂对此车发动机的修理过程。

这个修理厂条件很差，设备简陋，拆装气缸套所使用的机具不符合规格，也未加工合适的拆装模具，而是直接用铁棒垫上，用锤子敲出来的，纯属手工操作，这可能就是此发动机更换新缸套后漏水的原因。因为，发动机经过长期使用，气缸套与座孔间必然有水锈产生，造成气缸套拆卸比较困难。当无规范的拆卸机具（如液压设备），而用铁棒垫上敲击气缸套欲将其拆卸下来时，由于用力不均或过大，可能造成缸体上气缸套座孔的破裂。虽然当时不漏水，但埋下了故障隐患。另一方面，也可能是气缸套座孔原来就有裂纹，但尚未达到引发故障的程度；随着气缸套拆装时的强烈振动，隐患便显露出来，因此，在更换了新的气缸套后，漏水的故障便出现了。

(3) 分析意见与纠纷处理　因为裂纹断口不易观察分析，又无合适的仪器来判断，所以气缸套座孔的裂纹是原来就有的，还是修理后产生的不好确定。但有一点可以肯定：无论是旧伤还是新伤，都与修理有关。因为此车发动机进厂修理前不漏水，是修理厂更换气缸套后出现漏水的，而且出厂后使用的时间不长。在维修办对纠纷调查、分析并明确意见的基础上，经三方协商，达成此质量纠纷处理意见如下：修理厂马某承担两次修理的全部费用，并承担购买新缸体费用的50%；缸体费用的另一半由驾驶人于某承担；驾驶人的误工损失不予赔偿。

(4) 应吸取的教训　通过这起维修质量纠纷的处理，可吸取以下教训：

1）在拆卸发动机气缸套时，若用专用机具拉不出气缸套，或者垫上模具也敲不下来时，不能强行敲打，而应先将发动机从车上吊下进行分解，然后在压力机上将气缸套压出。

2）当车辆有了大故障，要“动大手术”时，不要去设备简陋的路边店修车，应该去正规的修理厂，这样既可保证质量及车辆的使用寿命，又可减少日后的麻烦。

**2. 如何才能避免汽车维修纠纷**

(1) 车主应熟读《汽车使用手册》　一般汽车出厂时，生产厂家都会随车提供一本汽车使用手册（以下简称手册）。该手册是汽车生产厂为保证汽车能正常、可靠地行驶，充分发挥和保持良好的技术性能，延长汽车使用寿命而提供给用户的使用须知，是汽车使用技术的主要依据。

手册介绍了怎么使用汽车、什么时间应该做维护、什么情况下能享受厂家提供的保障权益。车主只要熟读手册，不但可以清楚地了解车辆的各种性能，充分发挥车辆的作用，同时能够避免很多不必要的误操作，减少汽车故障，延长车辆的使用寿命。最主要的是，熟读手册后当车出现故障时，可以清楚车辆出现故障的原因、这种故障是否在厂家保修的范围之内。做到知彼知己，在跟维修厂打交道的过程中才不会处于被动，信息更加对等，从而避免不必要的争议。

(2) 车主要与维修人员充分沟通　当车辆出现故障需要进行维修预约或者进入维修厂进行维修时，应与维修厂的业务人员或者技术人员充分地沟通，尽可能地现场解决一些疑问。例如预约时，问清楚需要的维修时间，在将汽车送到维修点之前，列出维修的项目和需要让技工检查的症状。这样可以避免不必要的混乱。

如果车主是正常的维护，查阅用户手册以明确需要维护的项目；如果汽车有明显的质量问题，要查看一下是否在保修范围内。当车主将车辆交付给维修厂时，一定要将需要维修车辆的故障描述清楚，同时听清楚接车检验人员对故障的分析和确定的维修内容。

分析接车检验人员对车主描述的故障的解释是否正确，确定的维修内容是否合理。如果需要，可亲自陪同接车人员试车，以便使接车人员确认车辆的故障。在车辆交付实施维修的初期检查阶段，车主应在场，如果维修厂试图增加额外的维修项目，一定要搞清楚增加的原因。

在跟维修厂打交道时，尽量以一种对等的身份跟他们交往。车主愿意把车交给有礼貌、热情、负责的维修人员去修，同样，维修厂同样喜欢与对他们有礼貌和尊重他们的人打交道，并且对有文明礼貌的车主的车辆更加爱惜维护，更加认真对待。不要以“上帝”的心态对待维修厂人员，也不要把对车辆故障的恼怒迁移到维修厂人员身上，心态上平和一些，这才是解决问题之道，同时会减少产生争议的因素。

（3）签订并保留好必要的单据　为保障车主及修理厂双方当事人的合法权益，在正式修理之前，双方必须签订维修合同，合同中对有关汽车维修的预计费用、维修项目、质量保证期、交车日期、违约责任、解决合同纠纷的方式等条款都有详细的阐述，车主在修车前，应主动“提醒”修理厂签订汽车维修合同，以避免在出现问题后找不到法律依据，而造成经济上的损失。

在修完车后交车时，车主一定要仔细地进行检查，以确认报修的故障是否已排除，同时仔细检查车辆的各个部分是否在维修过程中由于维修厂的原因造成了新的故障，确认维修厂是否对车辆额外做了改动，经检验达到维修标准时才能接车。接车时要做好结算，索要并保存好必要的单据。只要把功夫做细，就能最大限度地排除造成争议的诱因。

### 3. 修车用什么材料车主自己说了算

消费者高先生买了 1 辆轿车，在某保险公司投保。一次交通事故时，车损鉴定该车维修费为 26000 元。高先生找到一家汽车修配厂准备修车。保险公司认为材料太贵，让修配厂用便宜的材料进行维修。在修完车后，高先生发现有些车件和正规车件不一样，并且在使用时也有问题，便来到消协投诉。后经调解，保险公司给郭先生报销了材料费 23000 元。

消协点评：我国《消费者权益保护法》第九条规定：消费者享有自主选择商品或服务的权利。消费者有权自主选择提供商品或服务的经营者，自主选择商品品种或服务方式，自主决定购买或不购买任何一种商品、接受或不接受任何一项服务。消费者在自主选择商品或服务时，有权进行比较、鉴别和挑选。

### 4. 规范化服务是降低维修质量纠纷的有效方法

北京市为加强北京市汽车维修行业精神文明建设，根据交通运输部、北京市委、市政府创建文明行业的有关要求，制定了《北京市汽车维修行业规范化服务标准（试行）》和考核评分方法。汽车维修企业要贯彻执行行业规范化服务标准，树立“以人为本，客户至上；以质量求生存，以服务求发展；诚实守信经营，优质文明服务”的经营理念。通过开展规范化服务达标活动，提升汽车维修行业服务质量，实现创建规范化服务行业的目标。

## 学习任务单

**一、填空题**

1. 汽车维修质量纠纷指在________或________，因车辆出现机件事故，________对此事故是否由维修质量问题引起而出现的严重意见分歧。

2. 交通部运输组织制定的《汽车维修质量纠纷调解办法》于 1998 年 6 月发布，自________年________月________日起实施。

3. 对于汽车在维修过程中出现的维修质量问题要通过________和________予以确认。

4. 按照《汽车维修质量纠纷调解办法》规定，技术分析和鉴定是__________的基本依据，出具技术分析和鉴定部门应对所做的结论负责。

## 二、问答题

1. 当发生维修质量问题纠纷需申请调解时，应提供哪些资料？

2. 为保证汽车用户的合法权益，为用户提供优质的服务，中国汽车维修行业协会及各地汽车维修行业协会向全国汽车维修企业发出了什么倡议？

3. 投诉中心在解决汽车质量服务投诉方面坚持的三原则是什么？

4. 加强汽车维修质量管理的措施有哪些？

# 职业素养拓展训练

## “增强服务意识，提高服务质量”义务咨询职业素养拓展训练

### 一、训练要求

组织一次“增强服务意识，提高服务质量”为主题的服务师生和社会的义务咨询活动，用所学知识服务师生和社会。

### 二、训练组织

由老师指导，学生参加，邀请企业技术人员支持，为师生和社会人士提供汽车维修维护知识，进行维修质量纠纷维权知识的宣传普及。

### 三、训练效果

通过活动，对“汽车维修质量检验”课程知识进行应用，让所学的知识为师生和社会服务，实现职业素养的提升。

# 部分学习任务单参考答案

## 项目一学习任务单参考答案

一、填空题

1. 机动车维修竣工出厂合格证
2. 生产安全事故　经济社会持续健康发展
3. 安全生产知识和管理能力
4. 分类管理　预防为主
5. 行业标准　企业标准　低于

二、选择题

1. B　2. D　3. A　4. C　5. B　6. D　7. A　8. C

## 项目二学习任务单参考答案

一、填空题

1. 国家标准　行业标准　地方标准　企业标准
2. 自检　互检　专职
3. 防盗　防火　防潮　防鼠　防尘　防晒

## 项目三学习任务单参考答案

一、填空题

1. 日常维护　一级维护　二级维护
2. 出车前　行车中　收车后
3. 走合前期　走合中期　走合后期
4. 预防为主　定期检测　强制维护
5. 清洁　紧固　润滑

二、判断题

1. ×　2. ×　3. ×　4. ×　5. √　6. ×

## 项目四学习任务单参考答案

一、填空题

1. 发动机综合诊断
2. 动平衡问题
3. 车轮的前束　车轮外倾角　转向节主销内倾角　转向节主销后倾角　左右轮的转向角
4. 机械式　电器式

5. 前照灯照射方向与发光强度

## 项目五学习任务单1参考答案

一、填空题

1. 底盘输出功率的测定 汽车排放污染物的测定 车速表校验 汽车噪声的测定 前照灯检验 汽车防雨密封性试验 汽车外观检视

2. 道路模拟系统 数据采集与控制系统 安全保障系统 引导系统

3. HC CO $NO_x$ SO

4. 滚筒 速度传感器 举升器

5. 声级计的检查与校准 车外噪声测量 汽车喇叭噪声测量 声级计的维护

6. 测光箱 机座跟踪机构 底座 $X$ 方向行走机构 测光箱 $Y$ 方向行走机构 受光面测量系统

7. 压力调节阀 输水管路附件 喷嘴架

8. 自由间隙 汽车型号

## 项目六学习任务单参考答案

一、填空题

1. 车辆维修出厂后质量保证期内 汽车维修合同约定期内 承托修双方

2. 1998 9 1

3. 技术分析 鉴定

4. 进行纠纷调解

# 参 考 文 献


[1] 范瑞亭，苗泽青. 汽车维修行业管理指南 [M]. 北京：人民交通出版社，2000.

[2] 陈长春. 汽车维修质量检验 [M]. 3 版. 北京：机械工业出版社，2019.

[3] 黄秋平. 汽车维修质量检验 [M]. 北京：中国劳动社会保障出版社，2012.